無住之島

給臺灣青年世代居住正義的出路

廖庭輝——著

各界好評推薦

一九八九年房價狂飆，揭竿起義，一晃三十三年過去，我也已經退隱江湖移居美國，但臺灣仍有許多戰友奮力戰鬥至今，實在令人感佩。「居住是基本人權」是你和我都必須存有的觀念，不管你的月薪是多少，你都有權要求安居。貢獻與分配嚴重失衡！大家不表達，政府就會怠惰，以為社會很公平、人民很知足。我要誠摯推薦本書對臺灣居住權奮鬥的整理與分析，更期待未來的年輕人再次「憤怒」起來！

——李幸長，無殼蝸牛運動發起人

本書完整紀錄了臺灣戰後住宅政策及住宅運動演進發展史，亦是從倡議觀點對住宅運動研究的教戰手冊。作者認真爬梳了大量官方、學界、媒體，運動組織的內部資料，加上本身投入住宅運動政策倡議工作，掌握了許多珍貴的第一手資料，這是外部媒體及研究者所無法獲取的深度視角。推薦本書給關心居住正義、住屋運動發展的讀者們。

——呂秉怡，崔媽媽基金會執行長

重大問題，如居住，知識上區分Polity、Politic、Policy三個角度，制度、政治、政策，述說行動者眼中應然與實然、理想與行動、框架與界線。「經濟發展了，政治民主了，為什麼我們還住不好？」廖庭輝自問，也自答，他冷靜沉痛地梳理過去，洞悉當前，他說：「居住權」。願能引領困眾回到日耳曼法哲學家耶林的示語：「為權利而鬥爭」，此其時矣。

——林佳和，政治大學法律學系副教授、憲法學者

居住權是臺灣社會最值得關注的社會議題之一，《無住之島》對於一九八〇年代以來的無殼蝸牛等反高房價運動、民主轉型過程裡政黨輪替下的居住政策變遷，以及關鍵學者與首長的政策論述，進行完整回顧，同時對當前的高房價困境，提出金融管制、囤房稅、租屋市場、租金抵稅與擴大社宅等五大建議，是臺灣居住權議題必讀的傑作！

——林宗弘，中研院社會所研究員、《崩世代》作者

無住之島，一語雙關點出在臺灣要買房很無助，社會住宅抽不到無法住；臺灣居住政策，沒有談到居住本質，只有考量房地產交易，導致三十年來薪水沒漲房價大漲。龐大房貸壓力，衍生出消費力降低；租店成本高，導致商業衰退；政府不敢得罪少數房屋大戶，只能採用政策補貼，而無法從市場結構來對症下藥，在本書都有精闢的剖析，並提出具體的建言，值得一讀。

——林于凱，高雄市議員、《公門菜鳥飛》作者

如果想了解臺灣的居住正義，這是一本不可不讀的好書！

——吳宗昇，輔仁大學社會學系副教授、卡債受害人自救會顧問

住宅運動已經多年，臺灣房價毫不回頭地飆高，租屋環境一年比一年險惡，到底發生什麼事了？廖庭輝詳盡爬梳三十多年來住宅政策的發展和侷限，從中尋找突圍方法。這不只是一本所有無住與無助之人必看的書，更是所有人都不該錯過的書。

——徐禎苓，作家、《流浪巢間帶》作者

關於臺灣落實居住正義的艱難，《無住之島》爬梳了三十餘年來關於居住權問題的政策決策及社會運動的脈絡，提供讀者一張清晰的地圖，並標示出其中的關鍵轉折，讓社會更能抽絲剝繭的掌握問題樣貌。無疑，立基於作者的研究者和行動者雙重身分拳拳到位的深入分析，這本書亦將成為未來滿足人民「安穩居住」需求政策決策的重要參考。

——孫友聯，台灣勞工陣線秘書長

多年前廖庭輝（洛書）參與住房改革組織相關運動就和我有密切接觸，雖然他剛從研究所畢業，還很年輕但卻充滿對住房改革的熱忱和學習動力。更難能可貴的是他實際積極參與住宅修法及政策倡議等相關活動，累積許多居住正義實踐的心得，如今很高興他能將這些經驗撰寫出書，提供給臺灣青年一條世代居住正義的出路，相當有意義且值得參考。

此書內容豐富，除詳細說明臺灣的住房問題，特別是針對年輕人買不起、又租不好、更住不到的居住困境外，也非常清楚描述臺灣住房改革運動的發展歷史，讓社會可以進一步凝聚共識，成為未來年輕人為自己居住環境努力的方向。

住房最重要是要讓「家」不要成為投資炒作的「商品」。重新思考「居住」內涵，勉強辛苦有負擔壓力的「擁有」房子，或者只想透過借貸「投資炒作」房子，賺取未來可能價差，忍受資金周轉及房價變動風險，如此「拚房」與「賭房」心態，對年輕人未必是有品質且有品味的生活居住方式，值得深思！

——張金鶚，政治大學地政系退休教授

「青年世代必須為父輩的貪婪、財團的炒作以及政府的放任，承受高房價之苦，以及延伸出來的各種居住困境。」

買這本書，讀完它，然後記得：不要買房、用腦投票、參加社區組織、支持居住正義運動。這樣，你的人生跟臺灣的未來，說不定還有點希望。

——鄭中睿，台灣青年勞動九五聯盟理事

《無住之島》作者廖庭輝藉助歷史回顧呈現出臺灣「居住不正義」的實況與困局：買房路走不通、房產結構扭曲、居住權難倡議、住宅運動卻步⋯⋯青年世代的居住權似乎遙不可及。這讓我想起希伯來聖經裡有一個「拿伯葡萄園」的故事，呈現強權奪取弱者土地的悲劇，主角拿伯勇敢對蠻橫的亞哈王說：「上主不准我把祖產讓給你。」這是猶太人對土地的基本態度，祖先領受上帝恩典所分得的土地絕對不能買賣或轉讓給別人。結果，藉助國家政治機器的操弄與運作，拿伯被殺、土地被奪。然而，先知以利亞的聲音仍然勇敢發出，挑戰霸權。但願本書也成為先知的聲音！

——鄭仰恩，濟南教會神學與教育牧師、台灣基督長老教會研發中心特約研究員

臺灣的居住問題不僅嚴重侵蝕生活品質，更已威脅到整體經濟發展。這本書充分顯露問題的複雜性。居住困境之所以三十年如一日，原因絕非「炒房」這麼簡單；而是國家欠缺整體規劃、年輕民主國家的人民與政府之間尚未找出共同推動改革的方法、加上人民在財務不安全感之下利益彼此對立的結果。

這絕非單一政策或從單一方向就能解決。本書給了一個很好的起點，值得以讀書會的方式細部研讀，找到關鍵槓桿，推導政治上可行的方案，才能跨出真正改革的第一步。

——劉維人，《北歐不是神話》、《不穩定無產階級》譯者

臺灣房價高漲，拿來住的房子竟然變成了投資工具，白手起家的年輕人普遍買不起房，到底為什麼臺灣的房價這麼高？年輕人除了買難道沒有別的選擇？這本書或許提供了我們另一種思考。

——Cheap，Youtuber

目錄

推薦序

從所有權到居住權
——住宅運動的理路轉變

陳東升（臺大社會系教授、《金權城市》作者）

臺灣學術社群有不少關於住宅政策的研究，也有一些都市土地開發的著作，但缺少以公民團體為主角的分析，《無住之島》是以無住屋者團結組織、崔媽媽基金會和專業者都市改革組織，與各時期的住宅運動當成主體，討論這些集體行動者對於臺灣公眾住宅權益的倡議和住宅政策的影響，以及分析影響公民團體住宅運動成敗的關鍵因素。我在一九九五年出版的《金權城市》，處理國家、地方派系和財團在都市土地開發所扮演的角色，但沒有涉及公民社會的力量，對此一直抱持著遺憾，而這一本書補足了都市與住宅研究的這個缺口，對臺灣都市與住宅政策研究的理論發展做出了貢獻，是關心都市與住宅問題的朋友值得好好閱讀的作品。

居住權的制度設計

這本書的起點是一九八九年無住屋者團結組織發起的社會運動，透過有系統的資料分析，呈現公民團體的運動策略、組織發展和住宅政策主張的轉變，讓讀者能夠理解臺灣解嚴後住宅政策跨時段的演變。

住宅運動團體的主要政策理念從住者有其屋調整到住者適其屋，是從所有權轉換到使用權的巨大改變，這是社會運動參與過程的深度反思後所做的轉化，顯現出公民團體相當厚實的政策修正能耐，這也是我們非常期待看到公民團體所累積的政策研發能力。

政策的轉向除了代表價值理念的新定位外，也相應發展出不同的制度設計，本書對此有相當充分的論述。住者有其屋基本上搭配著市場經濟運作的邏輯，政府和營建業將住宅當成商品，民眾也以這樣的思維方式，為了向金融機構貸款來購置房屋，拚命努力工作，沒有其他選擇。每一位民眾都是孤立擁有債務和房地產產權的消費者，雖有機會獲取住宅上漲的利潤，但也單獨承擔風險。在此，居住的權益變成是個人的問題，而不是透過集體行動去實現的社會議題。

當主要的訴求轉變成居住權，目標是要讓每位民眾以不同的方式得到居住權益的保障，民眾不需要在市場上競逐，而是可以發展出具有社會團結的合作經濟模式，所以也需要另類的制度設計。舉例來說，進行住宅議題倡議的公民團體和社會福利團體合作，為了解決社會最弱勢者的居住問題，因此參考了歐洲社會的政策，發展出社會住宅的具體主張。社會住宅由政府部門大量興建，這是硬體的部分，而軟體的部分是需要入住者進行社群經營，讓居住不只是佔有一個空間，而是一種社會團結關係的建立，發展出互助合作的生活方式。社會住宅政策的進步意義在於居住者是主體，他們不只是被動接受協助的對象，也是能夠對共同居住環境有所貢獻的行動者，所以社會住宅是可以提供賦能的方案。

其次，也可以透過健全租屋市場來保障居住的使用權、維護租屋者的權益，這是臺灣社會最不透明且亟需改革的面向。無論是在租屋價格的透明化、租屋所得稅制改革、租屋契約的法律保障等都需要政府部門積極落實。而公益房東的招募就是一種擺脫市場運作的模式，促使閒置的房屋在可負擔的價格上提供給租屋者，如此社會有限的資源得以充分使用，並且透過這樣的方式積極建立租屋的互惠運作模式。

第三、藉由創立合作社來改變所有權的型態，這是一種存在臺灣已久但沒有全面推廣的合作經濟模式，面對高房價和房地產炒作，住宅合作社的倡議雖然充滿挑戰，卻很有意義，且具有前瞻性。住宅合作社的所有權登記在法人組織，合作社成員有共識不得任意移轉入社的權益和股金，確保合作住宅不會變成商品，而是給社員的住所。另外，社員共同參與合作住宅的興建和管理，因此建立了一種居民共同治理的模式，落實居住管理的直接民主精神。社員參與興建住宅，可以讓硬體設施的構築滿足居民需求，減少後續裝潢的費用，降低居住者的成本。而入住後的共同管理，則是藉由參與公共事務來發展社區意識，建立社群團結的連帶。如此住屋不再必然是一種個人財產，而是以共同持有、共同治理的方式擁有住屋。財產的擁有帶來的不再是競爭與炒作，也不是原子化的個人主義，而是透過擁有共同資產來建立共享生命經驗的社群關係。

民間力量推動政府改革

相較於公民團體對於住宅政策的主張，政府部門的轉變則顯得緩慢，且缺乏政治制度論述典範的轉變。長期以來，對於政府部門來說，住宅是一種商品，而建築和房地產業是一種促進經濟發展的產業。在這樣的思維下，政府部門的主要住宅政策就是提供低利率購屋貸款，鼓勵民眾購買房屋，其他有關保障社會弱勢群體居住權的社會住宅不僅數量稀少，也缺乏完整的政策規劃。

政府面對租屋市場，則是放任非法運作，多數的房東沒有申報出租收入，租屋者欠缺公權力的保障。政府認定畢竟租屋是暫時的，多數人終究都要買房，所以不需介入租屋市場的管理，因此對於租屋品質的不滿，反而變成推動購屋的動能。然而政府面對房屋價格快速飆漲的時候，由於沒有積極管理租屋市場，政府也就無法透過租屋市場緩解民眾的居住需求，無力回應民眾的憤怒。可是政府依然不會自行調整政策走向，而是在公民團體的衝撞和倡議下，或是在選舉時，公民團體要求候選人簽下政策支票，政府部門才被動且緩步的改變作法。這樣的過程顯現出有能耐的公民社會存在的重要性。

期待看見公眾的樣貌

有關於都市土地與空間的研究，應該要特別重視公民組織作為行動主體的視角，本書已經開啟了一個方向，完整地敘說公民團體的倡議和行動改變臺灣住宅政策的動人故事，非常精彩！不過本書應該是受限於研究時間和資料的限制，因此研究分析的討論都是以相關公民團體或是運動領導者的意見來代表公眾的觀點，並且探究這些領導者和政府高階官員、企業組織負責人的策略互動關係，在這個層面上觀察公民團體主張的政策是否得以落實。這樣的做法過於菁英取向，缺少參與群眾複雜多樣的想法，公眾被當成一群同質的支持者，無法展現出公眾主動積極參與的政治過程。

我們必須了解居住權的議題牽涉到所有的民眾，他們如何感受到居住不正義，以及他們如何組織動員有相同理念的成員，並且共同參與治理，成為整個組織運作和社會運動倡議的主體，如此才是符合直接民主的理念。公眾擁有改革的權利，同時也要負擔解決社會重要課題的義務，這樣的公民組織和社會運動才可能持續，臺灣的公民社會才得以累積足夠的能量建立起面對各種挑戰的韌性，如果只由公民團體領導者提出各種政策和理念，無法喚起公眾實質參與，許多公平的提案也不可能落實。我相當期待後續的研究者能夠使用各種公眾意見調查、社群媒體的內容資訊、深度訪談等多類別資料，深入探討都市住宅議題的支持者和行動參與的公眾如何相互溝通討論，並改變議題的認知框架，發展組織動員管道來積極影響住宅政策。

推薦序

居住正義的求索之旅

彭揚凱（OURs都市改革組織秘書長）

身為長期參與住宅政策倡議的NGO工作者，閱讀庭輝所寫的《無住之島》，心情很複雜，這本書涉及我及諸多師長、同儕曾經參與的住宅運動，在閱讀過程中，關於過往的記憶，還有我的自我批判反省，在字裡行間被一一召喚出來。

因此，要為本書撰寫推薦序，心中有千頭萬緒，坦白講有點不知從何下筆。幾經思量，試著由三個面向整理自己閱讀後的思考，提供讀者閱讀本書的切入點。

如何認識過去三十年來臺灣的住宅運動？

首先，我們當如何認識過去三十年來臺灣的住宅運動，以及重新理解與之對應的住宅政策形成與轉化？奠基於豐富的資料文獻基礎上，作者描繪臺灣住宅運動在不同階段「歷史場景」的企圖，依序回答這樣一組的問題：當時的住宅問題背景脈絡為何？主導住宅政策的關鍵行動者的觀點又是什麼？住宅運動的主張、策略及其背後的考量是什麼？以及，前三者交織作用下住宅政策改變了什麼、或是為何沒有改變？此一問題架構，形成了本書第二至五章的內容，帶領讀者從社會運動的視角，綜覽自無殼蝸牛運動起，住宅運動與住宅政策的衝撞與糾葛。

不同於學院主流的不動產市場與計量研究取向，更迥異於由官方的住宅政策規劃文件（白皮書）所呈現的執政者觀點，本書是基於社會運動者的視角，從民間倡議者的位置，對住宅問題的寫作詮釋。雖然有其侷限，但相對於既有學院、官方的論述，反倒是補足了過往長期被忽略的空白地帶，帶領我們重新理解住宅政策的本質，住宅政策的形成絕非技術官僚基於市場供需原則的中立理性產物，而是在國家、資本與社會的動態拉扯過程中產生的結果。

如何看待社會運動與政治力量的互動？

再來，我們要如何看待社會運動與政治力量的互動，或更直白的說，如何平衡社會運動的自主性（autonomy）與目的性（purposefulness）？本書第六章就不同階段的住宅運動定位及策略得失，援引政治學者吳介民對社會運動「克勞塞維茲魔咒」觀點提出的詰問。這對所有投身社會議題的倡議者是嚴肅且必須直面的問題，以下就個人經驗與理解對此補充回應。

簡單的說，猶如鐘擺過程。起頭的一九八九年無殼蝸牛運動，相較同時期的其它類型社運，最鮮明的特徵就是與反對運動、或是說草創期的民進黨關連不大，是徹頭徹尾草根自主的都市社會運動。但這樣一場聲勢浩大的行動，卻未能鑲嵌進政治議程，無力改變住宅政策，甚而難以為繼，最後逐步沉寂。也因此，後進倡議者（包括我）反思此一經驗教訓，採取了作者書中所稱的「巢運模式」，作為住宅運動的策略，目標在於要能具體改變住宅政策，策略上則是連結倡議行動與選票政治，利用政黨競爭，讓住宅運動的訴求「由易到難」地進入真實政治議程。

這樣的鐘擺轉向，正面效果的確推動了住宅政策的進展，諸如《住宅法》、社會住宅、實價登錄、房地合一稅等。然而，侷限也逐漸浮現，要有認知住宅議題具政治（選票）潛力的強力在野黨，以及住宅問題要能超克「認同政治」之宰制。這種取決於外在形勢的運動路線，在二〇一六年政黨輪替後，更是面對以下的尷尬情境。尷尬之狀可分為二：過往同志變對手，是謂尷；強力在野黨不在，是謂尬。

縱使如作者所言住宅運動並未「頓失批判的刀鋒」，但政策推進陷入瓶頸也是不容迴避之事實。因此，住宅運動的確出現自主性（立場）與目的性（效果）之間的拉鋸，倡議者（住宅團體）在總結前述路線攞盪經驗得失後，如何在全面執政的民進黨下，或是說在未來不可知的政治板塊裡，摸索出更能平衡兼顧的定位與策略，是本書引出的關鍵課題！

接下來住宅運動「怎麼辦」？

最後，也是接續上文課題的追問，接下來該怎麼辦呢？就此，作者在最後一章對「住宅運動的下一步」提出具體的定位、策略與政策主張，具體內容在此不贅述，但我對於本書最後提出的下一步住宅運動的路線，補充背後的思考脈絡。

自一九八九年無殼蝸牛運動以來，住宅運動歷經勃興、沉寂、轉化、停滯等階段，總結來看，超過三十年的時間跨度，改善幅度卻非常有限，實在不如人意。但是我們要放棄住宅運動嗎？難道過去三十年來對住宅議題的社會介入都不值得嗎？當然不是！我們應該要問的是：是否還能開展新的運動路線思路？

就此，艾瑞克．萊特（Erik Olin Wright）在《真實烏托邦》（*Envisioning Real Utopias*）一書的理論框架，帶給我很大的啟發。以下結合萊特的理論框架與本書作者欲探究回答的問題，簡要綜述，供讀者參考。

為要對抗資本主義造成的問題，萊特提出三種轉型解放方案：斷裂（ruptural）、共生（symbiotic）、間隙（interstitial）。「斷裂轉型」意指透過政治抗爭的手段，甚至是發動革命，摧毀現存體制之後，創造基進的新世界，然而共產主義的失敗，宣告此方案的終結；「共生轉型」則是社會民主路線之主張，期盼透過漸進的改良，逐步改善整體的結構，然而面對全球化與新自由主義的壓縮，恐怕連殘補式的福利都不可得。相對前兩者，萊特認為「間隙轉型」是最可能的解方，要找出並擴大既有體制的縫隙，促進社會賦權與互惠經濟發展，逐步「在舊社會的軀殼內創造新社會」。

藉由此一理論框架，吾輩當思考下階段住宅運動的「間隙」何在？如將視野拉遠至下一個三十年，本書著力的青年世代絕對屬於此範疇，他們在財富代間移轉（住宅繼承）與房價不可負擔的擠壓下，對居住的要求會越來越傾向穩定使用而非擁有交換。再者，即將到來的戰後嬰兒潮高齡人口，面對其「餘生」之居住，他／她們將會有更加務實的考量（子女不共住）與選擇之能力（可支配財富）。以及，不斷增長的單人／單身家戶趨勢，相較於傳統「血緣」，轉而更企求「社群」的居住模式來化解孤獨疏離。

上述可預期的人口與家戶結構轉變趨勢下的「間隙」陣地，因社會變遷而產生的新型態需求，非現行房產市場機制能夠滿足，而是要發展出新的社會賦權與經濟型態，不再糾結於過去三十年來的「房價高低／擁屋與否」，儘可能擴大以居住為本質的住房生產消費空間。以此做為回應「無住之島」的轉型方案，在這樣的思路下，或更能與作者提出「住宅運動下一步」對話，激盪出多元、可負擔、有保障的居住願景及實踐途徑。

最後，容我補充說明我與作者及本書的關係。庭輝是與我一起參與住宅政策倡議的優秀夥伴，他撰寫本書使用的住宅運動相關資料文獻，多來自住宅團體多年的檔案累積，但系統性的彙整、增補與爬梳，全賴庭輝發揮上窮碧落下黃泉的幹勁，我要特別肯定他為臺灣住宅團體完成了歷史檔案盤點及整理的工作，同時也為OURs都市改革組織、崔媽媽基金會等團體的努力，留下記錄。在此我也要謝謝衛城出版社的支持，讓庭輝有機會將住宅運動的歷史轉化為更具公共性的讀本，使得這段逾三十年的住宅運動歷程有機會與更多的人展開對話。

接下來邀請大家展開書頁，來場關於居住正義的求索之旅吧！

自序

買房這條路已經走不通了
——未來我們該如何爭取居住的權利？

時常有人問我：「雖然住宅團體不斷倡議、組織街頭運動，但無殼蝸牛運動至今三十幾年，臺灣的房價還是這麼高，到底是為什麼？」過去我也曾經為此感到疑惑，為什麼高房價問題無法解決？三十年來住宅運動前仆後繼是不是徒勞無功？

什麼是居住正義？

臺灣的高房價現象並非近年才有的問題，從一九八九年無殼蝸牛運動上街抗議高房價至今，高房價問題已經爭執了三十餘年。二〇〇九年行政院研考會調查民眾認為最應優先處理的施政項目，調查結果「都會區房價過高」為十大民怨之首，直到二〇二二年《聯合報》的「六都宜居大調查」，房價過高也是民眾普遍認為最需要馬上改善的問題。

臺灣過去三十年曾有多場社會運動，針對高房價與居住不正義的種種問題向政府提出訴求，也曾引發不少媒體關注，也有過政治人物來到運動現場做出政策承諾，但整體而言，這些努力卻並未對臺灣的高房價結構產生太大改變，居住不正義的狀況也沉痾至今。

但到底什麼是居住正義？

本書的立場是：**居住正義不僅是處理高房價問題。居住正義是充分保障人民「安穩居住」**的權利。也就是人民可以透過「買得起房」、「租得好房」等方式達成穩定居住，而無法在市場中找到良好住居的人，也可以透過住宅補貼、社會住宅等方式安居。這樣的「居住正義」概念，在臺灣所簽屬的聯合國《經濟社會文化權利國際公約》第四號一般性意見中，也有所闡述。

該意見的第七條為：「不應狹隘或限制性地解釋住房權利，譬如，把它視為僅是頭上有一遮瓦的住處，或把住所完全視為一商品而已，而應該視為安全、和平尊嚴地住在某處的權利」；第八條認為，適當住房權的面向包括「使用權的法律保障；服務、材料設備和基礎設施的可提供性；可負擔性；適居性；可獲取性；地點；文化的適足性。」

根據上述聯合國《經濟社會文化權利國際公約》定義的居住權保障，在目前的臺灣顯然只是「看得到達不成」的理想。但為什麼臺灣在這三十餘年來始終難以正義？而居住難以正義最大的受害者又是誰呢？

居住不正義最大的受害者

為什麼臺灣始終難以居住正義？這正是本書要回答的問題之一。政府長久以來都採取了錯誤的住宅政策，甚至可以說沒有住宅政策，只有鼓勵大家買房的「房地產政策」。而這種錯誤的住宅政策發展，又產生了難以改革的房產持有結構。

那麼哪些群體受高房價影響最深呢？雖然絕大多數的人都是受害者，但我認為青年群體受害最深。

二〇二一年，臺灣師範大學教育系教授張宜君與中研院社會所研究員林宗弘共同發表的〈時勢造英雄？臺灣個人所得的世代差異，一九九二～二〇一七〉論文指出，戰後到一九七二年以前出生的嬰兒潮世代享有經濟成長時期所帶來的所得優勢，相反地，一九七八年後出生的青年世代則普遍所得較低。若將不同世代在各自不同年齡階段的所得成長曲線描繪出來，會發現一九七八年後出生的青年世代（二〇二二年為四十五歲以下），初出社會工作的所得起點較低，且整體薪資成長曲線也不如父執輩那個世代，但是青年世代又面臨比前一個世代高昂許多的房價，如此承受薪資停滯與房價的壓力，大大影響了青年世代的人生軌跡，催生如少子化等諸般苦果。[1]

投身居住議題的政策倡議

我出生於一九九〇年，在高中時期覺得透過公共事務的參與，應該多少能夠改變一些現狀吧！原本只是喜歡在網路論壇討論公共議題，後來想要實際做一點事情，就與網路論壇的幾位朋友組織了「烏鴉邦校園民主促進會」，協助學權受損的學生個案，並撰寫教戰手冊推廣校園民主。

高中畢業後，我進入東海大學政治系就讀，加入了學運社團「人間工作坊」，並成為幹部，摸索著學運組織的路線與經營，也發起過不少運動，後來進入東海社會所，在研究所時期還組織了校園工會，為兼任助理爭取合理的勞動權益。

在碩士班階段，因為三一八學運的啟發，碩士論文打算以「佔領運動」為研究題目，想要觀察社運期間佔領的公共空間，探究其中所產生的社會意義與新的秩序。我在二〇一四年赴香港訪談雨傘運動，回臺後也參與了巢運以及帝寶前的夜宿活動，親身躺在仁愛路上，這是我第一次參與居住相關的倡議運動。

那個躺在仁愛路上的夜裡，我心中浮現了本文開頭提出的問題：身處在二〇一四年的巢運現場，距離一九八九年的無殼蝸牛運動已經過了二十五年了，為什麼我們還深受高房價之苦？四分之一世紀以來的住宅運動，是不是付諸流水、毫無意義？

然而我沒有順利完成當初設定的題目，人生遭遇了波折，因此暫停學業，選擇先去服役。退伍後因緣際會進入了「社會住宅推動聯盟」*工作（以下簡稱「住盟」），擔任住盟與「都市改革組織」（Organization of Urban Re-s, OURs）合聘的政策研究員，負責政策研究與倡議工作。這份工作延續了我對公共政策的關懷，自二〇一九年服務至

* 社會住宅推動聯盟是由十三個住宅與社福等民間團體組成的倡議聯盟，將於後文詳述。

今。

工作兩年之後，我更加深入認識、掌握了住宅運動三十年的歷史脈絡，於是想要再回頭重寫我的碩士論文，藉這個機會為臺灣三十年的住宅運動留下記錄，也為自己解答本文開頭的疑惑。其實，住宅運動三十年並非一事無成，在一九八九年無殼蝸牛運動的街頭抗議結束後，這場運動分化出了「都市改革組織」與「崔媽媽基金會」兩個住宅團體，往後這兩個團體持續調整倡議路線，逐漸從街頭轉向議會。崔媽媽基金會的執行長呂秉怡本身就是無殼蝸牛運動的參與者，長年投入租屋服務與租屋市場改革，而OURs的秘書長彭揚凱更是重啟住宅倡議運動的關鍵人物。隨後二〇一〇年住盟成立，募款召聘政策研究員，更確立了住宅運動走上政策倡議的路線。我身為政策研究員，就是當前住宅運動轉向政策倡議路線的其中一位參與者。

感謝秘書長揚凱的支持，二〇二一年我完成了碩士論文《從無殼蝸牛到巢運：臺灣住宅運動的倡議模式形構與轉化》，很榮幸獲得了第二屆「TRAA臺灣住宅建築獎」的學生論文獎，以及二〇二一臺灣社會研究學會「批判與實踐碩士論文獎」。這篇論文的內容主要是社會學觀點的臺灣住宅運動回顧，也可說是一本臺灣住宅運動史。我認為回顧過往住宅運動的成功與失敗，對未來的政策倡議有幫助，也能提供給在不同議題上努力的社會運動者們作為參考。

這本書希望帶給讀者的是

再次回到本文開頭的問題，我想藉由這本書向讀者分享我的答案：住宅運動在這三十幾年有過停滯與消沉，但也累積了豐富的倡議經驗，並持續反省歷次運動的政治判斷，從最初主要抗議高房價、爭取所有權，到朝向更完整地追求整體居住權，推進諸如社會住宅等重要的居住政策。臺灣近年來其實通過了許多重要的居住政策改革，這也是我身為政策研究員的意義，我親身參與倡議的就有「實價登錄2.0」、《住宅法》修法等。

本書是以碩士論文的資料為基礎重新寫作而成，除了回顧臺灣的住宅運動，也補充了臺灣住宅政策的發展，希望讓讀者認識與自身居住權利相關的政策，進而能夠參與到未來居住議題的討論之中。

居住正義不僅是房價問題。臺灣的房價始終高不可攀，房價的確是一件無法避而不談的事，但是我們也不能只看房價，而應關心整體的住宅政策，是不是能保障人們的居住權。因此身為住宅團體的倡議者，我認為確實有必要解釋臺灣的住宅政策是怎麼轉變的？在這過程中，社會運動與政策倡議解決了哪些問題？有哪些問題始終沒有解決？又是為什麼？

從認識臺灣住宅運動三十年的歷程，我們除了可以深入了解政府在這之間推動的住宅政策內涵，更重要的是承繼在這片土地上已經長達三十年的思索積累。當今青年世代面臨嚴峻的居住困境，我們需要藉此釐清未來該何去何從。

身為青年群體的一員，相對幸運的是我無須面對緊迫的居住問題，但我周遭的許多朋友都為此所苦，承受著巨大的經濟壓力。他們初入社會時多半選擇租房子，可是經歷幾次搬遷之後，希望有一處安穩的住所，然而要面對的是高不可攀的房價，就算咬牙貸款買房換得居住的穩定，但背負鉅額的房貸，往後的日子也十分艱難。

對青年群體來說，透過購買取得所有權並以此保障居住權的路徑，在當今這個高房價的時代已經崩毀，這條路行不通了。因此我們應當嘗試以不同的思維面對居住困境。我期待可以透過這本書，邀請讀者參與住宅運動三十年的思索歷程，並為我們共同的未來找到出路。

因此，這是一本探求臺灣居住正義的書，也是一本給在居住不正義中受害最深的青年群體的書。我將梳理臺灣住宅政策的發展與演變、各時期住宅運動的訴求，並總結住宅運動三十年的成果，化為我們未來能夠持續推進居住政策改革的行動方案。

最後我要感謝秉怡以及揚凱，兩位同時是住宅運動的前輩與現役參與者，持續在崔媽媽基金會與OURs的崗位上努力著，本書之所以能夠完成，要感謝他們無私的協助。此外，也要特別感謝編輯立恆，他細心且具前瞻性的建議讓這本以論文改寫的專書變得更加完整易讀。我還要感謝一切在本書寫作過程中協助且容忍我的家人朋友們。雖幸得眾多老師前輩夥伴的教導與啟發，但本書一切不成熟與缺失之處，文責仍應由我自負。

第一章

臺灣居，真的好不易！

chapter 01

居住正義指的是人民「安穩居住」的權利應獲得充分保障，因此是個關乎民生安定的重要議題。但是臺灣的居住到底有多「不正義」？居住不正義是真實存在的問題嗎？我將在本章透過數據面的分析，呈現臺灣目前居住困境的圖像，並指出其背後的政策結構。

居住不正義所造成的居住危機，實際上也不僅體現在居住問題上，甚至也將連帶造成消費緊縮、少子化等更大規模的「崩世代」國安危機。青年是此一不正義結構的最大受害者。但另一方面，青年也是最有潛力團結起來，促成改革的群體。

到底有多不易？

具體來說，臺灣的「居住不正義」就體現在「買不起」與「租不好」，那麼如果從數據來看，臺灣的居住問題有多嚴重呢？

高房價結構的形成與趨勢

一般在觀察房價與負擔能力時，有一個常用的指標稱為「房價所得比」，計算方式為「中位數住宅價格」除以「中位數家戶可支配所得」。房價所得比越高，購屋對人們而言就越難以負擔。媒體常用的「要不吃不喝幾年才可以買得起房子」，也是基於同樣的邏輯。

早在一九八九年無殼蝸牛運動時，臺北市的房價所得比就已經超過八倍，意思大概是「一九八九年時，一般家庭想買一間一般的臺北市房子，需要花費八年左右不吃不喝的收入」。[1] 附帶一

1985-2021年臺北市房價所得比

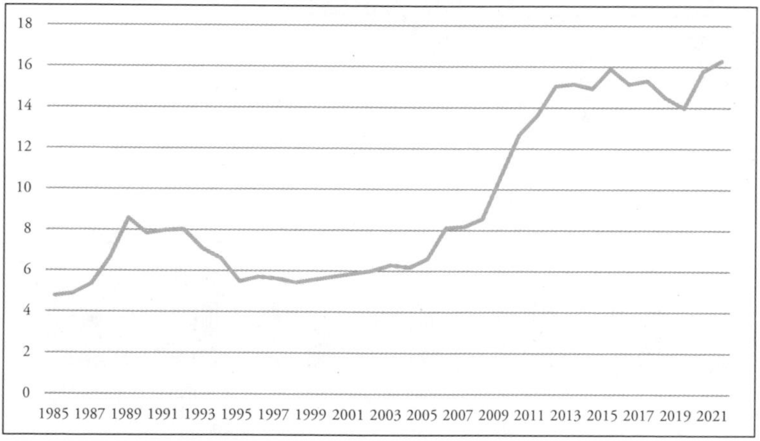

資料來源：張金鶚、高國峰、林秋瑾，〈臺北市合理房價——需求面分析〉，《住宅學報》vol. 10 (1)，2001年。內政部不動產資訊平台

提，而世界銀行所認定的「合理房價所得比」為五倍以下。[2]

無殼蝸牛運動的三十年後，如今「全臺灣」的房價所得比是多少呢？二〇二二年第一季，全國房價所得比為九．五八，創歷史新高。也就是說，現在全臺灣的房價所得比，已經超越了當年無殼蝸牛運動時臺北市的房價所得比了。[3]

若只以臺北市為例，臺北市的房價所得比一九八五年是四．七八倍，二〇二二年第一季房價所得比為十六．二二，上升了百分之三百四十。

那麼雙北以外呢？根據內政部的六都住宅價格指數統計，若以統計起始的

2012年與2021年六都住宅價格指數比較

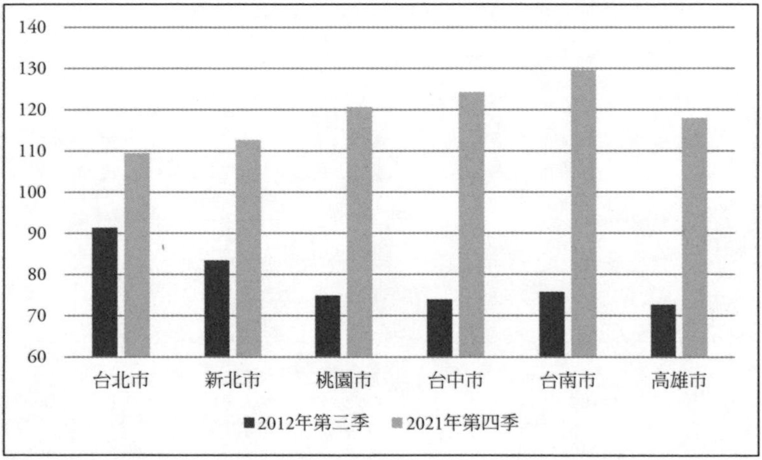

資料來源：內政部不動產資訊平台

二〇一二年第三季與二〇二一年第四季最新數據進行比較，可以看到近十年的房價飆漲已不限於雙北，反而是中南部的漲幅更加劇烈。[4]

由於房價所得比的變數不僅是「房價」，收入所得的增長也一併計算在內，因此有人說「過去房價低，那是因為當時薪水也低」，實際上是不對的。臺灣都會區在過去三十七年已經形成了「高房價結構」，以及穩固的、不斷強化的「高房價趨勢」，而薪資上漲的空間卻很有限。所以，相較於過去，買房的確有越來越辛苦的趨勢。

租屋黑市情形嚴重

那麼臺灣的租屋狀況呢？麻煩的是目前還無法準確分析租金價格的歷年變化，無法如同上述一樣整理出數十年的價格波動，因為政府根本就沒有進行相關的準確統計，所以沒有「房租價格波動」數據。官方唯一的數據只有主計總處的「消費者物價房租類指數」，但近五年來該指數每年的漲幅不到百分之一，數十年來租金漲幅也不多，一九八九年八月無殼蝸牛運動發起時租金指數為七十，二〇二二年四月租金指數為一百零五，漲幅僅百分之五十一，政府的租金統計數據極其不準，顯然與民眾的生活經驗完全相悖。[5]

為什麼政府的統計數據會有那麼大的偏差?問題在於抽樣方法有問題,僅採取全國一千兩百個固定樣本戶,逐月訪查房租的變化。那麼為什麼政府不採取更好的抽樣方法呢?因為臺灣的「租屋黑市」現象,使得政府根本無法掌握確切的房東與房客的租賃資料,更不清楚真實的租屋情況,自然難以改善抽樣問題。

政府當前統計的租屋戶數,根據不同的統計方式約為八十七萬到一百萬不等,但是對比財稅資料,就會發現與政府公布的租屋戶數完全無法吻合,其中必然隱含嚴重的黑市情形。從二〇一九年財政部進行的房屋租賃所得統計得知,[6]把房子租給「自然人」的房東,僅有三十一萬[7]左右的繳稅筆數;而房客租屋申報列舉所得稅的戶數,同年僅約兩萬七千戶。

即便房客是基於其他理由未申報租屋支出,如所得太低根本免稅、房租太便宜不如用標準扣除額划算、或是其它列舉抵扣額已達上限等,但三十一萬房東對比兩萬七千戶房客,申報率只有百分之八左右,也實在太低了。

因此,透過財政部稅務資料的數據對比政府統計的租屋戶數,可以大致推斷出:臺灣約莫七成以上的租屋是屬於隱藏租屋事實、不繳稅、政府無法掌握的黑市。[8]

為什麼會這樣呢？主因是政府長年不重視租屋市場，認定租屋多半是「出社會後暫居三、五年，然後存頭期款買房」的選項，造成租屋政策[9]與資訊長年不受重視。且訂定租屋契約只需租賃雙方私下簽約即可，無須如房屋買賣般辦理過戶，也讓政府資訊收集更加困難，使得政府對租賃市場的資訊缺乏掌握。[10]

但租屋真的只是「剛出社會的短暫將就」嗎？根據永慶房產於二〇一五年發布的調查，臺北市首購年齡已突破四十歲，新北市則來到了三十八歲。[11]在近年房價飆漲的狀況下，恐怕年齡又更加推升。也就是說，對於許多都會區的民眾而言，租屋已不再是三、五年的「過渡」居住，而是至少十幾年，乃至二十幾年的居住選項。

租屋黑市造成的結果，除了政府所有針對租屋的政策（如租金補貼、包租代管*）都無法落實之外，最可怕的就是租屋安全與居住品質。特別是違法隔間、無逃生設施的頂樓加蓋等危險租屋，受害者多半是蝸居在租屋市場底層的學生、年輕上班族及弱勢家

* 包租代管出自《租賃住宅市場發展及管理條例》，是政府推出的一種租賃方式。「包租」是由業者和房東簽訂三年的租賃契約，由業者承包租賃，當二房東轉租給房客。「代管」則是房東委託業者代為管理房屋，作為「房東代理人」，並協助房東出租房屋給房客，但租約的簽訂是由房客向房東簽訂，業者僅負責管理住宅，與房東沒有租賃關係。

庭。但此類租屋究竟有多少？安全堪慮程度如何？在租屋黑市迷霧下政府當然搞不清楚。而一旦出事，僅僅是看到長官「震怒」與三分鐘熱度的「加強稽查」，但問題依舊未解，直到下一次悲劇發生。

另外，因政府沒有嚴格管理租屋市場，使得租屋契約中存在各種不平等與不當條款，雖然內政部已於二〇一八年六月發布〈住宅租賃契約應約定及不得約定事項〉，但在租屋黑市的現況下，說穿了不過是道德宣示性質。目前超商、文具店販售的租賃契約書之內容，仍大剌剌違反內政部頒布禁止之事項。例如在契約中載明「本件租屋之房屋稅、綜合所得稅等，若較出租前之稅額增加時，其增加部分，應由乙方（承租人）負責補貼，乙方決不異議」。如此規定的「稅額轉嫁」條款，已違反〈住宅租賃契約應約定及不得約定事項〉第四條，應為無效，但在市面上仍廣為流通。

此外，租屋黑市現象也使得租屋族的基本權利受損，除了上述提到的無法申請租金補貼之外，因房東不同意房客遷入戶籍，造成房客無法享有公共托育等市民福利，更嚴重的是房客因戶籍不在租屋處，所以沒有居住地的投票權，等同失去了對地方公共事務的影響力，公民權受到嚴重的侵害。

在租屋黑市中，房客長期處在不穩定的居住狀況，深怕房東隨時要調漲租金，或是收回租屋。無論是漲房租或是搬家，都會對房客的生活造成巨大的衝擊，只要經歷過幾次，就會讓人重新思考是否該咬牙買房，這就是租屋族所面臨的「租不好」困境。也因此即便房價越來越高，租屋仍舊無法成為穩定的替代居住選項，反而是不斷將人「趕」到購屋市場中，成為房市專家宣稱的「購屋剛性需求」。

問題核心就在：扭曲的房產持有結構

為什麼臺灣會如此居住不正義？主因是居住政策的缺失與不均的房產持有結構。由於住宅同時具備「消費財」的使用價值（居住）與「資本財」的交換價值（儲蓄、投資），現代住宅政策的組成，就是國家藉由法令平衡住宅的消費財與資本財兩個面向，例如提供補貼，或是調控房屋的持有成本以及交易成本，藉此干預住宅市場。

政府介入「自由市場」的正當性來源，是因為政府理當保障人民的「居住權」，然而政府願意、或能夠採取哪種強度與作法去介入市場，則是一個關乎政府與社會對「居住權」正當性論述與理解的問題。聯合國《經濟社會文化權利國際公約》中提到的

「人人有權享受其本人及家屬所需之適當生活程度，包括適當之衣食住及不斷改善之生活環境。締約國將採取適當步驟確保此種權利之實現。」可是實際上不會自動實現，要看政府究竟是否有足夠的認知，知道如何採取適當步驟，以實現這個承諾。

沒有「住宅政策」，只有「房地產政策」

依據內政部營建署二〇二一年第四季《住宅資訊統計彙報》二〇二〇年第四季統計資料，國內住宅數量約九百一十萬宅，全國家戶數約八百四十萬戶，住宅總數比家戶數量還多，而且住宅自有率約為百分之八十四左右。[12] 因此，照理說臺灣應該如政府向國際報告時所稱「整體住宅市場在供給及所有權取得上持續呈現穩定、適足的狀態」。[13]

但事實上，臺灣的大量住宅卻淪為炒作商品，房價不斷高漲，多屋族的房子越買越多，房產集中化趨勢日益嚴重。根據財政部資料，近六年臺灣新增的五十二萬六千戶住宅之中，有過半（百分之五十三）為非自住（多屋）[14] 家戶持有，且持有非自住住宅的個人從二〇一五年的三十三萬六千人上升至二〇二一年的五十二萬六千人，意即多屋族平均年增長率約為百分之七。[15]

與此同時，面對大量空置的住宅，政府卻沒有進行合理的持有稅制改革，沒有將空置的住宅資源導入租屋市場，加上租屋嚴重黑市化，致使租屋無法成為合理、有保障的居住選擇之一。根據內政部二〇二一年資料，空屋率最高的住宅竟是「未滿五年」的新建住宅，平均空屋率高達百分之三十七，其中持有四至九房者空屋率為百分之四十三，持有十房以上者空屋率甚至高達百分之六十二。[16]

這份數據讓過往「一房者持有空屋比率最高」、「空屋多為鄉下祖厝」等論述不攻自破。甚至由於新建住宅的空屋率極高，業者與政府宣稱「臺灣房價高乃是剛性需求，而且需求仍大」的說法也受到挑戰。若近年新建住宅的空屋比例如此之高，很可能**投資需求**才是房地產市場的主要驅動力。

是什麼造成了臺灣如此扭曲的房產持有結構？主因是錯誤的住宅政策（尤其是二〇一〇年之前）。自八〇年代以來，臺灣的住宅政策崇尚的是：住宅為商品、市場萬能論的「去公共化」思維，政府要做的就是「做多」不動產市場，「鼓勵」人民買房即可。也就是所謂的「**沒有住宅政策，只有房地產政策**」。

雖然近年來政府在住宅政策上已有些許轉向，開始著力於興辦社會住宅、嘗試包租代管政策等等，但在購屋與租屋市場的制度性改革，從一九八九年迄今，仍然是陷於延宕。過去三十餘年，政府對住宅問題雖然不能說是毫無作為，但始終未能對症下藥，避重就輕，不見根本性的制度改革，未能施力改革房產稅制及整頓租屋市場。政府面對居住民怨的主要對應手段，多半是採取「補貼型改革」。至於真正有機會能降低房價、抑止投機的「市場面改革」，卻是一波三折，甚至不斷挫敗，使得人民依舊感到居住是一項沉重的負擔。

除了一般民眾之外，社會經濟弱勢的基本居住權也缺乏保障，他們沒有購屋的經濟能力，在租屋市場裡經常遭受歧視而難以租到房子，但即便是「補貼型改革」的政府直接興辦社會住宅，也普遍有著「越窮的人越住不起社宅」的問題。

房產權屬結構與地產文化霸權

政策能否順利推動，與相應的社會結構有密不可分的關係。前段提及，政府號稱房產自有率高達百分之八十五，[17]既然如此，照理說高房價不應造成民怨，相反地，民眾應該開心其資產增值才對。那麼「房產高持有率與高房價民怨」的矛盾從何而來？要從臺灣的房產持有結構來看，才能找到原因。

根據臺大城鄉所退休教授華昌宜的權屬分析，若將全臺家戶濃縮為一百戶，其中十戶為絕對社經弱勢，二十戶在高房價下購屋夢破滅，六十戶為持有一屋的家戶，持有二屋以上的家戶只有十戶。[18]

佔最大多數的持有一屋者是住宅政策改革中最關鍵、但也是最矛盾的群體。一方面他們對高房價憂心忡忡，首先是其子女面臨無法購屋的窘境，再者是人生不同階段所需要的住宅型態不同（如社會新鮮人、成家生子、退休生活等不同階段需要的住宅空間都有所差異），而在高房價環境下，其持有的房產雖然價格上漲，但新房子又漲更多，造成他們很難隨著人生不同階段換屋；但另一方面，若房價下跌，他們又會陷入紙面資產縮水的恐慌。持有一屋者僅有的房產是日常居住使用，卻矛盾地寄望

臺灣房產權屬結構

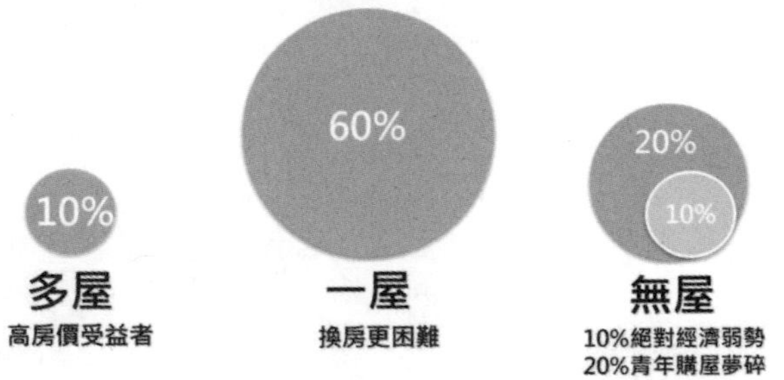

資料來源：華昌宜，〈揭開高住宅自有率的真相〉，《中國時報》，2010年4月7日，第A16版。

其商品層面的價值。

在這樣的狀況下，當試圖對住宅政策的根本問題進行改革，這一成的多屋者以及其中的金權地主階級便會透過輿論等方式製造恐慌，裹脅六成的一屋者群起反對，造成改革無法進行。既得利益者建構一種地產**文化霸權**，正當化他們藉由地產掠奪而得的利益。受到這些霸權話語的影響，買房致富的思維已然滲透進入大眾的意識之中。長期以來臺灣因為缺乏整體性的住宅政策規劃，政府任由房地產市場自由發展，而使得在過去數十年間「買房翻身」的致富路徑成為一整代人的共識。例如常見的房仲話術「買房漲了你是贏家，跌了還是你家」，就是這種思維下的最佳例子。投資房地產致富甚至被寫進了國小課本裡，[19]連營建署長葉世文都公開表示過：「投資股市九成虧本，未來十年房產仍是投資最佳選項」。換取這場「地產發財夢」的狂歡造成了怎樣的後果？也就是前文提及的，青年世代必須為父輩的貪婪、財團的炒作、政府的放任，承受高房價之苦，以及延伸出來的各種居住困境。

青年群體的居住問題，也是臺灣社會的發展問題

從前述的權屬分析中，可以看到其實絕大多數人都是居住不正義的受害者，即便是持有一房的家戶，也面臨無法換屋、子女難以買房的窘境。但最大的受害者，是無法透過繼承、也無原生家庭協助購屋的青年群體。

以臺北市為例，二〇一七年臺北市的房產持有結構中，五十歲以上的人口佔臺北市總人口百分之三十八，而他們持有了全臺北百分之七十一的房產（若把年齡限縮到六十歲以上，甚至是百分之二十三的人口持有百分之四十四的房產）；與之相對的是，二十歲到四十歲的人口佔臺北市總人口百分之二十七，卻僅持有臺北市百分之十左右的房產。[20]

在高房價趨勢與房產多由中老年人持有的結構中，居住問題對青年而言實質上是嚴重的**世代剝削**。一方面從收入來看，青年初出社會的起始薪資已較上一代倒退，而且預期成長緩慢，[21]居住負擔能力本來就相對較低，另一方面，地產文化霸權塑造了「房價能漲不能跌」、「房產是最好的投資工具」如此的觀念，中老年人期待其房產必須不斷增值，如三十年前以五百萬購入的住宅，三十年後就要以一千五百萬出售，而最後被

迫接手的，大多就是青年群體。

因此，在收入成長趨緩、房價又節節上升的情勢下，目前大多數青年群體已經難以複製上一代「出社會三五年存到頭期款購屋，結婚成家生小孩還能繳房貸」的人生軌跡。而且與此同時，青年又面臨租屋黑市造成的居住品質低落、居住不穩定的問題。

這種居住的世代不公，將進一步轉化成社會階層不公。出身富有的青年可透過「財富代間移轉」（如繼承、父母金援購屋等）獲得住宅，而沒有原生家庭奧援的青年則淪為屋奴，臺灣幾乎已成為「父母財力遠比個人努力重要」的社會，社會階層分化越來越劇烈，其背後重要的因素之一就是高房價問題。

2017年臺北市房產持有結構

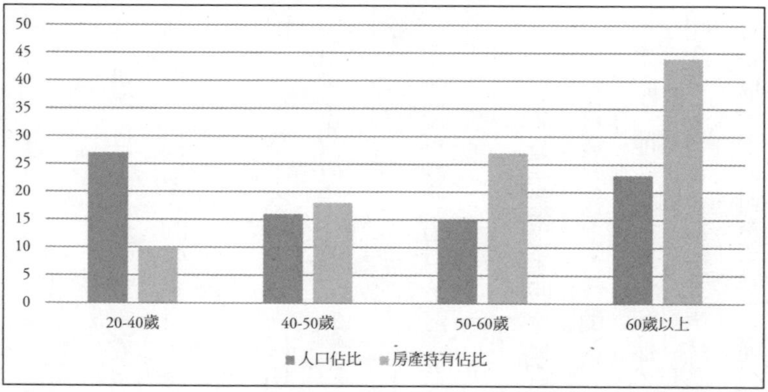

資料來源：鄭祐安，〈臺北市房屋持有者的高齡化分析〉。臺北市政府地政局，2017年。

高房價造成的嚴重社會階層不公，將如骨牌效應般連鎖牽動重大的社會與國安危機。根據巢運團體二〇二二年進行的「青年居住困境與政策」調查，「高房價所造成的困擾」題組裡，有百分之九十七認為「房貸壓力大，不敢多消費」，有百分之八十四認為「買不起房造成結婚、生子等生涯規劃被迫取消或延後」。

因此，高房價與隨之而來的青年安居問題，連帶造成日常消費緊縮，因為青年族群的收入被房貸以及租金吞噬，沒有餘力多做消費，排擠了其他產業的正常發展。同時結婚與生子等人生規劃的遞延，又導致人口出生率持續低迷，影響諸如年金制度、勞動體制等重要問題，反噬臺灣社會的未來。居住問題日益嚴重，危機迫在眼前，政策改革卻不斷蹉跎，實現居住正義實為臺灣社會的當務之急。但改變如何可能？面對居住不正義的現實，我們該怎麼辦？

如何改變困境？這是一封邀請函

自八〇年代末，隨著臺灣民主化的發展，社會運動與倡議團體的力量逐漸成形，並有機會介入政策制定的過程，當時發展出了許多自力救濟型運動，住宅運動也在這時開始發聲。解嚴後關於居住議題的第一場社會運動，便是一九八九年的「無殼蝸牛運動」。

在無殼蝸牛運動落幕之後，分化出了「OURs都市改革組織」與「崔媽媽基金會」。有段時間，這兩個組織也經營住宅政策倡議以外的議題，以此獲取穩定的營運資源而存活下來，而後繼續在重要的居住議題上成為主要的住宅運動倡議團體。* 整體而言，由於上述政府與地產文化霸權將住的問題「去公共化」，變成每個「有辦法」的人應該自行設法解決的家內事，住宅團體的目標是將住的問題重新「再公共化」，要求國家負起責任，讓住宅更加回歸到其使用價值，以保障人民居住權。

在三十年的倡議過程中，住宅團體緊隨著各個住宅政策發展階段，開展出了新的倡議模式，達成諸多修法與立法工作。但由於上述扭曲的住宅政策與房產持有結構，推動改革的過程中遭遇了許多阻礙。我在住宅團體擔任研究員，負責政策的撰述與倡議推動，也參與了諸如「實價登錄2.0」、《住宅法》等修法工作，對倡議工作與政策攻防有一定程度的實務理解，這樣的經驗使我得以「以今推古」。與主要倡議者的共同工作經驗，也讓我更加理解倡議者如何在倡議過程中做政治判斷。

因此，本書接下來的章節將以「住宅運動／政策倡議」作為主要角度，以「法案／制度變革」為檢驗標準，分析各個階段住宅政策的進展，呈現「政府施政」、「社會經濟情勢」之間互動的發展過程，並梳理這三十餘年來，臺灣的住宅政策達成了哪些成果，又有哪些問題始終沒辦法解決。

另一方面，本書也會介紹各時期住宅運動的論述。運動的訴求絕對不是憑空產生的，而是鑲嵌在當時的社會經濟條件之中，同時也受到當時政治情勢的影響。回顧臺灣三十年的住宅運動，會發現許多當下看似失敗的行動，其實並非徒勞無功，而是深深影響了後續住宅運動的走向，也在未來由不同倡議者接棒持續推動住宅政策的改革。我會特別在本書中詳述這點。

在本書末尾，完成各階段住宅政策與住宅運動的回顧之後，我們就能更清楚認識現在的處境，與過去三十年運動的成果與侷限，最後我將提出未來的改革方向與策略。

本書是一份邀請函，期盼大家一同加入改變居住不正義的行列！接下來，該是翻

＊ 實際上分化出的組織還有「無住屋者團結組織」，但後續並未持續運作，而「崔媽媽租屋服務中心」於二〇〇〇年轉型為「崔媽媽基金會」。

轉地產文化霸權，由我們拿回住宅政策主導權的時候了。

無住屋者，團結起來！

第二章

八〇年代末期：住宅運動初萌芽

chapter 02

臺灣居住不正義的現況，有其歷史淵源。首先是政府遷臺初期無意處理住宅問題。後來因政治經濟局勢的轉變，一度試圖透過國宅政策積極介入。但到了八〇年代末期，政府在與民間市場的競爭中退居二線，反而開始鼓勵民間市場自由發展，並順勢推卸其政策責任，將住宅問題「去公共化」為純粹取決於個人努力的問題。

一九八九、一九九〇年民間發起的「無殼蝸牛運動」，正是戰後以來政府對住宅問題缺乏有力辦法的民怨展現，試圖要求政府重新擔負住宅政策發展的職責；在運動落幕後，政府也在一九九二年自行發動「二次土改」試圖解決土地商品化造成的國家發展問題。但這兩場運動與改革最終卻無法合力，而在面對土地金權階層的反抗時雙雙潰敗與沉寂。

臺灣高房價的歷史成因

戰後初期：軍隊與移民湧入，政府無力且無意處理

臺灣的住宅問題，與戰後國民政府遷臺的發展政策息息相關。雖然二次世界大戰之後，有不少第三世界國家都在處理住宅問題上面臨困境，但臺灣戰後初期所面對的住宅問題卻有本質上的不同，並非都市化的人口遷移問題，而是因為國軍與政治難民湧入臺灣。這批一九四九年前後來到臺灣的移民約有兩百萬餘人，短短數年之內臺灣的人口增加了三分之一，當然會引發住宅問題。

在五〇年代初期，政府的統治思維仍以反攻大陸為主軸，其核心工作是將臺灣打造成反攻大陸的復興基地，根本無力也無意處理住宅問題。住宅問題首次躍上檯面，是在一九五三年的克蒂颱風後。克蒂颱風造成數以千計的人無家可歸，許多國大代表也成為受災戶。由於政府必須靠國大代表的支持維持正當性，因此政府動用美援資金，於一九五五年至一九五七年興建了八千五百戶各類住宅。這竟意外成為戰後臺灣住宅政策的起點。但直至此刻，一般民眾的住宅問題仍不在其政策視域當中。

一九五〇年代的臺灣，住宅尚未商品化，民間也還沒有出現專門建造住宅出售的建商，一般都是自地自建自用的住宅。除了公務人員以外的人口，大多只能接收、購買或佔有在市區空地上興建的違建聚落。可以說政府遷臺初期，在住宅問題上幾乎毫無作為，僅採放任的態度讓人民自行透過違建等「非正式住居」（informal settlement）解決住宅需求。

六〇年代：民間建商的崛起

韓戰過後，臺灣被納入美國的圍堵戰略，是美國反共體系的一環，因此解決住宅問題成為維繫臺灣安定的當務之急。在美國顧問浦路加（Hugo. V. Bmeha）的堅持下，政府於一九五七年制定了《興建國民住宅貸款條例》，但當時國防預算就佔了總預算的八成五，所以實際上政府沒有能力提供貸款解決住宅問題，加上一九五八年美援贈款及貸款停止，一九六四年後央行也不願意大量提供國宅貸款。[1]

因此直至一九七五年該條例廢止時，只興建了十二萬五千餘戶，扣除公教住宅、災難重建住宅等類別，實際進入到住宅市場的國宅僅五萬六千戶左右，對整體住宅市場供給並未發揮重要效果。[2]這個時期都市地區的國宅，尤其是臺北市的國宅多數都是「整建住宅」。整建住宅是政府提供給拆遷戶的安置住宅，政府為了整頓交通或是興辦公共建設，必須拆除原地舊有的建物，因此居住在公共建設預定地上的住戶，就搬遷至政府提供的整建住宅。*所以儘管蓋了整建住宅，但實質的住宅供給並未增加。

六〇年代都市充滿了違章建築，[3]一九六六年起臺北市實施「違章建築處理四年計畫」，預計拆除一萬四千多戶違建，並規劃興建整建住宅，預計安置至少一萬兩千戶，但實際上最後僅安置一千兩百多戶。面對住宅極度欠缺的狀況，被拆除的違建戶往往轉移到其它地方搭建新違建。[4]

政府為什麼不重視住宅建設，其中一個原因是要將資源集中於產業發展。一九六〇年政府於高雄臨海開發第一個工業區，並於一九六六年於高雄前鎮設置加工出口區，出口導向的加工貿易是當時國家發展的核心政策。由於資源有限，新興的民間建設產業

* 整建住宅為國宅的一種類型，起源自一九六二年臺北市為了修建淡水河堤防，因而拆除違建，為了安置違建拆遷戶而興建的住宅，稱為「整建住宅」。後在臺北市區建設時，也興建整宅以安置原違建拆遷住戶。著名案例為南機場、蘭州國宅、信維國宅等。

與當時的加工出口產業有著一定程度的競爭對立，政府不願提供民間建設產業融資優惠與補貼，政府希望透過「拚經濟」，提升國民所得，經濟成長，住宅問題便能迎刃而解。

但六〇年代是臺灣經濟成長與都市化快速發展的時期。因此都市擴張，人口集中至都市，民眾只能透過新興的民間建商[5]取得住宅，由於政府沒有提供優惠貸款等政策協助營建業發展，民間建商便自行發展出以「預售」作為集資的房產銷售模式。*隨著六〇年代的經濟起飛，住宅市場發展迅速，民間建商已逐漸成為住宅的供應主力。

儘管如此，臺灣的住宅存量依然不足，根據行政院一九七一年的統計，一九五七至一九六八年，臺灣住宅約增加二十七萬五千戶，人口卻增加了三百九十六萬。住宅供給遠遠趕不上都市化、人口增長的速度，造成房價飆升。

七〇年代：政府重回住宅供應的嘗試與失敗

民間建商雖然逐漸崛起並成為供應主力，但其價格往往十分昂貴，難以解決嚴重的住宅問題。加上六〇年代的經濟起飛與都市化發展，又進一步地推升房價上揚。例如臺北市的新建公寓，在一九六六年時每坪價格為三千七百元，到了一九六八年已經上漲到七千五百六十元，[6]使得鄉村移入都市的人口難以進入市場購屋。到了七〇年代初期，住宅供給已經成為最主要的都市問題，加上中華民國退出聯合國等國際情勢的轉變，國內民生的穩定就成為了政府的重要課題，其中住宅供給是首要關鍵。

在這個階段，政府採取的是「一手壓制，一手興辦」的大有為政府策略，強力且大範圍地介入住宅問題，一方面壓抑民間市場，另一方面興建國宅。在壓抑民間市場方面，政府採取了許多手段，如第一次石油危機後下令要求建材限價、五樓以上限建、頒布建築融資禁令，[7]第二次石油危機時則下令追查購屋資金、空地限期建築使用、調整土地增值稅。[8]在興建國宅方面，一九七五年通過《國民住宅條例》，計畫直接興辦國宅售予低收入家庭，預計從一九七六年至一九八一年的六年內要興建十萬戶國宅；在

* 華美在一九六六年十一月興建民生社區時首度採用預售制度，是臺灣預售屋的濫觴，預售屋讓建商獲得營建資金，並給予購屋者更寬鬆的還款條件，甚至可以透過「消費者委建」的名義規避如契稅等相關稅負，此外還有一定程度的客製化彈性。但此時申請預售屋貸款須先投保「住宅貸款保證保險」，造成預售屋轉手十分不便，後續因銀行放款條件日益放寬，才發展出如今「自備款」與「銀行貸款」的模式，代銷業也隨之興起。

一九七九年時，又將興建國宅納入後來的「十二大建設」當中，目標為十年興建六十萬戶，並以憲法中的「民生主義」作為其正當性來源。

但這些努力的成效卻非常有限。首先，政府對民間市場採取的壓制手段，沒有辦法解決經濟發展後新興中上收入者對住宅的需求。雖然政策壓制對房價漲勢產生顯著打擊，但都市人口增長與中產階級的增加，也讓房價始終沒有下跌。其次，由於國宅計劃初期組織機構不健全，加上人力資金未能配合，以及土地難以取得等原因，一九七六至一九八一年預計興建的十萬戶，至計劃期限為止僅執行七萬兩千五百戶，完工則不到一半，且真正分配給民眾公開承購的國宅戶數僅佔總數的百分之三十八。[9]

另一方面，國宅政策本質上是提供給低收入群體的社會福利政策，雖然售價相對市場住宅低廉，但目標群體的還款能力卻也相應更差。在「蓋得少、蓋得慢、蓋得不夠便宜」的狀況下，國宅開始出現滯銷現象並衝擊國家財政，同時物價成本持續上漲，在國防與經濟建設預算擠壓社福預算的情形下，興辦國宅不但沒有造成經濟發展的正循環，反而成為了財政上的無底洞。[10]

當現實和最初的構想出現鴻溝，政府又再次逃避供應住宅的責任與承諾，而悄悄地將主角的位置還給了民間住宅市場，在下一章節的政策分析中，可以看見政府的立場轉變。

八〇年代：經濟自由化，政府退居住宅供給二線

時間來到一九八〇年代，上述壓抑民間住宅市場的政策已經造成影響，而國宅也產生一定的作用。雖然國宅的數量不多，僅佔住宅存量的百分之五，但此時國宅有政府補貼支持，而且屬於非營利性質，因此在八〇年代，民間房地產市場已被壓制，甚至出現跌價與滯銷。[11]

另一方面，由於第二次石油危機引發物價上漲，也使得國宅成本同步上升，原本國宅政策主要照顧的中低階層已經開始無力負擔。另一方面，政府為了處理國宅滯銷，選擇降價並放寬原有的承購限制，使得國宅一變成為中上階層願意接受的物件，卻也造成國宅與建商興建的民間住宅在有限的市場內相互競爭，雙雙滯銷，如「白宮」、「華美」等大型建商也接連倒閉。

面對國宅問題，政府的首要任務是解決國宅滯銷帶來的財務危機。但由於民間建商一直扮演著住宅供應主力的角色，其產業衰微帶來的危機同樣將對社會造成衝擊，政

府亦不能完全坐視不理，因此在一九八二年解除建築業融資禁令。

與此同時，臺灣「超額儲蓄」的問題愈加嚴重，房地產金融已成為解決過度積累之閒置資金的重要手段，且在政治上美國的雷根主義要求臺灣經濟更加「自由化」，利率連年調降，造成八〇年代後半期的臺灣就此進入資本狂飆的年代。

一九八六年政府推動「建築經理公司」制度，[12] 作為投資、購屋、融資三者間的中介角色，並降低原先規劃的國宅興建數量，象徵政府對於住宅市場改以監管為主，實質上等同宣告與民間競爭「住宅主要供給方」的目標已然失敗。

一九八七年七月政府解除外匯管制，新臺幣對美元大幅升值，熱錢大量湧入臺灣並注入股票市場與房地產市場，一九八七年初，股票指數約一千點，至一九九〇年二月已經超過一萬兩千點。一九八七年臺北市宣布興建捷運系統、一九八八年釋出兩千餘億的公共設施保留地徵收款，全臺房價開始連續三年暴漲。

八〇年代的房價上漲，與六〇、七〇年代的數波房價漲勢背後原因大不相同。先前房價上漲的主因為人口增加和都市化的剛性需求。一九六一年至一九七〇年，全臺灣人口從一千一百一十四萬人成長至一千四百七十五萬人。而一九七〇年至一九八〇年則是臺灣都市化成長最快的十年。但一九八五年至一九八九年，都會地區人口並未明顯增加，平均國民所得只增加百分之十九，在上述游資湧入、房地產金融化加劇的背景下，房價卻上漲了百分之一百八十。[13]薪資成長與房價漲幅逐漸脫鉤，而租屋市場也日益火熱，在一九八九年初至七月之間，臺北市房屋租金調幅平均在百分之五十以上並持續攀升。[14]

房價飆漲與住宅需求去公共化：運動山雨欲來

整體而言，在九〇年代之前，雖然政府曾經試圖成為住宅供給的主力角色，但在實際規模上卻從來沒有真正成為主力，政府的政策也並未能產生經濟層面的正向循環，反而造成沉重的財政負擔，在經濟自由化的浪潮中宣告失敗。

另一方面，隨著房市逐漸火熱，預售屋搶購潮開始出現，建商制定的定型化契約造成許多糾紛。最後政府的走向由「試圖成為住宅供給的主力」轉為退居二線，改為「維繫市場秩序與公信力」，並建立「建築經理公司」制度作為新政策走向的開端。[15]

到了這個階段，政府的「住宅政策」實質上等於只是維持不動產資本市場活絡的「房地產政策」，政府介入主要是處理市場內的漏洞與紛爭。在臺灣住宅問題的發展過程中，民眾解決住宅問題的主要方式仍然是由個人「自己努力找辦法」，而政府在「大有為政府」的國宅政策失敗後，逐漸將民眾的居住困境轉化為關乎努力工作、認真儲蓄、置產投資之個人議題。住宅問題被從公共政策的領域「去公共化」，此後「居住權」等同於「財產權」，若無法擁有房產就無權享有居住的穩定，也讓人民產生了「房價不能漲，否則居住權將受損；但也不能跌，否則財產權會受損」的矛盾心理。

自六〇年代開始的都市人口集中與經濟快速增長，一直到八〇年代末期的房價暴漲，「房地產是最佳投資標的」已經被烙印為整整一代人的認知。在這二十年當中，臺灣的住宅長期維持高度商品化，政府對於市場的干預失敗，房產稅賦過低，強調家庭、個人努力存錢買房，將居住問題轉化為個人勤奮問題，並以提高住宅自有率作為進步指標。但在住宅自有率不斷上升的同時，房價也持續飆漲，臺灣住宅自有率自一九七六年的百分之六十七，至一九八九年已上升至百分之七十九；臺北市新屋平均房價亦從一九七六年的每坪兩萬八千一百元漲至一九八九年的每坪二十八萬四千五百元。[16]

面對房價快速飆漲的衝擊，臺灣的住宅問題又重新成為民眾生活的重大議題。與此同時，解嚴帶來的政治自由化，新興的社會力量也開始崛起。正是在此時空背景下，爆發了臺灣戰後首次大規模的住宅運動，住宅運動與倡議團體初次登上歷史舞台，成為住宅政策的重要倡議者。

無殼蝸牛運動：小市民上街頭

金融化與游資炒作造成的房價上漲，是爆發住宅社會運動的必要條件，卻不是充分條件。在威權統治的戒嚴時期，縱使人們無法以正常薪資在市場中獲取住宅，但在戒嚴體制下，人們也難以組織起來形成政治壓力，去向政府爭取權益。

一九八〇年代臺灣社會力蓬勃發展，一九八三年「新竹李長榮化工廠事件」、一九八六年「鹿港反杜邦運動」等「自力救濟型」運動，帶動八〇年代末社會運動的發展，成為這時期的運動模式。而一九八七年解嚴後，抗議的風險成本下降，政治機會擴大，各種異質化的社會運動開始出現，也為居住議題走上街頭提供了條件。除此之外，一九八九年底的中央民意代表及地方公職人員選舉也提供了額外的政治機會，使初生的運動者得以將議題推上政治博弈的舞臺。

無殼蝸牛運動的策略

一九八八年，三十六歲的國小教師李幸長賣掉了中和大仁街的房子，打算換到房價較便宜的板橋居住。他估計換屋後約可剩下數十萬現金，剛好可以作為自己攻讀研究所的花費，以及當作隔年即將出生的大女兒的育兒基金。

但由於一九八七年臺灣房價開始連續數年迅速飆漲，在找屋過程中耽擱半年的李幸長愕然發現，他竟然已經買不起板橋的房子了，甚至要購回原本中和的房子亦不可得。在強烈的憤怒下，一九八九年五月十日李幸長與學校同事鄭松泉、姚德義等人籌備「無住屋者自救委員會」，目標是引起政府與社會關切解決愈發嚴重的高房價問題，並在六月初舉辦無住屋者自救委員會成立大會與記者會。

由於不熟悉媒體生態，李幸長的首場記者會只來了兩位記者，媒體版面很小。一週後李幸長再次召開記者會，租借了國賓飯店會議室，並先將新聞稿投遞至中央通訊社，這次記者來了二十多位，隔天各大媒體版面都報導了這位國小教師要挺身而出「追求合理房價」的新聞。

這些國小教師原本自認其性質為「自力救濟」運動，多抱持著拋磚引玉的心態，希望「喚醒」社會各界重視後便功成身退。但在媒體報導露出後，這些國小教師開始面對社會大眾的期待，可是該如何進入更具體的社運論述與操作，對他們而言太過陌生。然而與此同時，當時臺大建築與城鄉研究所（以下簡稱「城鄉所」）[17]師生也注意到了這則新聞，師生經過討論之後決議投入這場運動。*

張景森、陳冠甫、徐進鈺等城鄉所學生邀請李幸長、鄭松泉、連素英、潘運欽、張俊男等發起組織的國小教師，於臺北市新生南路上的紫藤廬會談，決議共同推動抗議高房價的都市住宅運動，並隨後正式確立名稱為「無住屋者團結組織」，由李幸長擔任組織召集人。臺灣第一波住宅社會運動就此拉開了序幕，這就是無殼蝸牛運動。

城鄉所研究生主導了無殼蝸牛運動的後續決策，原本發起的國小教師群由於不熟悉論述、媒體操作，逐漸在組織內退到較為象徵性與事務性的位置。[18] 李幸長在二〇一五年的回憶錄便提及，他除了早早堅持要夜宿忠孝東路外，** 其餘時間「我只是那群有智慧的年輕小夥子的發言人」。

這群李幸長口中的「有智慧的年輕小夥子」便是無殼蝸牛運動的核心幹部，如張景森、曾旭正、陳冠甫、徐進鈺、林德福、陳志梧等城鄉所師生，[19] 實際上這些幹部大

---

* 當時的城鄉所老師王鴻楷與夏鑄九，深受美國六〇年代進步運動的影響，提出「專業的通才教育」目標，他們希望學生不獨在專業上對實質環境地方經營有深刻的思考，同時也要對專業所處的文化、社會脈絡有意識地加以反省、批判與改革。

** 夜宿地點的選擇，是因為忠孝東路四段為當時臺灣房價、地價最昂貴的地段。

多數並非高房價的受害者，參與運動的理由更多是基於專業背景、私人情誼、社會正義等因素。[20]

由於具備城鄉所的學科背景，無殼蝸牛運動核心幹部的運動理念立基於都市社會學者曼威．柯司特（Manuel Castells）的論述，將住宅視為一種都市的集體消費，如同醫療、教育、交通運輸，這些資源具有一定的規模與公共性，因此應由政府提供並介入管理，所以運動目標在於透過草根的都市動員向國家機器施壓，促使國家機器干預依循資本邏輯的住宅市場，以此推動住宅政策的變革。[21]

因此無殼蝸牛運動的議題設定，基本上仍延續上一節的分析，認為國家資源長期投入資本積累，忽視提供住宅集體消費，任憑民間隨意發展。在這樣的議題設定之下，住宅問題的催生者與解決者都指向政府，無殼蝸牛運動自然將矛頭指向了政府。

與此同時，過去「大有為政府」指導下的國宅政策曾經以憲法中的民生主義作為政策正當性來源，而在政府退守二線放任市場炒作時，這樣的論述也反過來被運動者挪用，既作為運動的社會正當性來源，也讓「指向政府」的目標設定更為穩固。

最後，在八二六萬人夜宿忠孝東路的行動中，無住屋者團結組織提出了三項訴求，要求政府積極介入，打擊飆漲的房價與房租：

一、制訂房租管制辦法，控制房租，保障房客。
二、課徵空地稅、空屋稅、超額不動產累進稅。
三、提供土地、技術、融資來協助公司、行號、工廠……等興建員工住宅。

無殼蝸牛運動的過程

解嚴初期，社會力崛起的年代，社會運動所抗爭的對象經常是龐大的威權政體。國民黨政府則常將社運抹黑為「陰謀野心」或「暴力不理性」。如一九八八年的「五二〇農民運動」，民眾在立法院前與警方爆發激烈衝突，總計一百三十多人被捕、九十六人被移送法辦，事後政府透過媒體怒斥農運團體為「陰謀暴力團體」，關於農運的負面新聞鋪天蓋地而來。

住宅運動最早的發起群體為國小老師，意識形態原本就偏保守，加上對早期社運被貼上暴力標籤的警惕，致使他們當初在發起運動時便設定了政治中立、超黨派、非政治訴求的形象。與此同時，在城鄉所學生的規劃下，運動也透過幽默、反諷的表演方式面向社會大眾進行宣傳，並在一定程度上破除了政府對過往自力救濟型運動的抹黑。

如在一九八九年七月的國宅抽籤現場，無住屋者團結組織為了批判政府的國宅政策，印製一批幽默諷刺的傳單，在現場發放，內容節錄如下：

> 恭喜抽中的前三百號：「可以結婚生子」。
>
> 提醒三百至兩千號：「小心，女朋友可能跑掉」，估計要再等三年。
>
> 勉勵一萬號以後：「開始追房東的女兒吧」、「房子尚未等到，兒孫仍需努力」，估計要再等四至七年。
>
> 建議三萬至六萬號：「直接去找國父請願」，估計要再等三十年以上。

在面對政府部門的策略上，一九八九年六月無住屋者團結組織開始參與電視辯論，透過輿論對政府施壓，八月四日無殼蝸牛運動的代表陸續拜會各政黨（國民黨、民進黨、工黨、勞動黨）的中央黨部，[22] 請各政黨年底勿推出與地產投機炒作掛勾的民代候選人，並且支持思想進步的候選人，期待他們選後達成解決住宅問題的競選承諾。[23]

隨著夜宿預定日期的接近，無住屋者團結組織也採取了更多「直面政府」的行動，在八月十八日無住屋者團結組織於內政部長許水德舉辦的「國宅問題記者會」的場外發放傳單，要求政府杜絕投機炒作；八月二十日也到經建會主委錢復家門口「下達八二六動員令」，邀請他參加忠孝東路夜宿活動。並在八月二十五日夜宿前夕再次拜訪許水德，贈送兩隻雞希望「喚醒」主管住宅政策的官員聽見人民的聲音。

八月二十六日，終於到了夜宿忠孝東路的活動日期，這是臺灣第一場抗議高房價、爭取居住權益的社會運動，當晚無住屋者團結組織準備了許多諷刺的抗議劇碼，讓這場街頭運動像是一場嘉年華會，有劇團表演「大富翁之舞」，諷刺房地產就像大富翁裡的機會或命運，有些人贏得炒房的機會，而有些人只能接受被房東壓迫的命運。晚間十一點，來到夜宿活動的重頭戲，群眾一同躺在當時的黃金地段，表達對高房價的怨氣，但是參與活動的人數超乎預期，有些人連要躺平都很困難。

透過「政治中立」*以及「幽默輕鬆」的策略，無殼蝸牛運動有效解除了群眾的

* 除了拜訪各政黨之外，在八二六萬人夜宿現場，也對政治人物的參與設定了行動準則，包括「以個人名義參與，不散發傳單，不開宣傳車，不用麥克風，不帶動群眾喧譁或帶動高亢情緒。各黨派若不能遵守，次日清晨無住屋者團結組織將把名單向新聞界公布。」

「運動恐懼症」，據估計，有將近五萬人參與了夜宿忠孝東路的活動。同時也有多方團體聲援與支持，產生了極大的媒體關注度。

一九八九年八月至十一月之間，在當時的兩大報《聯合報》與《中國時報》上就有四百二十一篇報導，兩大報並於八二六夜宿前夕在社論中直接表態支持運動，媒體對運動立場幾乎是一面倒的支持。這在當年的社會運動中是非常罕見的現象。九月四日《中國時報》政經研究室的調查結果也顯示有八成的民眾知道八二六夜宿行動，超過七成的民眾表示支持。[24]

在當時的媒體報導中，無殼蝸牛運動彷彿成為了解嚴後社會運動的一股「清流」，例如《聯合報》的報導便說：

> 無住屋者的活動，把臺北的街頭活動，帶向另一個更高、更理性、更具說服力的層次。感謝他們提供了一個「好榜樣」街頭請願模式給我們學習。蝸牛族最近幾月來展開的一連串街頭行動，給我們社會帶來的另一大意義是：他們表現了一次理性而且健康的街頭請願活動。從整齊的裝扮、明亮清楚的目標訴求到持續不中斷的活動，讓長期對國內暴力血腥街頭行動而焦慮的筆者，充滿了樂觀的期盼。[25]

在夜宿活動結束後，組織幹部運用運動初期所動員的建築與都市規劃界的學者及專業人士，於九月十三日成立了「OURs專業者都市改革組織」（以下簡稱OURs），計劃開展多元化的經營，其目標首先是成立一個針對中產階級的公益性專業團體，藉由提供專業技術服務來累積財源，[26]成為往後運動的後勤基地與專業智囊，同時也替弱勢團體爭取合理的空間使用權利，並爭取在住宅及都市問題上的發言權。

同時，為了持續追求媒體的關注，無住屋者團結組織於九月二十八日在中正紀念堂舉辦「百對無屋佳偶

「無住屋者團結組織」於一九八九年八月二十六日發起「萬人夜宿忠孝東路」活動。（圖／符鼎偉提供）

（圖／聯合報系提供）

一九八九年的夜宿忠孝東路活動，當天最高參與人次為五萬人。

街頭婚禮」活動，這場活動主張「土地、愛情與家」都不該成為商品。其中最引人注目的參與者，是崔陳水金女士。無住屋者團結組織義工崔梅蘭的母親崔陳水金當時已罹患癌症末期。崔陳水金說服了主治醫師，乘坐輪椅參與活動，為了向先生表達永恆不渝的愛，也以行動支持女兒的信念，同時想要向社會傳達：「人人有房子住是好事，應該讓新婚夫妻努力幾年就買得起房子」的理念。活動三天後，崔媽媽安詳離世。

為了向崔陳水金女士致敬，無住屋者團結組織徵得崔家同意，在十月以崔陳水金為預備成立的租屋服務中心命名，成立了「崔媽媽租屋服務中心」，也就是後來的「崔媽媽基金會」（以下簡稱「崔媽媽」）前身。

內外交迫：早產的都市社會運動

一九八九年，除了八二六夜宿忠孝東路活動與九二八街頭婚禮外，無住屋者團結組織在這一年還開展了多次中、小規模的街頭造勢活動，迫使政府做出相當程度的回應。例如當時經建會主委錢復在夜宿前夕強調：「政府對無住屋的問題相當重視，對他們提出來的各種打壓房價的訴求，也會盡力去做。」[27] 行政院亦於當年九月提出〈改善當前住宅問題實施要點及方案〉。

但該方案依然是走回一條老路，就是提高供給面，例如擬定國宅興建計畫、中低收入戶住宅興建計畫，以及土地儲備制度。[28]針對短期內抑制房價的訴求，僅說「加強對壽險、仲介業者以及一年內買賣房屋三次以上者的稅捐查核」，草草一筆帶過，而且只有原則性條款，沒有明確指定主管機關，更完全沒有涉及對「土地稅制、游資出路」等的根本性改革。

既然政府沒有拿出有效的辦法，照理說無殼蝸牛運動應當重新再起。但實際上，在該年年底的大選過後，無殼蝸牛運動卻陷入了後續無力的困境當中。即便在隔年發起了「八二五無殼蝸牛重返忠孝東路」，反而只成為了無殼蝸牛運動的最後一次迴光返照，未能夠推動更多制度面的改革。

為什麼一場聲勢浩大的運動，會落得雷聲大雨點小呢？首先是內部組訓問題。先前無住屋者團結組織尚未深入討論組織發展和人員訓練該如何進行。在一九八九年八二六夜宿忠孝東路到九二八街頭婚禮這兩場街頭活動期間，無住屋者團結組織內部感受到發起如此大規模行動需要巨大的能量，沒有把握未來還能夠積蓄足夠的社會能量，所以內部已經有「加強組訓」的聲音出現，希望將無住屋者團結組織轉型成穩定運作的狀態。因此經過討論之後，決定成立組訓部門。[29]

當時二十五歲的城鄉所研究生，現為崔媽媽基金會執行長的呂秉怡，也是運動的主要參與者。但與前述的張景森等人不同，呂秉怡當時的興趣是都市文化研究，對社會運動沒有濃厚的興趣，而更多是以「幫朋友捧場」的態度分擔工作。當時他負責的主要是一些需要出勞力的運動事務，而非運動決策。

純粹出力幫朋友忙的呂秉怡，由於受到核心決策圈的信任，幾乎參加了所有形式的會議，並經手新聞稿的電腦打字與文宣製作，所以在過程中熟知了住宅運動的內部以及組織歷程。三十年後，呂秉怡回頭看這段組織歷史時，認為無住屋者團結組織的確曾經試圖透過組訓工作調整過往由少數菁英主導運動的模式，也嘗試改變高機動性的議

一九九〇年「八二五無殼蝸牛重返忠孝東路」活動。政府刻意部署大量警力，民眾心中依然留有戒嚴時期的恐懼，害怕警方發動暴力鎮壓，因此這次活動的參與人數銳減。（圖／崔媽媽基金會提供）

題推展節奏，希望轉變為能夠穩固長期運作的模式。但即便如此，無殼蝸牛運動迅速萎縮的關鍵因素卻是住宅議題沒有辦法進一步深化。侷限於高房價的結構一時無法有太大的改變，運動似乎撞上了一堵高牆，已經無法帶動更多的討論。

另一方面，無殼蝸牛運動發起時的「高房價民怨」，此時似乎稍被緩解。房價飆漲到一九八九年的年底到達了最高峰，隨著熱錢的流出、股市的崩盤等總體經濟的波盪，房價也在一九九〇年短暫停止上漲甚至下跌。[30]政府官員在八二六行動時，已經出面回應運動訴求，因此社會的觀感似乎認為運動已有成果。然而實際上，此時卻因運動幹部對政府的運作邏輯與政策的制定過程十分陌生，所以無法在這個關鍵時刻，打開長期性制度改革的局面，而是看著這個契機流逝，無能為力。

因此雖然八二六行動獲得民眾廣泛支持，但具體而言，對政策立法的推動，乃至於對年底大選的影響程度都非常有限。一九八九年底，隨著選舉結束，無殼蝸牛運動的新聞性也隨之消失，政治人物與民眾對住宅議題漸趨冷淡。無住屋者團結組織遂於一九九〇年六月底決定在八月二十五日重返忠孝東路，試圖再次引起輿論聲量，促進制度改革。

一年後重返忠孝東路，這場運動的訴求，整體而言是一九八九年訴求的細化版：

一、課徵不動產超額累進稅
二、兌現二十二萬戶國宅支票
三、全面提高勞工及軍公教優惠貸款；興建員工住宅
四、訂定合理的房租漲幅
五、補貼外宿學生租金

實際上，「八二五無殼蝸牛重返忠孝東路」更像是一場孤注一擲的賭博。運動幹部不熟悉政府部門運作的邏輯，因此無法評估政府面對上述訴求，實際上是否具備兌現的能力，同時政府若要落實上述訴求，又應該拿出哪些具體的施政措施，才不會承諾歸承諾，作法歸作法。但在這場時隔一年的活動中，運動幹部即將面臨的政府打壓力道，卻遠超過他們過往的經驗。因為一九九〇年五月，軍人出身的郝柏村出任行政院長，隨即對社會運動進行壓制，[31]當然發起無殼蝸牛運動的無住屋者團結組織也被視為「麻煩」。

於是在一九九〇年的「八二五無殼蝸牛重返忠孝東路」行動中，即便無住屋者團結組織試圖再次複製一年前幽默輕鬆的街頭運動模式，他們還是受到來自情治單位的壓力，遭受約談、竊聽、切斷電話線路等干擾。政府的這些干擾對當時的幹部而言已然

司空見慣，但是參與運動的市民卻無法淡然以對。在八二五當天，政府刻意部署大量警力，讓民眾覺得參與無殼蝸牛運動也有危險性，如此對幽默輕鬆的運動路線造成嚴重打擊，成功地大幅削減參與人數。*戒嚴時期的臺灣，人人心中都有一個「小警總」，這樣的陰魂在解嚴初期並未自動消散。只要政府加大干擾動作，部署出鎮暴警力，許多普通市民便受到影響，而再度噤聲。

運動組織面對這樣內外交迫的情況時，以學生為主的決策群體因為缺乏社會經驗、人脈等社會資本，也不熟悉政府運作的內部邏輯，對於住宅政策產出過程也完全陌生，而逐漸難以為繼。當時的媒體工具也只有傳統傳媒，發送新聞稿不易，更沒有社群媒體可運用，一但媒體熱度消退，就難以再度喚起輿論熱度。

簡言之，一九八九年的無殼蝸牛運動，是鑲嵌在解嚴初期的社會脈絡中。當時的政治開放程度、社會環境與宣傳管道、運動者的倡議技能等各類條件，都有一定的限

* 解嚴初期，人民依舊恐懼國家暴力，需要實際參與運動才有機會轉化恐懼，例如一位國小教師出身的幹部原本十分恐懼情治單位，但經歷一年多的參與後，在八二五行動現場，甚至可以擔任糾察與警方公開對峙。但這種經驗無法複製到每一位市民身上。

制，造成一九九〇年「八二五無殼蝸牛重返忠孝東路」再度號召群眾走上街頭時，參與群眾僅約五千人，為前一年的十分之一，盛況不再。之後，無殼蝸牛運動參與者逐漸回歸工作及就學崗位、離開組織，運動熱潮歸於沉寂，只剩下該組織所催生的崔媽媽與OURs依然存在。

住宅議題的根本侷限

但無殼蝸牛運動的失敗，除了內部與外部的種種因素外，議題設定方向也是造成發展侷限的重要因素。無住屋者團結組織在與政府官員會面時，雖然也有提及稅制、游資管控等市場面改革，但除了提出住宅做為基本人權之外，根本上政策論述仍不脫「住者有其屋」、「居住權等同於所有權」的框架，實質是要求政府回頭負起「調配社會資源、廣興住宅」[32]的責任。

無殼蝸牛運動也提出「租金管制」等改革方案，但由於組織對住宅政策狀況欠缺掌握，未注意到臺灣嚴重黑市化的租屋實際上無法管制，僅引介國外租金管制文章案例進行發表，虛擲了寶貴的輿論關注時機。

政府面對「買不起房」的訴求時，更樂於做出的回應是提高住宅供給與補貼，幫助更多人得以成為合格的「消費者」，而非進行整體性的住宅市場改革，也未能開展出「政府應不應該干預自由市場」的論辯。[33]

因此「廣建國宅」與「擴大購屋貸款」便成為無殼蝸牛運動少數的後續成果，一九八九年底政府決定在兩年內增建十一萬戶平價住宅，並將每戶首次貸款額度調高為九十萬至一百二十萬，惟前者效果不彰，因為自一九七〇年代，興辦國宅最大的困難始終在於土地取得，直到此時都無法解決。至此為止政府歷次興建國宅的嘗試效果有限。至於後者，反倒成為支撐高房價的重要財務機制。

政府的這種回應方式，實際上是在迴避居住困境的根本性矛盾，亦即迴避「是否沒有所有權，就沒有居住權」的問題，並進一步迴避推動更根本的市場面改革。在「政府會撒錢幫人民買房」的情勢下，無住屋者團結組織很難重新找到社會熱點繼續推進運動，且組織本身也在萎縮衰弱，後來有很長一段時間均無實質運作。*臺大城鄉所教授夏鑄九形容無殼蝸牛運動為「早產的都市社會運動，時機尚未成熟」。結果真正嘗試對

* 無住屋者團結組織將於一九九九年二代蝸運動再次登場，將於後文交待。

市場面進行大規模改革的行動者，不是來自民間，而是在無殼蝸牛運動的三年後，由政府官員提出。

「大有為」政府VS金權勢力

雖然政府未正面回應無殼蝸牛運動提出的訴求，但土地炒作與高房價的確是十分嚴峻的問題。當時因為土地商品化、投機炒作嚴重，造成工商業發展缺乏價格合理的土地，地價狂飆更使一般民眾買不起房子，土地商品化的發展已經嚴重侵害了工商實業與居住需求。實際上，一九七〇年代後政府興建國宅最主要的障礙，也來自於土地問題。這都是因為臺灣並未貫徹土地「漲價歸公」。

土地「漲價歸公」雖載明在中華民國的憲法之中，但並未貫徹實施。漲價歸公是根據《中華民國憲法》第一四三條「土地價值非因施以勞力資本而增加者，應由國家徵收土地增值稅，歸人民共享之」，並透過《平均地權條例》執行。平均地權條例第三十五條「為實施漲價歸公，土地所有權人於申報地價後之土地自然漲價，應依第三十六條規定徵收土地增值稅。」

「土地增值稅」是針對土地所有權移轉時，根據土地漲價總數額繳納的租稅。而土地增值稅的稅基是「土地公告現值」，就是用以評估土地漲價總數額的標準。然而土地公告現值與市價差異巨大，造成漲價歸公沒有真正貫徹實施。一九七九年時土地公告現值僅約市價的四成，造成都市化與都市計畫所產生的利益，多半都歸地主所有，一九五二年至一九七五年臺灣物價上漲四倍左右，臺北市地價卻上漲了一百八十四倍。[34]

一九八九年十一月，趙少康於立法委員政見發表會上首度主張實施「第二次土地改革」，認為應「比照三七五減租方式，做到住者有其屋」，成為了一九九二年政府發動「二次土改」的政策雛型。[35]

改革風起：土地炒作成為政府困境

政府基於財政不足與不想實質推升地價的理由，無法也不願以市價購買土地。就算政府願意買，民間也不願以市價將土地賣給國家，還要繳納高額的土地增值稅。政府取得土地困難，造成國宅僅能興建在較為偏遠、都市計畫區域之外的地方，這也成為國宅滯銷的原因之一。若要將國宅興建在都市區域，只能寄望都市內有限的公有土地，但公有土地不僅有限，且地方政府也往往不願低價將土地讓售。此外，在政府的觀念中，土地使用以資本投資為優先，如《獎勵投資條例》就明文規定「為適應經濟發展之需要，行政院應先就公有土地編為工業用地，以供發展工業之用」，使得國宅土地取得更加雪上加霜。

一九九一年，行政院長郝柏村上任滿一年前後，他多次表示「土地是當前影響國家建設最重要的主題」，行政院隨即成立「當前土地重要問題專案小組」，並於一九九二年三月初舉行「全國經濟會議」討論土地問題，並研議具突破性的土地制度，防止土地繼續成為投機致富的炒作商品。

二次土改的過程

經過近半年的研討，土地專案小組作成四項結論：一、加強公共建設；二、貫徹土地漲價歸公；三、防止土地投資；四、儘速規劃國土資源持續合理有效使用。郝柏村推動此項改革，乃因國家長期受到地價飆漲所苦，其國家建設六年計畫無論是公共建設或是國宅建設，都必須解決土地問題。

行政院的土地專案小組提出的四項解決方案之中，有兩項交由當時的財政部長王建煊負責，分別是「貫徹土地漲價歸公」與「防止土地投資」，當時合稱為「二次土改」。

二次土改的核心，要將長年稅基被過度低估的土地增值稅，改為按實際交易價格課稅，也就是「實價課稅」。

國民黨政府在推動實價課稅時以憲法中的「民生主義」、「土地漲價歸公」作為改革正當性來源。但這些政策仍遭到朝野劇烈反彈。出身地方顯要、時任國民黨立院黨鞭的王金平甚至說：「假如全國都市地區三公畝以下，非都市地區七公畝以下土地，全都按實際交易價格課徵土所稅或增值稅的話，等於執政黨政策與全國人民為敵，把老百姓都得罪光了，執政基礎非垮不可！」[36]

另一方面，民進黨對執政黨的二次土改政策也同樣抱持反對態度。出身客籍地主家庭的民進黨主席許信良認為：「財政部按照土地成交價格課稅，是以增加稅收作為籌措六年國建計畫的手段，因此二次土改無法真正解決財團炒作土地及民眾買不起房子的問題。」[37]

甚至連主管土地業務的內政部都對二次土改態度曖昧，內政部地政司長王杏泉說：「為避免對社會造成太大衝擊，二次土地改革不會採行太激烈的『重分配』手段，但蓄意投機者也不可能再輕易過關。」[38]內政部長吳伯雄表示若「兩部不能達成共識，由政院裁決」。

在各方反對聲浪下，一九九二年九月初行政院開始傾向支持內政部的溫和改革方式。即便無住屋者團結組織及學界發動了一波波聲援財政部以實際交易價格課徵增值稅的行動，但風向已然改變。一九九二年九月二十九日，郝柏村在立法院答詢時說：「行政院沒有二次土改這個名詞」、「若以政策未決前的討論，假定政府已做成如此的政策，而有各種負面或另有用心的結論，他不能同意。」[39]同一時間，北高議會及省議會相繼以決議或休會抗議，二次土改的反對方也開始有意無意將此改革套上「省籍色彩」，甚至傳出「二次土改是外省籍人士剝奪本省農民和小地主僅存財富的一場陰謀」的說法。[40]民進黨立委亦發動臨時提案，要求行政院長郝柏村立即撤換王建煊。因改革受到各級民意機構的反對，王建煊遂向行政院堅決表達辭意，不久後即獲得總統李登輝的同意，辭去財政部長的職務。

改革失敗的關鍵：土地金權階級進入政府

王建煊在不到一年的時間便辭職下台，他所主導的二次土改也宣告終結。其中有著一九九二年底立委選舉的選情壓力，但選情壓力的背後來源，是構築在土地商品化之上的既得利益階級，權力與利益的共生關係隨著地方派系勢力增長而逐步擴張。

一九七〇年前後，伴隨著臺灣經濟受到國際經濟波動的影響，加上退出聯合國的政治衝擊，地方派系與政府關係更加緊密。地方上的有力人士開始投資土地與營造業，逐漸熟悉土地投機炒作的方法。社會學者陳東升的著作——《金權城市：地方派系、財團與臺北都會發展的社會學分析》，解釋了財團與地方派系如何介入地產開發的過程。在解嚴前，地方政府行政權非常小，使得地方派系得以滲透地方政府，成為地方政治的主體，並將地方政治打造成牟利、分贓的結構。臺灣的地方派系有九成以上參與至少一項地區性獨佔事業，地方派系取得充足的經濟實力之後，又更加擴張自身的政治影響力。[41]

隨著日益增加的選舉與都市建設的需要，地方派系滲入了地價評議委員會、都市計畫委員會等公部門，抓住各種利益分贓機會，並逐漸在一九八五年後經由選舉進入政府中央層級，成為中央權力集團的核心成員。「地價評議委員會」主要職權是評議地方政府中與地價相關的項目，其可以參與地價區段之劃分及各區段之地價評定、評議市地重劃前後及區段徵收後之地價、區段徵收的補償金額等。「都市計畫委員會」主要職權是審議都市計畫的擬定與變更，可以進行舊市區更新計畫、新市區建設計畫、現行都市計畫實際施行情形及實施都市計畫財務之研究建議等。這兩個委員會都牽涉到地方政府對土地的核心職權，如規劃、訂價等。對地方派系而言，徵收補償的計算、都市計劃選定的道路拓寬、使用分區的變更等等，都是龐大的利益來源。

至一九八九年時，臺灣八成五的候選人均與建商財團有關。一九九二年《新新聞》專題分析省議員層級以上的民意代表，發現九成民意代表與土地資本有關。[42] 地方派系藉由市地重劃與地目變更等方式炒作土地，產生極大的暴利。因此臺灣的土地商品化，實際上有著深入且廣泛的地方政治基礎。除此之外，中央法規的落後與主管部門的混亂，也使得政府難以遏止土地投機。當時中央牽涉土地管理就有八個部會，往往協調不良相互矛盾，讓地方利益團體得以尋找漏洞，滲透其中。

解嚴後地方派系從原有的政治桎梏解放出來，使其得以挑戰、甚至反過來包圍並主導國家政策。臺大政治系教授胡佛便認為，李登輝表態同意王建煊辭職顯示了「臺灣金權政治惡質化已經積重難返」、「目前中南部的選票完全為派系操縱，派系又難脫金牛色彩，金牛也寄生在政治結構上，這層層衍生的關係，讓執政黨想贏得選舉，很難撇清與地方金權及派系的關係。」[43]

戰後的臺灣社會曾經一度依循著發展型國家理論的脈絡，奉行「大有為政府」，由上而下形塑臺灣的經濟與階級結構。[44]但歷經戒嚴後期七〇、八〇年代的發展，「國家－社會」關係已然重構，地方派系勢力利用選舉機會大舉進入國家核心，在最負面的情況即是所謂「黑金政治」。在解嚴初期，黑金政治、權力和利益共構，成了阻礙改革的結構。當解嚴後，各種社會階級開始對政府提出訴求時，「維護小市民利益」逐漸取代「民生主義」，成為雙方爭論時援引的正當性來源。支持與反對二次土改的論述都以「小市民」自居。新聞上同時出現相反的評論，有認為改革是「縮小貧富差距，給予一般小市民莫大的期待。」[45]也有認為改革是「斷絕了許多人一夕致富的希望，如……只有一棟自用房屋的小市民」。[46]

因此，二次土改在民意與選情考量的背後，實際上是金權階級與政府的碰撞。政府仍想延續大有為政府的態勢，複製如「十大建設」般的大規模公共建設，而在九〇年代初提出了六年國建計畫，計畫中有關住宅建設的項目，將新建九十萬戶住宅。但是八〇年代末國家社會關係已經經歷重構，和六〇年代大不相同，土地商品化、房地產炒作形塑了金權階級，這迅速紮根擴大的利益團體削弱了政府在土地制度上的自主性。政府既無力取得適合的土地興建優質國宅，也無法調整稅制，以壓制房地產炒作。二次土改的失敗，象徵金權階級的勝利。

政府與民間運動者雙雙敗下這一局

為什麼民間與政府都看見了改革的必要，卻在金權階級面前雙雙潰敗？原因之一是九〇年代初期，儘管已是解嚴的時代，但政府依然維持威權時期的作風，打壓社會運動，並未建立起與民間團體的信任與溝通管道。面對無殼蝸牛運動抗議房價飆漲現象，政府沒有選擇與運動浪潮合作進行改革。而隨後由政府自行推動的二次土改，又受到金權階級力量的抵制而失敗。「大有為」政府的幻象不攻自破。自此政府對土地與住宅市場的稅制改革大幅受挫，直至二十餘年後才於馬英九總統任內通過將房地產交易所得稅以實價進行課稅，也就是二〇一五年通過的「房地合一稅」。

雖然在二次土改時，無住屋者團結組織及學界曾聲援政府推動改革，但時至一九九二年，失去運動能量與運作幹部的無住屋者團結組織實際上已完全不具備影響政策的實力。

政府在八〇年代末期，面對無殼蝸牛運動的訴求，端出「廣建國宅」、「擴大購屋貸款」做法，到了九〇年代已證實行不通。首先八〇年代末期的房價飆漲，性質上與供給不足造成的價格上漲有所不同，過去因都市化形成人口聚集而使得房價上升，當住宅成為金融炒作商品的趨勢逐漸擴大，大量游資進入住宅市場推高價格，即便政府能夠增加住宅供給，卻無法減緩房價的漲勢。

另一方面，政府在七〇年代即遭遇過財政、土地等限制而造成國宅興建困境，蓋出的國宅滯銷，這種情況在九〇年代初期也完全沒有改善甚至愈發嚴重。由於地價被大幅炒作，政府的力量實際上已經做不到廣建國宅了。由政府發起的二次土改一敗塗地，一九九三年初郝柏村去職，連戰繼任行政院院長，終止了大部分六年國建計畫內容。「廣建國宅」已是此路不通。

面對已然重構的國家與社會關係，政府沒能在制度與法規基礎上構築一體性的住宅整體政策，而是以廣建國宅和擴大購屋貸款大動作直接干預住宅市場，結果失敗。改革土地政策的力量被一掃而空，打壓房價與防堵土地金融化的論述根本無法進入後續的政治議程。

至於無殼蝸牛運動，作為臺灣第一波住宅運動，提出的訴求在此時仍然相當粗淺，未脫「住者有其屋」、「追求所有權」的路線。這樣的訴求使得政府得以選擇更簡易的「增加供給、興建國宅」作為回應，而非推動更根本的市場面改革。不過無殼蝸牛運動從起勢到沒落的短短幾個月內，能夠推動訴求的「論述窗口」其實極為狹窄，而在長期「住者有其屋」與住宅自有率極高的社會條件下，實際上運動者也的確難以發展出除了購屋以外的政策想像，並獲得群眾的支持。

接下來數年之間，住宅運動與政府的改革雙雙受創歸於沉寂，直至一九九七年亞洲金融風暴來襲，為因應國內經濟波動，政府再次以協助、介入甚至干預市場的手段，藉由提振房地產產業景氣以避免國內經濟衰敗。而住宅運動也從「住者有其屋」轉向了「**住者適其屋**」的居住權論述，開展出新的運動倡議結盟路線。

無殼蝸牛運動後的
崔媽媽基金會與 OURs

無殼蝸牛運動落幕之後，一九九二年無住屋者團結組織理事長李幸長投入立委選戰，試圖維繫住宅運動在政治場域上的戰線，同時希望居住議題不要潰散，能夠維持輿論的熱度，然而最後不幸落選並負債七十餘萬。* 隨後有很長一段時間，無住屋者團結組織皆未實質運作。** 另一方面，無殼蝸牛運動結束後房價漲勢趨緩，在一九九〇至一九九七年之間，雖然房價並未明顯回跌，但處在盤整階段，缺少了高房價作為點燃民怨的引信，大規模的住宅運動進入沉寂階段。

* 李幸長為了還債開始白天教書，晚上於黃昏市場擺攤賣鍋貼，此鍋貼攤就是四海遊龍的前身。

** 由於無住屋者團結組織原本的組織目標就是政策倡議，長期沒有運作也一定程度造成住宅政策倡議停擺。

在住宅運動沉寂的時期，崔媽媽基金會與OURs這兩個組織就要面對自身的存續問題，也要思考組織的發展方向。崔媽媽的性質類似於社會企業，主要經營租屋相關的業務，例如提供租屋資訊、評鑑推薦優良搬家公司、弱勢居住扶助、居住相關的法律諮詢等等。然而在組織運作逐漸步上軌道之後，自然會與房東以及租屋市場產生更緊密的聯繫，因此若要繼續參與住宅運動，便有了現實考量的包袱。* 在後續的住宅運動中，崔媽媽多半是由組織內少數菁英參與倡議。

崔媽媽面對市場的定位明確，OURs則是以經營「都市」層級的議題為主（例如社區營造、古蹟保存），距離市場較遠。一九九四年陳水扁當選臺北市長後，無殼蝸牛運動主導者之一張景森進入北市府擔任都發局局長，並在任內首倡地區環境改造計畫，鼓

「臺灣人多屋也多，但卻有屋沒人住，也有人沒屋住，在這片屋海中，哪間是你的？」這是李幸長投入一九九二年立委選舉的文宣。他在參選過程中，全程背著沉重的蝸牛在街頭拜票，希望喚起社會大眾對居住議題的關注。

（圖／崔媽媽基金會提供）

勵民眾提案改造地方生活環境，例如街景美化、公園改造、行人步道改善、藝術街坊創生等等，OURs便以承接「地區環境改造計畫」等專案維繫組織運作，並參與這些社區議題的推動。

OURs的路線無可避免地遭受其他團體批評「被政府收編」、「對政府太過友善」，但真實的狀況更類似「收編與滲透的相互轉化」。在都市更新所引發的社區抗爭當中（例如永康社區搶救老樹、慶城社區反對被變更為商業區等議題），OURs往往都是扮演積極協助動員與串聯的角色，並且與市府談判。長年經營下來，OURs逐漸鞏固與社區的合作關係。

整體而言，在一九九〇年到二〇一〇年這二十年之間，無論是崔媽媽或是OURs皆對住宅政策的倡議少有著力，一方面是因為外在環境進入房價盤整期，缺少引發倡議的契機，另一方面是要處理自身組織的發展與存續壓力。然而一九九九年時，行政院計畫拿出一千五百億元的優惠房貸「救市」，OURs與崔媽媽以及早先參與無殼蝸牛運動的夥伴們，決定以「無殼蝸牛聯盟」的名義再次集結。

---

* 這段期間崔媽媽的市場服務角色曾被昔日往來的團體譏諷為「只是廉價的租屋仲介公司」。

第三章

金融風暴到扁政府時代：居住權進入倡議

chapter 03

在九〇年代初社會運動與政府改革雙雙失敗後的數年間，臺灣住宅市場建立在脆弱的市場供需平衡之上。然而來自國際的波動搖晃了這個脆弱的平衡。亞洲金融風暴觸發了臺灣本土金融風暴，房市面臨崩潰危機，政府再次出手採取「補貼救市」的方案，試圖挽救房地產市場。

但住宅團體沉澱了十年，已經發展出與過去不同的「居住權」論述。住宅團體擴大社會力量聯盟範圍，與工運、婦運、環運、在地社區組織等[1]組成「無殼蝸牛聯盟」，指出臺灣當時「住宅政策欠缺整體規劃」、「空餘屋供給過量」等問題，並提出政策解方，發起了一九九九年八月的「非萬人夜宿忠孝東路」行動。

雖然一九九九年的運動在九二一大地震與政黨輪替後再次沉寂，沒有在當下達成制度性成果，但其論述卻生根發芽，成為二〇〇五年行政院制定《整體住宅政策》時的基礎。

社福界在此一階段亦開始介入住宅政策，並將「社會住宅」概念引入臺灣，成為後續十餘年住宅倡議主要路線的雛形。

金融風暴衝擊下，一九九九住宅運動登場

一九八九年二月，為了應對不斷高漲的房價，央行採取「選擇性信用管制」，首開房地產市場金融管制的先例。選擇性信用管制是央行的貨幣政策工具之一，是指針對金融機構的特定業務（例如購屋貸款、土地融資）採取一定程度的限縮，目的在於控制資金的流向與流量，藉此抑制投機性的資金。央行強制金融機構限定土地貸款成數與期限，一定程度遏制了房價上漲熱度。[2]但由於隨後的無殼蝸牛運動與二次土改失敗，地價仍然居高不下，房產炒作核心結構也並未解決，實際上都會區房價仍然高昂。

與此同時，行政院於一九九一年要求內政部應全面實施容積管制，管制建築基地上可興建的樓地板面積。如果沒有妥善的進行容積管制，那麼建商將會盡可能地在一塊土地上建造高樓，以創造更多住宅商品，那麼就會產生嚴重的空間壓迫感及公共設施不足等情形。因此實施容積管制的目的是要確保良好的都市環境品質，所以要規範區域內最適當的土地使用強度。

但各都市計畫地區開始實施容積管制的時間不同。容積管制一旦實施，每塊地上可興建的樓地板面積均會受到限制，於是已購得土地的建商趕在開始實施前盲目搶

建，造成住宅供給在數年間被大量推高。然而在供給增加的過程中，臺灣家戶數量也從一九九四年的五百六十四萬戶快速增長到一九九七年的六百二十萬戶。[3]家戶數量快速增長，因此也對房屋產生了強勁需求。另一方面，由於二次土改的失敗，政府原本在六年國建中規劃的大量國宅興辦計畫告終，悄然轉向以「補貼為主、興建為輔」的政策方針。[4]

政府藉由擴大貸款補貼，承接了大量增加的住宅供給，一九九四至一九九七的四年間，每年平均房屋交易量為四十八萬兩千萬戶，也是臺灣史上房屋買賣移轉戶數最多的四年。[5]

金融風暴下，不動產價格下跌炒房財團的危機

這種「房價盤整，波動幅度小，大量供給配合上大量需求」的房市狀態貌似美好，但其基礎卻十分不穩固。首先是房價仍然持續上漲。房價雖未如八〇年代末期般飆漲，但整體卻仍然處於緩漲階段，一九八九年臺北市新屋平均房價每坪約為二十八萬四千元，至一九九七年時漲到三十四萬一千元。與之前不同的是，在此同時臺灣平均

家戶可支配所得也從一九八九年約四十六萬四千元提升至一九九七年的八十六萬三千元，[6]在「房價緩漲，收入也持續上漲」的時期，房價衝突並不如八〇年代尖銳，但對於收入較低的家庭而言，房子已經變得更加難以負擔了。其次是空屋率。在一九九〇年的人口及住宅普查就顯示臺灣的空屋率高達百分之十三，[7]空屋數量六十七萬餘戶，[8]一九九五年空屋數量更突破八十二萬餘戶。[9]而空屋問題如同一顆未爆彈，如果房市信心走跌，民眾持觀望態度，投資人抽回資金，就會造成房地產體系的崩潰。

一九九七年亞洲金融風暴爆發，臺灣雖暫時倖免於這場全球性的金融風暴，但政府不敢鬆懈，同年八月蕭萬長接任行政院長，組成財經色彩極濃的新內閣團隊，隨時戒備。到了一九九八年下半年度，亞洲金融風暴觸發臺灣本土型金融風暴，引發許多上市、上櫃公司浮現財務危機。

當時陷入危機的財團，多數都與炒作房地產直接相關，因為先前房市在「大量供給，大量需求」的狀況下，財團的操作手法大多是一個閉環結構：首先向金融機構大量超貸用以購買土地（其中有些金融機構甚至隸屬於財團旗下），並聯合地產金權階級，變更土地使用分區（如農地變建地），以此推升土地價格，再拿變更後的土地進行融資，融資後繼續炒作房地產或炒股，因此股價也隨之推升。

但當金融風暴帶來的經濟不景氣造成股市暴跌時，財團股市投資就產生了巨量虧損，民眾購屋意願也因為經濟情勢趨於保守。[10]財團同時面臨自身股價下跌、轉投資過多跳票等財務危機。

一九九八年底，因為不動產價格下跌引發的金融機構逾期放款金額，粗估超過兩千五百億元，造成金融產業發生泛亞銀行易主、臺中中小企銀金融危機等事件。慣用高財務槓桿的地產業也紛紛受挫，當時有名的建商如廣三、國揚、瑞聯、擎碧都出現周轉不靈甚至跳票的重大事件，營建股的股王三采建設的股價甚至連續幾十支跌停板，最後下市。

一千五百億房貸方案，住宅運動再起

危機爆發，但建商當然不會坐以待斃，一九九八年十二月中下旬，臺灣省建築投資公會等營建業代表多次向行政院提出說帖，力陳「餘屋過多營建業崩潰，將對金融與經濟體系產生衝擊」。同月二十八、二十九日蕭萬長親自接見建商公會全國聯合會代表，接納了建商的訴求，並在三十一日的行政院院會中通過了新臺幣一千五百億元優惠房貸的「振興建築投資業措施方案」（以下簡稱為一千五百億房貸方案）。

這是政府首次針對一般房屋貸款編列龐大預算，用於補貼利息、降低貸款利率並提高購屋貸款額度。蕭萬長指出這份方案是希望「中低收入國民得到較佳的財務協助購買房子」，並試圖帶動相關產業，擴大內需，同時也停止興建國民住宅，降低供給，試圖以此拯救瀕臨崩潰的房市。[11] 然而該政策僅補助購買新屋，且不限制補助對象（缺乏排富條款），顯然是為了幫助餘屋過多的建商解套，公布後立刻引發社會譁然。

一千五百億房貸方案之所以引發社會爭議，除了制度設計不良外，也因為就是財團與金融機構炒作房地產才導致本土型金融風暴，而炒作房地產所產生的惡果，卻要動用全民納稅錢「救市」，同時又鞏固了房價，如此當然會引發輿論強烈反彈。

另外，在房價飆漲時，政府與建商提出「市場機制正常波動」、「供給不足導致房價正常上揚」的說法，合理化房價飆漲的現象，但面對大開槓桿炒作地產、供給超量而引發財務危機的建商利益受損時，卻又編列大量預算救市護盤，形成「房價該漲就漲，該跌卻不能跌」的局面，引發了劇烈的民怨與爭議。

在一千五百億房貸方案公布後，崔媽媽執行長呂秉怡接到OURs理事長曾旭正的電話，認為應當出來抗議，並重新聯繫無住屋者團結組織理事長李幸長，[12] 還有老蝸牛潘運欽等「昔日戰友」一同參與。對外仍然以「無殼蝸牛聯盟」為名，由李幸長擔任召集人。

在一千五百億房貸方案公布的三天後，無殼蝸牛聯盟前往行政院門口上演行動劇，呼籲全民「緩買」，諷刺行政院假借協助中低收入的無殼蝸牛購屋之名，拿納稅人的錢去替劣質建商解套。此外，無殼蝸牛聯盟也發起「高房價輕鬆打」行動，公布行政院傳真號碼與院長電子信箱，邀請民眾共同向行政院表達心聲。

一九九九年的無殼蝸牛聯盟邀集了許多工運、婦運、環運[13]等團體加盟。相較一九八九、一九九〇年的無殼蝸牛運動，此時參與住宅運動的團體性質更加多元鮮明。隨後無殼蝸牛聯盟展開了一週的密集抗議行動，且在揉合工運與婦運團體的意見後，提出了「暫緩一千五百億房貸方案」、「重新研擬照顧弱勢族群之公平新方案」、「提出整體住宅與土地政策改革時間表」三大基本訴求，並預計在一月三十一日號召民眾走上街頭。

政府面對無殼蝸牛捲土重來以及龐大的社會壓力，在頒布一千五百億房貸方案的五天後，宣布將一千五百億拆分出「供無自有住宅首購族申請，不限購買新屋」的三百億低利貸款，而剩下的一千兩百億則維持原狀，然而仍舊無法平息來自社會輿論的批評。與此同時，學界也紛紛指出該方案有著「人頭戶冒貸」、「救市撐房價根本方向有誤」等問題，並認為政府短期補貼救市也只是治標不治本，應加速擬定具體的住宅政策與土地稅制改革方案。

一月十六日林益厚接任營建署署長，林益厚是「住宅學會」[14]成員之一，而學會的立場也反對一千五百億房貸方案，因此林益厚便私下與無殼蝸牛聯盟及住宅學會的學者會面商談。但營建署對此議題的影響力有限，住宅政策十分龐雜，牽涉到不同單位，而營建署是內政部下屬機關，基本上無法做主，所以林益厚只能承諾無殼蝸牛聯盟訴求中的「提出整體住宅與土地政策改革時間表」，並表示將邀集產官學代表與住宅團體參與《整體住宅政策》討論，在三月提出初步成果，六月提報內政部與行政院核定，否則便下台辭職。

基於營建署已釋出承諾與善意，加上社會能量不足，無殼蝸牛聯盟取消了原本一月三十一日走上街頭的計畫，改而提出「抑制房地價格、發展租賃住宅、規畫租金補貼、成立專責機構」的四大方向以及十二點細部訴求，要求政府實現住宅人權與社會公義。

一月二十六日，營建署召開《整體住宅政策》首次跨部會座談會。無殼蝸牛聯盟的「四大方向、十二點訴求」與學界主張形成基本共識，認為過去臺灣一直欠缺整體性的住宅政策，造成供需脆弱失衡，未來住宅政策的研擬應著重在「市場機制的健全」，尤其是住宅金融制度的完善，以及「住宅補貼的公平合理性」，必須落實弱勢優先的原則。學界並指出過去臺灣追求提高住宅自有率的政策方向已然過時，建議政府應利用市場空餘屋，釋出作為租賃住宅，並制訂租屋補貼與租金抵扣所得稅等方案。

在這場座談會中，學界與無殼蝸牛聯盟取得上述共識，然而政府單位的態度卻嚴重分歧且互踢皮球。例如經建會表示其已具備《整體住宅政策》的腹案，但實際上卻僅是將不同住宅資源與補貼修正整合，財政部金融局則認為過去財政部與央行對營建授信管理已有一定的管控，無須大費周章改善制度。行政院秘書處甚至認為供需失衡問題是當時營建署實施容積率管制時機不當所致，並重申一千五百億優惠房貸方案是為了回應「民意」的需要（儘管當時輿論與無殼蝸牛聯盟都指出了此方案是要救市護盤，為了給財團解套。）

「二法一案」與住宅運動的倡議轉化

在大踢皮球的《整體住宅政策》座談會後，無殼蝸牛聯盟意識到住宅議題牽涉到諸多事權不統一的政府部門，單單與營建署對話無濟於事，必須由行政院牽頭進行跨部會整合才有希望解決問題。

因此無殼蝸牛聯盟在每個非週休二日的週六下午，前往蕭萬長官邸進行小規模抗議，秉持一貫和平幽默的路線，稱之為「無殼蝸牛天纏功」，同時持續擴大社會動員面向，以維持抗議動能，例如在二月六日的行動中邀請公娼團體與自立工會參與，並號召群眾頭戴蝸牛帽在安和路與鎮暴警察展開了你追我跑的「街頭游擊遊戲」，這種持續性的街頭小規模造勢，對行政部門產生了相當大的壓

一九九九年一月三十日的「無殼蝸牛天纏功」行動。這次行動主題為「無殼蝸牛喊冤競賽」，現場徵選民眾喊三聲與蕭萬長有關的話如「蕭萬長還我錢」，以音量分貝最大者取勝並頒獎。（圖／崔媽媽基金會提供）

力。

在無殼蝸牛聯盟發起「街頭游擊遊戲」的同一日，林益厚也在住宅學會年會提出了「健全住宅市場」、「整合住宅補貼」、「提升居住環境品質」、「發展出租住宅市場」等四個政策方向，至此無殼蝸牛聯盟與營建署的政策方向才達成了基本共識。

到了二月底，一千五百億方案中的三百億「供無自有住宅首購族申請，不限購買新屋」低利貸款已然用罄，但限購新屋的一千兩百億低利貸款卻只提撥了兩百億，顯示了無殼蝸牛聯盟的「緩買」行動一定程度上獲得民眾響應。行政院只能將一千兩百億中的三百億再度提撥至「供無自有住宅首購族申請，不限購買新屋」的額度中，最終成為「九百億限購新屋，六百億限首次購屋不限新成屋」的模式。

迫於無殼蝸牛聯盟與社會輿論的壓力，一九九九年四月行政院召開健全全國經濟體質財經會議，首次將「土地及住宅政策」列為獨立的會議主題，與金融議題並列。會議結論為研擬《整體住宅政策》，[15]其內容包含擴大建立房屋租賃制度、實施不動產證券化及土地信託制度、設立住宅專責機構、政府住宅補助原則以家庭收入為標準、加強對建築投資業者之輔導與管理、落實公寓大廈管理條例改善居住環境、健全房產稅制（檢討地價稅、房屋稅、契稅、土地增值稅）等七大面向。

由於這七大面向揉合了營建署、學界、經建會的版本，因此無殼蝸牛聯盟也大致接受這個政策方向。政府面對因一千五百億方案遭致的批評，已經兩次讓步修正，而訂定《整體住宅政策》的契機又近在眼前，然而真正的難題還是在於如何讓政策具體落實。因此無殼蝸牛聯盟開始將重心由「社運施壓」的角色逐漸轉向「政策倡議」，更加關注國會遊說與政策立法，例如與立法委員余政道合作[16]舉辦公聽會等。

雖然聯盟重心轉向了政策倡議，但仍需要社會運動對政府產生具體的民意壓力，因此在盧思岳的提議下，無殼蝸牛聯盟決定將年初取消的大規模集結改至八月二十七日進行（一九八九年無殼蝸牛萬人夜宿忠孝東路十週年的隔天），並由李幸長出資一百萬，聘請三位專案工作人員處理街頭遊行的籌備工作。

另外，由於政策倡議需要有更加穩定的運作機制支撐，無殼蝸牛聯盟初步將成員分成兩組，分別是「政策組」與「活動組」，[17]同時成立了「無殼蝸牛聯盟辦公室」的執委會與秘書處，專門負責決策。[18]重整態勢之後，正式開始推動住宅政策的「二法一案」。

前文提及，無殼蝸牛聯盟在年初提出了「四大方向、十二點訴求」，而所謂的「二法一案」是要針對四大方向的「發展租賃住宅」、「規畫租金補貼」這兩大方向，提出具體法案。「二法」是指《所得稅法》第十七條修正案、國宅條例暨國宅基金管理委員會組織章程這兩個法案修正；前者主張將租金支出納入所得稅抵扣，後者主張將國宅基金擴大使用至其他住宅政策，尤其是租金補貼。「一案」則是指租金補貼制度方案。

事實上，早在一九八九年無殼蝸牛運動時，住宅團體就已經提出「租金支出扣抵所得稅」的方案，但遭到財政部以「大多數國家沒有租金抵稅制度」為理由拒絕。

但這時在政府的其他政策討論中，卻出現了抵稅制度的做法，讓無殼蝸牛聯盟認為可以援引來繼續爭取租金抵稅制度。首先是一千五百億方案中除了低利優惠貸款外，也有「提高購屋貸款利息抵稅額度」的方案，且由原本的每戶每年十萬元提升至二十萬元，並在一九九九年二月初立法院三讀通過時加碼為三十萬元。與此同時，行政院為應對金融風暴，因此指示經建會研擬「強化經濟體質方案」，此方案在二月二十四日通過行政院院會，其中就有「租金支出扣抵所得稅」的項目。

受到政府的「啟發」，因此無殼蝸牛聯盟也再次提出「租金支出納入所得稅抵扣」的訴求，作為「二法一案」的推動重點，並將抵扣額度比照購屋貸款利息訂為三十萬元。但財政部長邱正雄對此案始終十分保守，在二月討論「強化經濟體質方案」時，邱正雄主張租金抵稅應僅限中低收入戶適用，但遭到經建會反對，[19]最後蕭萬長裁示，要求財政部多方考量，並於四月底提出研究報告。

四月二十二日，邱正雄至立法院報告時仍堅持租金抵稅應僅限中低收入戶適用，額度可能降到十八萬至十二萬元之間，[20]將在五月底前提出修正草案。無殼蝸牛聯盟也隨即與立法委員余政道合作，正式將「租金支出扣抵所得稅額度三十萬」版本提案，並遊說各黨派召集委員[21]將法案排入財政委員會的討論議程。

在無殼蝸牛聯盟與關心住宅議題的立委聯手努力下，六月九日財委會審查了六項《所得稅法》修正草案，內容包含增列租金支出、托育支出扣除額，以及調高教育學費與殘障扣除額等，立委蘇煥智甚至加碼提出租金支出抵稅不應設上限，而是核實檢據支出單據減稅。

最後余政道的草案版本成功通過了財政委員會的審查，但由於會期已屆尾聲，[22]後續的彩券法爭議又造成國會議事癱瘓，以致於《所得稅法》修正案沒有通過，無殼蝸牛聯盟只能期待後續會期繼續審議。

轉向居住權：「二代蝸」的論述與成果

一九九九年恰逢無殼蝸牛運動十周年，而一千五百億房貸方案正是運動再起的關鍵因素，[23]因此「尋找老戰友，再次對抗不公不義」便成為運動重新集結的最初基調。

實際上，一千五百億房貸方案這種「補貼救市」的政府干預，在過去很容易被塑造成「德政」。但歷經解嚴十年，臺灣的政府與市民社會關係早已不同，各種民間團體都有了自身明確的住宅主張，也能夠解讀、回應並挑戰技術官僚提出的政策，而不再被動盲目接受，特別是此次政府的「救市」措施一開始明顯是在救建商。

例如一九九五年前後開始的「補貼為主、興建為輔」政策方針，看似許多人因此成功買房，卻忽視了中低收入家庭在高房價下依舊無法進入住宅市場，然而政府並未採取任何有效措施解決中低收入家庭的住宅需求，導致違建與住宅品質低劣等問題依舊存在，住宅團體早已對此不滿，也檢討自己過去「住者有其屋」、「由政府廣興國宅」論述的侷限性。

面對大量空餘屋、房市即將崩盤的困境，政府的解方是「提供更多優惠貸款讓人民買房，消化空餘屋」，但對於無殼蝸牛聯盟而言，空餘屋供給過量正是矯正「人人被迫購屋」、「有房斯有財」等現狀，開啟多元居住想像的關鍵時機。

因此住宅團體也希望透過新一波運動，深化住宅問題的關懷層面，應當是要擴及不同階層的市民，讓所有人的居住權益都受到重視，也就是將論述核心從「追求所有權」轉向「保障居住權」。因此「發展租賃住宅」、「規畫租金補貼」便成為無殼蝸牛聯盟的兩大方向，也奠定了無殼蝸牛聯盟得以連結諸多社運團體並擴大結盟的基礎。

一九九九年七月，營建署發布了〈整體住宅政策白皮書草案〉，這份草案吸收了學界與無殼蝸牛聯盟的論述，[24]開宗明義提到過去臺灣的住宅政策皆以「住者有其屋」為主要目標，但「未來臺灣的住宅政策目標應該朝『住者適其屋』的方向努力」，並讓「不同所得階層家戶，都能夠在負擔得起的住宅消費支出下，購買或承租符合其家戶居住需要的住宅」。從「住者有其屋」到「住者適其屋」的轉變，也呼應了無殼蝸牛聯盟所倡議的「保障居住權」論述。

〈整體住宅政策白皮書草案〉在一九九九年的時空背景下顯得十分進步，部分內容即便到現在也尚未過時。其提出十五條綱領與十一個住宅重要問題（例如空餘屋、金融、交易制度、資訊、補貼等）的解決對策，[25]並在政府組織層面設置住宅專責機構與制定《住宅法》。

同時該草案也納入了「加強查核各地方政府對地價稅與土地增值稅稅基（公告地價與公告土地現值）評定與土地市價之關係」，一九九二年隨著王建煊遭撤換而失敗的稅制改革，似乎有起死回生的跡象，臺灣設置完整住宅法規的時刻已然到來。

而後無殼蝸牛聯盟於八月二十七日在敦化南路安和路口附近（當時的誠品書店敦南店前）發起「非萬人夜宿忠孝東路」行動。這場號稱「二代蝸」的「非萬人夜宿忠孝東路」行動，延續著上述「保障居住權」的訴求，並進一步深化論述，例如「節制不當開發」、「廢除國宅租售之單身歧視條款」[26]、「建立危險住宅資訊系統」、「強制規定大專院校應提供一定比例之學生宿舍與建立校外租屋資訊系統」[27]等，呈現居住問題的多元面向，與過去只談「所有權」的時期已截然不同。

在組織層面上，一九九九年無殼蝸牛聯盟的出現，也象徵住宅團體開始嘗試轉向「政策倡議」的路線，同時也讓無殼蝸牛聯盟與政府在溝通上更具備對話的可能性。雖然一九九九年八月二十七日的「非萬人夜宿忠孝東路活動」動員的群眾僅一千人左右，規模遠不及一九八九年的夜宿忠孝東路活動，*但不同之處在於，十年前的夜宿活動是群眾自發參與，如今參與這場非萬人夜宿忠孝東路的群眾，是由橫跨許多不同議題的社運團體組織動員而來。因此即便人數遠不如往昔，但仍促成當年投入大選的五位總統參選人全數現身於活動現場，並公開簽署住宅政策支票，[28]吸引大量新聞媒體前來採訪。

被大地震打斷的住宅運動

但在「非萬人夜宿忠孝東路活動」舉辦後不到一個月，臺灣就發了九二一大地震，造成兩千四百人罹難，超過八萬五千戶房屋倒塌。

這場天災，意外地讓街頭運動暫時中斷。面對嚴峻的災後重建問題，無殼蝸牛聯盟等各個社運團體與相關住宅專業者在政府的動員令號召下，均投入災區重建，也發起「送專業到災區——建物補強對策服務行動」，提供房屋義診等民間救災行動。

在人力限制之下，無殼蝸牛聯盟已經難以持續監督政府，專職人員也隨著「非萬人夜宿忠孝東路活動」結束而離開。緊接著，二〇〇〇年臺灣經歷了歷史性的首次政黨

---

* 關於人數較少的原因，有兩個因素：過去無殼蝸牛運動皆辦在週六，而本次行動為週五；另外本次行動採「遊行—集結」形式，從安和路出發，經仁愛路、大安路、忠孝東路，最後於敦化南路誠品書店廣場集結，由於最後集結地點並非過去的「忠孝東路龍門廣場」，許多群眾跑錯地點發現沒人，乾脆回家。

輪替，原已在討論中的〈整體住宅政策白皮書草案〉與其中的進步內容，亦隨著執政黨輪替而暫時遭到擱置。[29]

例如，將租金納入所得稅扣繳額度的措施，此時還在繼續卡關中。一九九九年六月，立法院財政委員會審查《所得稅法》修正草案時，原是由立委余政道與無殼蝸牛聯盟合作主張的租金支出扣抵所得稅額度三十萬方案，通過審查，但卻來不及在會期結束前通過。一九九九年十一月《所得稅法》修正案再次重啟討論，經建會讓步，同意財政部的十二萬元抵扣額方案，此方案即成為行政院的最終定案。但這個方案又在二〇〇〇年政黨輪替被擱置而煙消雲散。要到扁政府上任後半年多，新內閣才重新提出相同的十二萬元抵扣額版本，並於二〇〇〇年十二月二十八日三讀通過。

OURs與崔媽媽在災區重建結束後，重新回到了組織的日常運作，[30]而無住屋者團結組織原本僅有李幸長一人，自此之後也不再運作，無殼蝸牛聯盟已然實質解散。不過住宅團體的「政策倡議」路線嘗試雖被震災和政黨輪替暫時打斷，但此時積累的經驗與論述，也為十年後住宅團體再次回到倡議路線時提供了更成熟的運作概念。

另一方面，雖然要求政府規劃《整體住宅政策》的努力看似功虧一簣，但強調「居住權」而非「所有權」的政策概念，也在此波運動所打開的對話過程中，進入政策視域，並一路延續至二〇一一年通過的《住宅法》當中。

扁政府時代，政府與民間的新關係

在解嚴初期的社會抗爭中，社會抗爭與政治抗爭平行發展但相互支援，民進黨需要擴大其支持圈，而社運團體亦需要爭取政治的能見度，社運團體即便轉向政策倡議，也需要有政治部門的夥伴代為提案，扮演裡應外合的角色。[31]

民進黨為了與國民黨「經濟發展掛帥」的治國路線做出區別，早在一九九三年的《公平正義的福利國：民主進步黨的社會福利政策》，就已經將「人人有屋住的住宅政策」列為十大社福主張之一。一九九九年的〈行動綱領——我們對當前問題的具體主張〉之中也提到「推動長期國家住宅政策，完善住屋市場交易機制，引導房價合理化，保障國民居住權利與品質」。

但隨著民進黨逐漸茁壯，並取得部分縣市的執政權，其「監督／挑戰者」的角色亦逐漸轉化為執政者，開始與社運團體逐漸疏遠，社運團體亦須面對被吸納收編的問題，甚至未來可能將民進黨政府作為「抗議對象」，因此雙方關係逐漸緊張。*

所以當民進黨贏得中央政權後，民間團體即開始將監督力量轉向扁政府，二〇〇〇年五月二十日總統就職當天，工人立法行動委員會邀集綠色公民行動聯盟、無殼蝸牛聯盟[32]、建國啤酒廠工會等四個團體，帶著大選前陳水扁所簽署的承諾書到場「慶賀」就職，提醒民進黨勿違背選前的承諾。[33]

整體住宅政策再卡關

陳水扁總統上任後，新政府在住宅政策上仍維持國民黨政府於一九九九年的停建國宅政策，甚至透過「健全房地產市場措施」持續加碼「青年優惠房屋貸款暨信用保證專案」、「優惠購屋專案」等優惠貸款措施。二〇〇〇年至二〇〇五年間，扁政府共核定了一兆八千億優惠貸款利息補貼。[34]

由於一九九九年〈整體住宅政策白皮書草案〉因政黨輪替並未通過，民進黨也需要面對國民黨執政時住宅政策零散缺失的困境，當時僅「住宅補貼」一項，就存在十二種主管機關、條件、利率皆不同的住宅貸款補貼。[35]

但整體而言，民進黨在執政初期仍沒有相對成熟完整的住宅政策，僅是被動應付當時的房地產市場情勢，處理住宅市場供過於求的問題，同時還要拯救經濟衰退。由於一九九七年亞洲金融風暴、一九九九年九二一大地震造成經濟成長率下滑、失業率上升，經濟衰退的問題持續延燒，以及上述提到因實施全面容積管制而造成的搶建潮，使得住宅市場供過於求。所以延續國民黨時代的政策，縮緊國宅供給並持續利用房屋貸款補貼鼓動經濟，是民進黨政府首要採取的手段。

因此若要整合住宅政策，當時大致上分成兩條路線：一是重新提出國民黨政府未竟的《整體住宅政策》，二是已存在草案的《住宅法》。[36]

《住宅法》草案是在一九九九年由內政部營建署署長林益厚主持，委託住宅協會進行法案起草。實際起草者是政治大學地政系教授張金鶚的得意門生花敬群。[37]

* 例如一九九七年「十四、十五號公園反迫遷運動」事件，臺北市長陳水扁違背承諾，在未有安置計畫的情形下強行迫遷，造成居民翟所祥老先生不幸於住處上吊自殺。事後陳水扁公開表示「別的地方不死，死在臺北，我真衰」，引起臺大城鄉所師生的怒火與不滿。

無殼蝸牛聯盟在一九九九年與張金鶚、華昌宜等住宅經濟學派[38]學者合作密切，花敬群也親身參與「非萬人夜宿忠孝東路活動」活動。在花敬群起草的一九九九年版《住宅法》草案之中，他將《整體住宅政策》草案中的綱領內容加以法制化，並補充運作細節，如設置住宅專責機構、住宅政策年度計畫制度、住宅補貼財源規劃與評點制度、住宅政策研究與資訊調查制度等。

但實際上，由於當時房市仍然低迷，因此政府的態度相對保守，擔憂若制定位階較高的《住宅法》，可能會對房市產生衝擊。二〇〇〇年八月，民進黨團提出要將《住宅法》優先排案審議，但二〇〇一年行政院院長張俊雄卻在答詢時表示，政府雖然「希望透過《住宅法》草案的研擬，能將《整體住宅政策》的精神予以彰顯，不過在這個過程中，我們一方面要顧慮到青年的需求，一方面也顧慮到整體不動產行業的提振。」[39]行政院不願將《住宅法》提至立法院審查，[40]法案就此被擱置下來。

既然《住宅法》被擱置，住宅政策的整合最終便透過《整體住宅政策》來進行。二〇〇〇年十一月九日營建署召開「整體住宅政策草案修正會議」，會議結論是未來要持續推動「住宅機構整合」以及「發展出租住宅」兩大工作項目，在整合住宅機構方面，須研擬未來業務整合[41]及住宅政策推動應由何單位擔任主管機關；發展出租住宅方面，則是從輔導購置住宅轉向輔導租賃住宅發展，並提撥相關補貼預算。營建署提出兩大工作項目，接下來必須陳報行政院做成政策裁示，然後預計於六月提至內政部。但二〇〇一年七月至二〇〇三年十月之間，行政院經建會、內政部營建署召開多次會議，卻遲遲無法定案。

二〇〇六年臺大社會系教授林萬億應行政院長蘇貞昌之邀，擔任行政院政務委員，面對新政府住宅政策的延宕，林萬億認為，其原因除了國民黨執政晚期的討論隨著政黨輪替而中斷外，當時停建國宅與加碼青年購屋貸款的政策已在進行當中，短期內無需擔心政策空轉，而新政府對其他住宅政策亦未深思，行政部門也不熟悉決策者的政策思維，造成遲遲無法定案。[42]

社會福利界的聲音進入住宅運動

但漫長的研擬過程也有意外的收穫，其中之一便是社福界的聲音偶然得以進入政策的討論過程。二〇〇三年下半年，行政院婦女權益促進委員會的委員，同時也是臺灣社區居住與獨立生活聯盟創會常務理事的周月清，在研究智障者社區居住過程時，注意到立法院有一部待審的《住宅法》草案，以及營建署已研擬多時的《整體住宅政策》草案。

周月清便在同年十二月四日陳請內政部長余政憲關心弱勢人口的住宅政策問題，因此營建署向余政憲與周月清簡報《整體住宅政策》草案並溝通意見，最後達成「請營建署參考周委員意見修正《整體住宅政策》及《住宅法》草案的結論，並要求營建署於十二月下旬邀請周月清委員、相關弱勢團體及專家學者開會研商。如此要求**保障弱勢居住權益的關懷，為整合住宅政策的重啟提供了不同的切入點**。

二〇〇四年一月，周月清委員與心路基金會執行長陳美鈴再次面見余政憲，余政憲於同月十五日邀請社會福利團體召開社會福利座談會，並決議請林萬億教授及社會司整合社會福利團體意見後，於二月二十日的會議提案討論。

在意見整合的過程中，社會福利團體與婦女團體表示很嚮往歐洲社會福利的傳統，歐洲在九〇年代後，將身心障礙等弱勢的照顧模式由「大型機構集中教養」改為「透過福利服務支持系統，讓個案留在社區居住並與社會融合」，而「社會住宅」便是弱勢在社區居住的重要福利服務環節，同時也能夠讓受暴婦女從過去的「機構暫時安置」轉變為有一個安穩的家。*

在《住宅法》卡關的狀況下，社會住宅的概念便轉而滲透進《整體住宅政策》的討論脈絡當中。二〇〇四年二月行政院核定的「社會福利政策綱領」之中便有「社會住宅與社區營造」的內容，更是為將弱勢住宅政策納入《整體住宅政策》提供了方向。

在上述兩個因素的加成下，二〇〇四年「修正整體住宅政策專案小組」進行改選，增加了許多社會福利團體代表（同時也減少了建商與建築業的代表人數），最終將社會住宅納入了二〇〇五年五月最終核定的《整體住宅政策》。[43]

整體而言，二〇〇五年最終定案的《整體住宅政策》與一九九九年的《整體住宅

* 六〇年代開始，聯合國大力推動各國發展「去機構教養化」（de-institutionalization），協助障礙者融入社會並有尊嚴地在社區生活。臺灣社區居住與獨立生活聯盟是臺灣與國際「去機構教養化」接軌的重要組織，也是社會住宅運動的重要參與者，於二〇〇四年成功推動「成年心智障礙者社區居住與生活服務方案」，正式宣告臺灣身心障礙者具多元居住方案選擇權，對後續社會住宅制度化與推動有不可磨滅的貢獻。請見周月清，〈發展智能障礙者社區居住與生活：英美兩國探討比較〉，《社會政策與社會工作學刊》，第九卷第二期，二〇〇五年九月，頁一三九～一九六。陳美鈴，〈臺灣社會住宅運動源起〉，《中華民國建築學會會刊雜誌》，第六十三期，二〇一一年七月，頁二一～二二。

政策》草案相比各有優劣。由於社會福利團體的積極參與，二〇〇五年版的住宅補貼制度更加細緻，保障的弱勢對象也更為寬廣，並且順應時代進展加入了居住環境管理與改善等條款；但一九九九年版原有的住宅金融、稅制改革，乃至於住宅補貼的財源等住宅政策的重要面向，在二〇〇五年版都不見了。

換句話說，二〇〇五年的《整體住宅政策》達成了整合住宅補貼機制的目的，也提供弱勢族群住宅補貼，但除此之外，背後的政策理念依然停留在「鼓勵民間參與」、「不直接干預住宅市場供需」的思維。

住宅補貼重點轉向：以收入基準發放租金補貼

民進黨政府除了收束了國民黨零散缺失的住宅政策外，在二〇〇五年《整體住宅政策》擬定、到二〇〇七年通過的〈整合住宅補貼資源實施方案〉的過程中，民進黨政府的住宅補貼政策重點也逐漸由職業別（如勞宅、國宅、軍眷、原住民住宅等）與購屋貸款補貼為主的模式，轉為以經濟弱勢為主、傾向租金補貼的模式。

實際上，在一九九九年初經建會便提議取消以職業別為主的住宅補貼政策，一九九九年版《整體住宅政策》草案也明文「以所得別作為住宅補貼對象認定主要項目」，並取消以身分認定補貼對象的方式。這項轉變的學理依據，主要來自於華昌宜、張金鶚等住宅經濟學派學者主張的「多元住宅選擇」，也就是政府應該提供良好的購屋、租屋等多元住宅選擇，鼓勵發展臺灣租屋市場與按照所得設計補貼計畫。

但國民黨政府雖然傾向以所得標準重新設定住宅補貼，但國民黨並不特別關注住宅補貼是採「購屋補貼」還是「租金補貼」。來到民進黨執政時期，在張景森的規劃下，民進黨政府將住宅補貼轉向了租金補貼，並於二〇〇七年的〈整合住宅補貼資源實施方案〉中，以收入別整合了租金補貼、自購住宅貸款利息補貼及修繕住宅貸款利息補貼等住宅補貼，並於該年首次正式發放租金補貼。

這樣的決策除了回應了社福團體的需求外，民進黨政府也試圖透過補貼的不同傾向進行政治洗牌，鬆動國民黨的利益結構。以往的購屋補貼更多是落入支持國民黨為主的建商手上，但若改採租金補貼為主，帶來的選票效益就是另外一個群體。[44]

在扁政府時期住宅政策的擬訂過程中，OURs與崔媽媽等住宅團體幾乎完全缺席討論。崔媽媽雖有參與少數《整體住宅政策》的擬訂會議，但影響不大。[45] 另一方面，對當時的OURs而言，運作仍以社區營造路線為主，並認為在當時房市低迷的狀況下，缺乏現實條件討論住宅改革議題。

社福團體的參與雖然為住宅補貼議題創造了新的討論方向，但對補貼之外的住宅政策仍難以發揮影響力。而且因為住宅團體並未參與，過程中可以看到由於社福團體不熟悉住宅政策，造成社福訴求與住宅政策有著尚未融合、格格不入的部分。

例如《整體住宅政策》明文表示將「制定住宅法、實施方案及修訂相關法規」，因此二〇〇五年內政部召開了兩次「研商住宅法（草案）相關事宜會議」，雖然在陳美鈴等人的堅持下，社會住宅成功在二〇〇六年底以專章形式加入了《住宅法》草案當中，並於二〇〇七年七月於內政部通過。然而《住宅法》草案後來並未提交至立法院，草案最終仍然卡在行政院內部。

在這個版本中的「社會住宅專章」主要是引進國外制度為主，國外的社會住宅許多是由民間住宅法人興辦（尤其是歐陸國家，由政府直接興辦已經不是最主要的社宅興辦方式），因此在這個版本中的「社會住宅專章」重點放在「民間興辦」，欠缺政府興辦社宅的相關機制，而且幾乎沒有鼓勵民間興辦的措施，反而有諸多評鑑管制、租金限制、甚至強制收回的規定，在根本上難以運行。加上欠缺高房價作為法案的驅策動力，直至二〇〇八年民進黨第一次執政結束，《住宅法》均持續待審，並未三讀通過。

不再只談高房價！更多居住權想像正展開

回顧一九九九年至扁政府時期的住宅運動和政策倡議歷程，一九九九年無殼蝸牛聯盟發起時，住宅團體已經發展出較為成熟的結盟模式，將動員對象擴展到住宅以外的社運團體，共同發展出如「提供租金補貼照顧弱勢族群」、「廢除單身歧視條款」、「學生租屋」等住宅政策的新想像，甚至更進一步發展出政府過去並未關注的「加強租屋權益」、「保障居住權」等新訴求。

另一方面，相較於一九八九年，政府的角色也有所轉變，一來是蕭萬長內閣認知到「住宅政策欠缺整體規劃」、「空餘屋供給過量」等困境的確需要解決；二來是解嚴已超過十年，一九八九年無殼蝸牛運動爆發時，政府對社會運動依然高度警戒，但在一九九九年時政府已不再採取高強度的打壓。政黨輪替後更加如此。

當進入這樣一個運動團體更加成熟，政府也較以往相對開放的時期，無殼蝸牛聯盟開始跨界連結了不同社運團體，打造修法倡議的組織結構，而且運用總統大選的政治機會進行社會動員，給予候選人壓力，挑戰技術官僚所提出的政策，並嘗試主導議程，而非過去被動地「要求政府主持公道」。

若再將無殼蝸牛聯盟與一九八九年的無住屋者團結組織相比較，無殼蝸牛聯盟在倡議技術與策略上已經是相對成熟了。但是這個時期的住宅政策倡議者，仍未充分掌握政策制定的過程，政治判斷能力較不足，而且聯盟決策核心也十分鬆散。另外相對於過往的「高房價」問題，在房價相對盤整的時期，在一千五百億方案救建商的民怨平息後，住宅團體推動針對租屋市場進行改革所能獲取的社會支持和聲量相對較為有限。綜合以上兩點，因此推動改革事倍功半，最後無殼蝸牛聯盟也在九二一大地震、政黨輪替等因素下停止運作。

雖然住宅運動再次沉寂，但這時期的成果卻以較為間接、幽微的方式，對後續住宅政策產生了重要的影響。在民進黨政府新上任後，房價進入盤整，政府更多是延續國民黨時期的優惠房貸政策，對於《整體住宅政策》的討論則十分延宕。但民進黨政府也同樣必須面對過去住宅政策散落，亟需整合的問題。無殼蝸牛聯盟要求重視租屋市場的訴求，就成為了推動制定《整體住宅政策》的動力，加上社福界保障弱勢的訴求與介入，共同影響了民進黨首次執政下的住宅政策方向。

納入社福團體意見的《住宅法》草案雖然最終未三讀通過，但OURs與崔媽媽在修法研議的過程中，建立了與相關學者、立委的關係網絡，累積了後續切入倡議路線時的論述資源。

社福界將社福需求與住宅政策結合，催生出「社會住宅」的在地論述，也是這個階段的成果。雖然社福界對住宅政策仍不熟悉，造成社福概念與住宅政策難以在實務層面上契合，但是這個時期的努力，為二〇一〇年「社會住宅推動聯盟」的成立，以及新一波住宅政策倡議創造了契機。至此，我們對「住」的權利與想像，已經較住宅運動初起時擴大許多了。

第四章

馬政府時代：進入法制面改革攻防

chapter 04

二〇〇〇年至二〇〇八年，住宅團體幾乎完全缺席扁政府時期住宅政策的討論。其原因除了組織路線與運作等現實因素外，也來自於這段時間房市的相對平穩，使得政策倡議顯得較無迫切性，失去立基的能量。再次政黨輪替後，二〇〇九年，住宅團體基於對過去運動路線的檢討與分析，決定重回倡議，把焦點放在「社會住宅」的推動上，並且擴大結盟，與社福團體於二〇一〇年組成「社會住宅推動聯盟」。

在此一階段，住宅團體接連取得了各種制度性的改革成果，在市場面改革與補貼面改革均有斬獲。

重回倡議路線：社會住宅推動聯盟的成立與首戰

二〇〇九年的高房價成因與過去不同，主要是中央銀行的利率與匯率政策所導致，因此又增添了貧富差距的社會不穩定因素。* 高房價使民怨再次沸騰，住宅團體在重回倡議路線時，首先鎖定的議題是社會住宅。二〇〇五年社會住宅的概念曾出現在《整體住宅政策》，後來被納入《住宅法》草案。以照顧弱勢為主的社會住宅按照過往經驗，在選舉中是被視為沒有選票吸引力的，然而此時卻恰好打中了臺灣連年擴大的貧富差距議題，突顯相對剝奪感，而得到了前所未有的共鳴。這次是住宅團體與社福團體結盟，對於倡議過程有完善規劃，引發朝野關注，二〇一〇年的五都選戰，雙北所有候選人都將社會住宅納入了政見。

央行政策與需求增加，房市漲幅再起

一九九七年亞洲金融風暴來襲，臺灣房市也受到衝擊，度過數年的盤整與低迷的時期之後，直到二〇〇四年開始逐漸復甦。房市復甦來自多種因素的共同作用，一來是需求面再次浮現，當時戰後嬰兒潮世代[1]正處於四十歲以上、六十歲以下的中壯年時期，恰逢臺灣房市已低迷數年，他們的消費力提升引發了投資換屋潮。

二來是金融面，自一九九八年彭淮南接任中央銀行總裁以來，採取向出口商大量

＊　低利率造成房價上漲，在低利率環境中，有錢人比較能夠透過投資房產來保障自己的資產不被通膨等因素吃掉。低匯率則是嘉惠出口業，卻犧牲人民購買力，一般民眾無法享受經濟成長的果實，造成貧富差距提升。

買入外匯[2]（並投資美國公債）的手段，壓低臺幣與美元的兌換匯率。[3]而央行買入外匯後必須對應釋出大量新臺幣資金到市場，[4]使市場資金氾濫，同時壓低利率，以促進資金流動達成「振興經濟」的目標，並讓其美元資產利息收入大於新臺幣利息支出，套取利差，補貼國庫稅收不足。

央行造就的利率與匯率「雙低」政策，有利於臺灣的出口貿易產業（並進一步增加外匯增長）。但同時央行也在國內市場大量增發新臺幣。央行增發的新臺幣在第一時間支付給賣出外匯的人（基本上

1997-2010年央行資產佔GDP比例

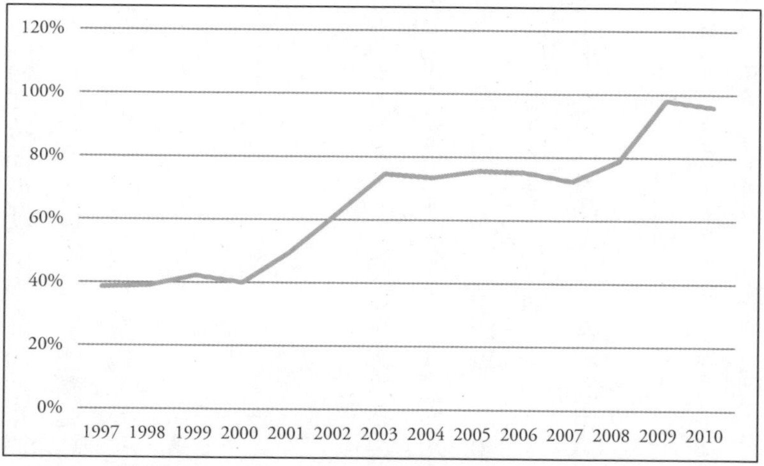

資料來源：中華民國中央銀行全球資訊網，《金融統計月報》，「中央銀行資產負債統計表」。行政院主計總處，《國情統計通報》，「國內生產毛額GDP」項目。

是出口商以及投資臺灣股票的外資），隨即經過支付工資、貨款、股款而流入社會，變成銀行存款。銀行存款快速增加之下，銀行又同步增加放款。

央行增發新臺幣買進外匯，因此資產上升，[5]如果觀察臺灣央行資產佔GDP的比例，便可以發現相對於臺灣整體的GDP增長，央行資產增長幅度飆升極快，其比值從一九九七年的百分之三十八，一路攀升至二〇〇九年的百分之九十八。這些大量增發的資金，流向了房地產，也推升了房價。[6]

低利率的環境也同時造成資產價格狂飆，[7]臺灣五大銀行新承做購屋貸款利率[8]從二〇〇〇年的百分之六．七七，連年降至二〇〇九年的百分之一．七九。[9]低利率除了推升資產價格外，也會促使民間將資金從儲蓄轉為消費和投資，因此降低利率常被作為「振興經濟」的手段，這些資金也大量流入股市、房市，帶動股價與房價上漲。[10]

彭淮南擔任央行總裁二十年，政策效果褒貶不一。透過上述「雙低」政策，央行一方面以外匯購買相對利率較國內高的外國有價證券，以此增加利息收入，另一方面也降低央行給付銀行的沖銷利息支出，使得央行成為全國「最賺錢」的國營事業。央行盈餘挹注國庫的資金佔國家決算歲入比例，從一九九八年的百分之四，一路上升至二〇〇九年的百分之十五。[11]

但單就房市而言，「雙低」政策確實產生了大幅推升資產價格與造成大量資金進入房地產的作用。央行得以產生大量盈餘挹注國庫的代價之一便是推高房價。由於政府已經習慣央行每年挹注國庫的大量資金，因此也更難下定決心讓房價正常化，使得臺灣的高房價結構更加難解。

二〇〇二年至二〇〇九年的七年之間，臺北市的房價所得比從六倍飆升至十倍，[12]已超越一九八九年無殼蝸牛時期的八倍，二〇一〇年時更超過十二倍，也就是說，臺北市一般家庭想購入臺北市的一般住宅，需要花費十二年不吃不喝的收入。至於全臺灣的房價所得比也從二〇〇二年的四・三倍上升至二〇〇九年的六・

1997-2010年臺灣五大銀行新承做購屋貸款利率走勢

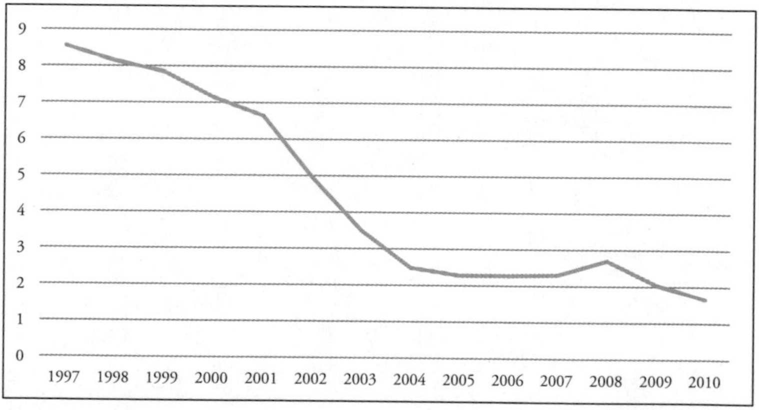

資料來源：中華民國中央銀行全球資訊網，「五大銀行（臺銀、合庫銀、土銀、華銀及一銀）新承做放款金額與利率」。

四倍。收入與房價之間的落差持續擴大。[13]

種種因素綜合之下，造成馬英九政府執政初期房價再次飆漲，二〇〇九年研考會舉辦「十大民怨」網路票選，第一名即為都會區房價過高。高漲的民怨成為住宅運動再起的契機，而此時的住宅運動也即將發展出新的組織型態。

新一波住宅倡議啟動

在一九九九年九二一大地震後，無殼蝸牛聯盟已然實質解散，崔媽媽與OURs各自將精力放至經營租屋與都市議題。二〇〇九年五月OURs秘書長黃仁志離職，由理事彭揚凱兼任代理秘書長（彭揚凱後來於二〇一〇年十二月辭去理事一職，正式擔任秘書長），開始主導組織運作方向。而崔媽媽執行長呂秉怡在二〇〇七年時擔任「臺北市公有住宅資源運用策略規劃案」的顧問時，得知臺北市尚有三千戶左右的出租國宅。當二〇〇九年對高房價的民怨高漲時，呂秉怡認為重回住宅倡議路線的時機已至，應該把握在即將到來的二〇一〇年五都大選中進行倡議的政治機會。呂秉怡希望促成臺北市政府落實一定比例的出租國宅轉化為社會住宅。

為什麼主要業務是「租屋服務」的崔媽媽要重回倡議路線？除了高房價民怨產生了外部的倡議機會之外，內在的驅動主因是弱勢租屋資源不足本來就是崔媽媽長期煩惱的問題，例如單身年長者等弱勢服務對象前來求助時，很難找到願意接納弱勢租戶的愛心房東，因此轉而希望要求政府負起照顧弱勢居住的責任，透過社會住宅為弱勢族群提供居住扶助。

由於在二〇〇六年時，呂秉怡曾與學界和社福團體合作，成功將「社會住宅專章」納入《住宅法》草案，[14] 呂秉怡希望再次複製如此的合作模式，因此於二〇〇九年十月底先諮詢了已在玄奘大學任教，並也參與「臺北市公有住宅資源運用策略規劃案」的花敬群。

花敬群回應表示支持崔媽媽推動社會住宅，但他認為地方政府難以操作社會住宅，因為環節太過複雜，而且臺北市的出租國宅經驗也無法複製至其他縣市。因此他認為應該由內政部主導，成立專責機構，並透過《住宅法》修法等制度面推動社會住宅，如此更有成功的機會。

但是呂秉怡認為住宅運動早已沉寂多年，期待修法與制度改革遙遙無期，因此仍然打算先從臺北市的出租國宅著手。在與花敬群交換意見後，便馬上聯繫了甫任OURs

秘書長的彭揚凱，討論是否有可能透過倡議將社會住宅政策納入隔年臺北市長候選人的政策白皮書及選舉政見支票當中。

OURs新任秘書長彭揚凱是後續推動住宅政策改革的關鍵人物，早年在臺大城鄉所就讀碩士班時，就已參與了OURs的運作。彭揚凱在研究所時期也兼任立委助理，退伍後曾擔任臺北市民政局機要秘書、島嶼工程顧問公司負責人，從二〇〇六年起擔任OURs理事，具備專業背景，也經歷了業界、政治部門的歷練。

彭揚凱雖然沒有參與一九八九年與一九九九年的住宅運動，[15] 但特別關注政策倡議，因此他擔任秘書長後，OURs從過往經營都市議題（如都市綠化、社區營造等）為主的路線，轉向重視住宅政策的發展，OURs從此進入了以政策倡議為主的階段。[16]

面對呂秉怡的提議，彭揚凱認為雖然二〇〇九年高房價再度引發民怨，但「買得起房子」並不是當前倡議最優先的議題，一來是住宅運動已沉寂多年，高房價問題又有極其複雜的成因與盤根錯節的既得利益網絡，憑藉當時OURs的組織資源尚無法妥善應對；相對地，社會住宅沒有存在明顯的對立面，同時也是相對容易獲得社會支持的訴求。二來，如果又將高房價當作住宅倡議的主要控訴議題，必然再次陷入已有房產者擔憂房價受打擊，危及自身財產權的爭議，可能重蹈覆轍而如一九八九年的無殼蝸牛運動般無疾而終。因此應該回到居住的本質推出一個「只作為居住，絕對不會變成財產（因此不會被炒作）的東西」才能保障弱勢族群，也才能讓社會重新討論居住是什麼。

因此彭揚凱與呂秉怡一拍即合，將「重回政策倡議」的重點放在「社會住宅」，以此重新提出居住權議題。隨後呂秉怡也向李幸長募款三十萬元（相當於一位專職人員一年薪資的首年人事經費）作為啟動基金，兼具規劃與社福專業的林育如就是在此時加入，成為專職人員，正式開始新一波住宅倡議。[17]

值得一提的是，林育如與一九九九年無殼蝸牛聯盟聘請的專職人員不同，一九九九年的專職人員負責的是「八二七非萬人夜宿忠孝東路」的庶務工作，不參與組織內部的決策；但林育如同時也會參與決策與倡議內容。由這點也可由小見大地看出，住宅團體轉向長期政策倡議的準備。

社會住宅推動聯盟成立與五都選戰

二〇一〇年三月，OURs與崔媽媽以「無殼蝸牛聯盟」名義[18]在臺北市仁愛路二段*舉辦街頭記者會，發表〈平抑房價、扶助弱勢——二〇一〇無殼蝸牛自救宣言〉，提出「積極遏止囤地套利以平抑房價」、「擴大扶助弱勢（將仍存留的房貸補貼轉為租金補貼，並擴大補貼群體）」、「放棄興建出售平宅，大幅提高社會住宅存量」、「推動成立住宅政策機構與立法」等訴求。

不過雖然當時OURs與崔媽媽提出了「大幅提高社會住宅存量」的訴求，但其實對社會住宅的認識還十分有限，大致上只確定了「以低廉租金出租，不可買賣」、「將雙北現有出租國宅轉為社宅，提高弱勢家戶比重，混居避免標籤化疑慮」、「中央應盡速通過《住宅法》作為社宅法源，提高各級住宅部門權限並將社宅納入住宅政策推動計畫」等。

但若希望社會住宅成為成熟的政策倡議目標，還需要清楚掌握弱勢群體的實際居住需求以及盤點政府現有的相關政策。由於臺大社工系教授林萬億曾經擔任行政院政務委員、臺北市副縣長等職，他也從扁政府時期就開始關注社會住宅，同時也是將社會住宅納入《整體住宅政策》與《住宅法》草案的重要推手，OURs與崔媽媽便聯繫林萬

* 該處為臺北市中正區臨沂段二小段二一二～二一四地號，之所以選在此處舉辦記者會，乃因該地原為國有土地，二〇一〇年初以每坪六百七十九萬元標售，創下當時國有住宅用地標售的最高價紀錄。

億，向他請教社會住宅的推動課題。

因此從四月開始，OURs與崔媽媽透過林萬億、瑪利亞社會福利基金會執行長陳美鈴等社福界專家引介，認識了許多也希望推動社會住宅的社福團體，也參與了瑪利亞社會福利基金會所舉辦的「荷蘭社會福利暨社會住宅國際研討會」，認識了荷蘭阿姆斯特丹住宅協會聯盟資深督導由龍博士（Dr. Jeroen van der Veer），*獲得了國外社會住宅的第一手資料與推動建議。

這些社福團體絕大部分曾參與二〇〇四年「整體住宅政策（草案）」的討論會議，而且其服務對象幾乎都有社會住宅的需求，因為他們主要都是在租屋市場難以尋找房源的社會與經濟弱勢。社福團體對於自身個案的需求十分了解，並對社會住宅有許多政策上的期待，但相對於經歷過多場住宅運動的OURs與崔媽媽，社福團體不清楚該如何找尋政治機會進行操作，也不知道如何進行住宅政策的研擬以及遊說。

因此在彼此都有互補需求的前提下，經過約四個月的持續溝通與共識會議後，住宅團體與社福團體正式結盟，共同推出了民間版社會住宅政策主張，[19]發起「社會住宅推動聯盟」[20]（以下簡稱為住盟），於二〇一〇年八月二十六日成立（同時也是無殼蝸牛運動二十一週年紀念日），由陳美鈴、彭揚凱、呂秉怡共同擔任發言人，並於成立記者會宣示，現階段推動目標是希望社會住宅數量達到全國住宅總量的百分之五。**

相對於一九九九年的無殼蝸牛聯盟是在「政府推出錯誤政策，民間火速集結抗議」的情況下倉促成軍，住盟的成立有著明確的政策倡議目標，並做好長期倡議的規劃。在論述上，住盟採取的路線是不正面挑戰房產結構，運用外部民怨條件與大選前的政治機會，推動相對不影響既得利益的社會住宅政策以此為起點，再逐步推向深度改革，將首要目標設定在為沒有房產並深受房價壓力所苦的青年與弱勢群體發聲。[21]

二〇一〇年九月，住盟分別拜訪了當時正參選尋求連任的臺北市長郝龍斌，與民

* Jeroen 一九六四年出生，於華人生肖屬龍，因此自己取了「由龍」中文名字。由龍博士多次來臺交流分享，也積極引介協助住盟至荷蘭參訪，幫助住盟連結更多國際網絡，來臺灣時也總是興致盎然要去社宅興建現場參觀，是臺灣社宅運動的重要啟蒙者。由龍博士於二〇二〇年十二月病逝，在此特別感謝由龍博士對臺灣社會住宅推展的關懷以及支持。

** 社宅佔住宅總存量百分之五的來源依據有二：首先，住盟保守估計弱勢家戶至少占全國總戶數的百分之十六，乘以臺灣無自有住宅家戶比率百分之三十（事實上弱勢居民無自有住宅比率應高於此值）約為百分之五；第二，先進國家社會住宅佔住宅存量約以百分之五為低標。

進黨的臺北市長候選人蘇貞昌、新北市長候選人蔡英文，倡議推動社會住宅政策，並成功使社會住宅成為選舉攻防議題，上述候選人都在住盟的遊說下將社會住宅列為他們的政見之一。[22]

二〇一〇年十月十三日，透過彭揚凱的舊識牽線，住盟向總統府遞送企劃書並前往拜會，倡議推動社會住宅政策，馬英九總統當場承諾推動社會住宅，並指示成立專案小組。十一月十五日內政部公布第一批社會住宅興辦基地，[23]並著手研擬社會住宅短期實施方案。

內政部公布社會住宅興辦基地之後，使得社會住宅議題在該年大選的政見攻防中更加火熱。郝龍斌表示將規劃釋出仁愛路空軍總部的土地，興建社會住宅。而蘇貞昌與蔡英文則質疑郝龍斌在過去四年任期中沒有蓋出任何一戶社宅，並表示社會住宅不僅是民進黨五都的選舉政見，也是十年政綱長期施政的目標。[24]

自此透過「弱勢居住權當前鋒，高房價當後衛」的推展方式，社會住宅頓時從部分住宅團體與社福團體才聽過的概念，成為了家喻戶曉的「居住問題新解方」，住盟的初登場完美達成目標。

然而對彭揚凱來說，社會住宅並非是居住問題的終極解方，即便住盟以社會住宅作為優先倡議內容，但在二〇一〇年十一月時，彭揚凱以住盟發言人身分至民進黨中常會報告，清楚表示「社會住宅是住宅政策重要且不可或缺的一環，但不是住宅問題的所有答案」，社會住宅雖解決部分問題，然而只是回應原有住宅政策的一個關鍵環節，雖然當前獲得熱烈迴響，但是臺灣應該有長遠的完整住宅政策規劃。在後續巢運登場的時候，將會看到住宅團體試圖為臺灣的住宅問題提出更完整的分析架構。

重回倡議路線的內外因素

為什麼住盟可以如此快速取得社會住宅的初步成果？照理說社會住宅議題關注的核心是經濟與社會弱勢族群，其政治能量與參與度低，也就是一般常說的「沒有票」，那麼為什麼沒有票的社會住宅會變成選戰的焦點議題？就外部情勢而言，其核心原因除了雙北的高房價民怨之外，當時的臺灣也彌漫著對M型化社會的嚴重焦慮。

二〇〇六年大前研一提出「M型社會」概念，經過《商業周刊》專題報導，成為臺灣討論「貧者越貧、富者越富」的重要理論觀點。[25] M型社會概念在臺灣之所以流行，主要因為臺灣的貧富差距連年上升，一九九八年是三十二倍，二〇〇六年已達五十八倍，到了二〇〇九年更攀升至七十五倍。*

與此同時，二〇〇九年由於受到全球金融危機與世界經濟成長走緩等影響，臺灣勞動就業市場機會大幅減少，[26]失業率上升至百分之五．八五創下史上新高。在經濟不景氣的狀況下房價所得比又連年上升，人民的相對剝奪感與買不起房的怒火相互增強。在此情況下，照顧弱勢的社會住宅既回應了M型化社會下人民的相對剝奪感，又不會介入市場阻擋建商財路，且只要地方政府同意便可以推動，阻力較小，因此成了政府迴避高房價問題最好的政策替代品。

另一方面，就運動情勢而言，首先由於社會變遷與政黨輪替，二〇一〇年的政治社會結構已相對鬆動，與八〇年代末的剛性國家機器不可同日而語，兩黨競爭下的選票需求也使得國家機器願意回應社會運動的訴求。於是，政府在政策制定過程中（尤其是在草案擬定、意見收集的階段）為了增加正當性、軟化民間反對力道以及更符合第一線需求，開始有更多制度化的管道，讓民間團體在體制內參與政策研討。儘管民間團體平時在政策研討場合上的意見未必獲得官員的重視，但如果遇到民怨四起與選舉等政治時機，能夠把握機會的團體就能以較小的體量撬動政策走向。[27]也因此，相較於二十年前，此時的倡議更需要投入專業的政策研究能力。

在與行政部門溝通之外，住盟在選前與臺北市議員李新等人合作召開「臺北市社會住宅政策」公聽會、舉辦「第一屆臺灣世界人居日」記者會、與社福立委陳節如[28]合作舉辦「社會住宅的命運和機會」公聽會、與《台灣社會研究季刊》合作舉辦「二〇一〇臺灣社會住宅論壇」等。在選舉前透過各種不同層級合作對象的交叉火力，升高社會住宅議題的熱度。

第三個讓社會住宅獲得廣大關注的因素，是新興的社群媒體崛起。相較於一九八九年與一九九九年的住宅運動，住盟可以運用的媒體與網路工具也更加多元了。[29]這點對於住盟而言至關重要，因為民間倡議的首要關鍵是將訴求「問題化」，也就是「將試圖倡議的議題，也被社會認為是一個需要解決的問題」，這個過程是要激發社會出現關心、爭論與裂縫，民間團體的論述則要抓緊時機見縫插針。必須有一定比例群眾認為「這真的是一個問題」，社會才會開始重視與接受民間倡議者提出的解方，形成輿論，並成為推動改革的政治壓力。

* 計算方式是透過綜合所得稅的申報資料，將「最富有百分之五家戶的所得除以最貧窮百分之五家庭的所得」的比值。

因此新興的社群媒體不僅有助於推廣社會住宅此一新穎的概念，還在「推廣概念之前」就先擔負了將議題「問題化」的功能。從這個角度而言，住盟（或民間倡議者）的角色其實是透過深度參與了解民間的困境，並在擬定政策訴求後，將社會上看似雜亂無章的各樣需求與民怨逐步引導統合，凝結社會共識，形成一股力道，向政府提出訴求。

因此整體來說，當時的社會結構條件對住盟而言是有利的。而就運動內部而言，相較於一九八九年無殼蝸牛運動主要操作者是人脈資源有限的小學老師與研究生，二十年後住宅運動的成員與對運動抱持友好態度的支持者已成長或轉變為政治幕僚或學者專家，人脈更加擴展，倡議能觸及更多的關鍵人物，例如住盟得以拜訪馬英九，便是透過數十年累積下來的人際網絡層層打通才得以成行。另一方面，住盟也聘任專職的秘書處人員，有了清楚且穩定的決策核心與方向。上述種種因素綜合起來，才使得社會住宅成為五都選戰的攻防議題。

首次成功改革法制面：《住宅法》與實價登錄三法

住盟成立之後，在組織運作與政策倡議雙方面都有不錯的成果，內部逐漸形成穩固的決策核心，也有專職人員負責運作事務，並且成功讓社會住宅成為二〇一〇年五都選舉的攻防議題。接下來要思考的是，如何朝向立法與修法推進，以確保社會住宅的法源依據與可持續性，避免社會住宅淪為選舉的空頭支票，最後不了了之。

在回顧過往的組織運作模式，並且評估當前的局勢，住盟認為必須增加政策倡議的強度，因此需要有具備專業政策知識、能夠長期經營住宅議題的人手，所以額外再聘請一位專職研究員，* 專門負責國會聯繫與政策研究。至此住宅運動明確發展出政策倡議的路線，要能夠將進步的居住理念，轉換成可以執行的住宅政策，住盟後續也長期設置此一職位。

然而，政府面對住宅問題並未全盤採納運動團體的方案，一來是政策制定有路徑

* 專職研究員的人事費來自臺中瑪利亞基金會的捐助，每年固定捐助五十萬人事費用，不足之處由崔媽媽與OURs補足。這也是我目前的職位，我是第三位擔任此職位的專職人員。

依賴性，依然以過往的信用管制與優惠利息貸款為主。例如二〇〇九年推出「青年安心成家方案」，藉由低利優惠貸款，鼓勵青年家庭購屋，[30]二〇一〇年底央行再祭出〈中央銀行對金融機構辦理土地抵押貸款及特定地區購屋貸款業務規定〉，控管雙北購屋與土地抵押的貸款額度，[31]試圖再次透過金融手段進行房價管制。

二來是政府也有其政策自主性，面對住宅問題提出了各種不同且相互競逐的解方，除了社會住宅與《住宅法》外，同一時期政府提出了合宜住宅、現代住宅、不動產交易實價登錄、《特種貨物及勞務稅條例》（俗稱「奢侈稅」）等不同的政策路徑。

相互競逐的政策推動戰

雖然政府提出諸多政策並號稱「端出住宅政策牛肉」，但實際上這些方案並未回應民間團體的訴求，例如迅速於二〇一一年四月三讀通過的奢侈稅，只是政府用來緩和M型社會的焦慮、平息高房價民怨的手段，表面上看似政府的積極作為，但實際上並未碰觸到真正的問題。[32]奢侈稅的目的是要打擊「房屋及土地短期交易之移轉稅負偏低甚或無稅負」，也就是針對短期炒作的投機客下手，為此，奢侈稅針對房地產的部分採

「非自用住宅若在二年內轉移出售，一年內課成交價格之百分之十五，二年內課徵成交價格之百分之十」。

實際上，政府火速通過奢侈稅的理由也說得非常明白，行政院重要政策解說文件中表示「一般大眾對高消費族群未合理負擔稅負之負面觀感，政府必須正視並妥適處理」，因此仍是前文所述「消弭人民的相對剝奪感」的邏輯。倉促上路的奢侈稅也存在諸多漏洞，例如未將預售屋納入、可透過「預告登記」未來再過戶產權等方式規避。

政府在這段時間的住宅政策邏輯，仍然是以「所有權」作為主要考量。首先是透過「青年安心成家方案」，大幅放寬青年購屋低利優惠房貸的限制，認為如此可以讓青年更容易入場購屋；同時又以〈中央銀行對金融機構辦理土地抵押貸款及特定地區購屋貸款業務規定〉，針對臺北市與部分臺北縣的縣轄市[33]限縮貸款成數，最後再以奢侈稅打擊短期炒作買賣。

但這種希望「幫助青年買房，打擊有錢人購屋炒作」的政策走向，實際上卻設計不良，造成政策效果相互抵消，最後反而造成「價漲量縮」，[34]並未取得降低房價的效果。政府看似在稅賦層面加強抑制投機炒作，卻不敢大刀闊斧改革土地與房屋稅制，住盟譏諷這只是拼湊而成的「政策重組牛肉」。

與此同時，雖然社會住宅是延續二〇〇五年《整體住宅政策》脈絡的政策選項，但此時的社會住宅亦有競爭對象存在，例如幾乎是過去國宅政策改名而成的「合宜住宅」與「現代住宅」。「合宜住宅」為國宅政策的翻版，採出售方式，五年後就可釋出轉賣獲利；「現代住宅」類似臺北市曾推出的「地上權國宅」，以公有地設定地上權七十年供建商興建，雖然此方案土地仍掌握在政府手中，但歷來的實際案例多是民代結合當地居民向政府施壓，讓民眾可以購得產權。

合宜住宅與現代住宅完全是回到國宅政策的「所有權」邏輯，因此住盟一方面大力批評這是一種不公平且無效的住宅補貼政策，最終的結果只是入住者如同中了住宅樂透，對房價毫無撼動效果，而且失去公益性質，合宜住宅與現代住宅終究會成為房地產炒作遊戲的一部分；另一方面，住盟也繼續堅持「興辦社會住宅並補貼照顧弱勢」，同時要求透過《住宅法》將社會住宅法制化，希望遏止合宜住宅與現代住宅助長的房產炒作遊戲。

《住宅法》與「實價登錄」立法攻防

二〇一〇年社會住宅成為選舉攻防議題的同時，住宅團體開始推動新版的《住宅法》草案起草工作，特別是要調整原本行政院版「政府毫無興辦責任，民間興辦有責無權」的部分。

因住宅團體與花敬群依然維持聯繫，所以新版草案也交由花敬群執筆修改，並邀請林萬億、張金鶚、住宅團體、[35]台灣勞工陣線、民進黨政策會等，參與討論修訂，由關注社福議題的陳節如委員於二〇一〇年九月正式提案（以下簡稱此版草案為「陳節如版」）。

該版本新增「各級主管機關應設置專責機構統籌辦理住宅事務」，並明訂政府應統籌社會住宅興辦的規劃工作，同時加強弱勢住宅補貼內容、[36]「明訂政府應促使不動產交易資訊公開透明」等項目，並刪除政府「得因應社會經濟情勢之特殊需要，辦理專案住宅補貼」的後門，將住宅補貼重新收攏在《住宅法》規定中，以防再次出現如「青年安心成家方案」的額外補貼方案，以維持《整體住宅政策》整合補貼的目的。[37]

為了處理弱勢群體的居住困境，過去社福團體大多僅關注在補貼面，鮮少觸及補貼之外的住宅政策，而這時住盟提出了「健全房屋市場並抑制房價飆漲，讓一般家庭在合理負擔下能夠租屋、買屋、換屋」的訴求。由於房地產交易市場長期處在資訊不透明的狀況，使得建商與房仲能夠透過資訊不對等、虛假宣傳等手段，炒作房價，因此房價其實不是如同政府宣稱的，單純是市場供需的反映，而是有心人士藉由資訊不透明推高房價，這早已是購屋市場的癥結所在。因此住盟也主張修訂「實價登錄三法」，希望房地產的交易資訊能夠按照實際價格登錄，並公開透明。*

從二〇一一年四月開始，住盟就啟動了《住宅法》與「實價登錄」的倡議。大致而言，由於「通過住宅法，蓋社會住宅」[38]的訴求比較容易讓大眾理解，也更容易獲取媒體目光，因此住盟大多採取「公開推動住宅法，私下遊說實價登錄」的模式進行倡議。

四月十三日住盟等團體至仁愛路帝寶前進行造勢活動，[39]指出住宅補貼缺乏整體規劃與城鄉差異的考量、社會住宅推動缺少《住宅法》支持等問題，持續向政府施壓。隨後到了二〇一一年五月的「反貧困五一大遊行」，遊行的主辦團體——台灣勞工陣線也是住盟的成員之一，亦將「立即通過住宅法，社會住宅要百分之五」列為遊行訴求。

在兩次抗議造勢之間，住盟成功遊說內政委員會召委吳育昇、邱議瑩將「實價登錄三法」在四月份[40]排審完畢，並送交黨團協商，隨後立即拜會民進黨立院總召與民進黨政策會，透過「青年會在大選支持挺居住正義的政黨」，遊說民進黨支持陳節如版《住宅法》草案，以及修訂實價登錄三法。

但此時內政部的《住宅法》構想仍包含出售型的「合宜住宅」，經建會也提出了加入「現代住宅」的建議。五月四日吳育昇召開《住宅法》草案公聽會，住盟出席並強烈批評合宜住宅；到了五月十一日內政委員會時，在內政部進行的「住宅政策專題報告」中，委員們也以過去國宅經驗質疑合宜住宅與現代住宅的可行性，自此合宜住宅與現代住宅才從後續的行政院版《住宅法》草案中剔除出去。[41]

二〇一一年六月內政部推出「社會住宅短期實施方案」，預計在雙北地區五處[42]試辦基地，興辦一千六百戶左右，並確立「中央與地方合作」、「妥善規劃營運管理及社會支援系統」等原則。在「社會住宅短期實施方案」的調查階段，顯示高達八成九的民眾支持政府興建社會住宅，另有七成八的民眾接受與社區混合在一起的社會住宅，同意社會住宅蓋在住家附近。

但實際上在推動時，情況卻和調查階段大不相同。由於臺灣未有前例，一般人心目中最類似社宅概念的參照對象，是過去品質不佳與管理不善[43]的「平價住宅、整建住

＊　不動產交易資訊實價登錄必須同時修訂《平均地權條例》、《地政士法》、《不動產經紀業管理條例》的部分內容，因此並稱為「實價登錄三法」。

宅、出租國宅」。居民擔心社宅變成貧民窟造成治安問題，更擔心房價因此下跌。[44]由於種種疑慮，社會住宅預定地週邊鄰里強烈反對社宅的興建。

因此，在《住宅法》於九月由行政院提交至立法院審查後，針對弱勢比例的部分展開了激烈的爭論。陳節如版《住宅法》將社會住宅定義為「出租予經濟或社會弱勢者居住之住宅」，而行政院版則是將其限縮為「用以出租之住宅，並提供適當比例予經濟或社會弱勢者」，但並未明確標註比例。

在後續對「弱勢保障比例」的爭論中，政府刻意將住盟訴求的「社會住宅要百分之五」曲解為「社會住宅要有百分之五的戶數作為弱勢保障戶」[45]而非原意中的「社會住宅存量佔全國住宅總存量百分之五」。因此當時的內政部次長林慈玲將弱勢保障戶比例訂為百分之七，住盟則援引馬英九擔任臺北市長時期，出租國宅規定弱勢居住比例為百分之三十，故社會住宅弱勢比例不應低於百分之三十，以此作為反駁的論述。

另一方面，行政院提出的「實價登錄三法」，也因為房仲業者的抗議，[46]調整為「區段化、去識別化」的資訊揭露，意即登錄資訊在查詢時只能顯示模糊區段，而非精確的門牌號碼。*

「先求有再求好」的倡議成果與人脈策略

住盟的倡議策略，主要是透過外在聲量產生政治壓力，藉此推動政策改革。當輿論支持社會住宅，住盟就有質問政府的話語權，能夠要求政府確實投入社會住宅的興建。另一方面，如此的倡議策略也能夠一定程度獲得在野黨和民意代表的回應，並展開更密切的合作，例如民進黨於二〇一一年八月十八日公布「十年政綱住宅篇」，宣布民進黨將大量興建社會住宅，並以「全體住宅存量的百分之十」為目標，是住盟階段性目標百分之五的兩倍。

之所以民進黨的「十年政綱住宅篇」會如此進步，其原因是該篇內容也是由花敬群起草。花敬群於二〇〇二年獲民進黨臺北市長參選人李應元之邀擔任智囊，而李應元敗選後花敬群進入民進黨智庫的土地及住宅政策小組擔任顧問，後來更接任召集人並成為民進黨最重要的住宅政策設計師，[47] 因此能夠將住盟與學界的進步理念帶入民進黨黨中央的政策。[48]

＊　如「中正路五號」的交易資訊會被呈現為「中正路一至三十號」。

與此同時，住盟仍不斷舉辦相關倡議活動，在八月二十六日召開「社會住宅推動聯盟成立週年：二〇一一住宅牛肉政策大賞」記者會，評論馬政府所提出的住宅政策。九月份拜會民進黨主席蔡英文，爭取推動社會住宅政策與《住宅法》立法，隨後蔡主席協同民進黨立院三長（總召、書記長、幹事長）公布本會期的「優先法案」為住盟所提的《住宅法》與「實價登錄」，宣示政綱內容將會透過立法來加以落實。

接著住盟於十月舉辦「社會住宅國際研討會」，邀請美國、丹麥、荷蘭、德國、日本等十二位國外專家分享社會住宅興辦經驗，[49] 其中一位是美國當時「住宅與都市發展部」（United States Department of Housing and Urban Development, HUD）的助理部長珊德拉．恩里格斯（Sandra Henriquez），層級驚動外交部。來臺參與研討會的各國專家們也於會後前往拜會馬英九總統。

二〇一二年大選前夕，馬政府同時面臨多方壓力，民間有住盟積極展開倡議，幾乎每個月都有拜會、記者會、研討會等活動；在野的民進黨藉由十年政綱展現出強烈的政治競爭意識，向民眾宣告，未來民進黨會比現在的馬政府推出更完善的政策。相較之下，馬政府先前推出的眾多政策都沒有緩解民怨，房價仍然居高不下。

此時，住盟在二〇一一年十二月二日舉辦「居住正義馬上要跳票，到底誰在擋？」記者會，抨擊立院兩大黨團均未將《住宅法》與「實價登錄」排入議程，但該會期僅到十二月十三日，住盟也漸漸覺得無力回天。

在會期倒數第二天的十二月十二日早上，陳節如辦公室聯繫住盟，表示《住宅法》與「實價登錄」本屆可能通過無望，請住盟夥伴做好心理準備。然而當天中午就有消息傳出馬英九請立法院院長王金平與國民黨政策會執行長林益世至總統府溝通，下午王金平院長第一次召集協商，針對實價登錄與《住宅法》在內的居住正義五法進行協商，*並於隔日第二次協商後火速通過。

《住宅法》得來不易，過去政府沒有規劃完整的住宅政策，只是被動地在房市出現崩盤危機時出手救市，而民間要求政府擬定整體性的住宅政策，負起保障國民居住權益的責任，住宅團體自一九九九年開始倡議《住宅法》立法，經過多年的倡議，到了二〇一一年，臺灣終於有了一部《住宅法》，雖然最後通過的版本有著諸多的問題，但仍不失為一個里程碑。

* 居住正義五法分別為《不動產經紀業管理條例》、《平均地權條例》、《地政士法》、《土地徵收條例》、《住宅法》。

二〇一〇年、二〇一一年這段期間，住盟掌握高房價民怨與選舉的政治機會，深入影響中央的修法進程與地方選舉的政見走向。呂秉怡認為，居住正義五法全數通過的理由，是總統馬英九基於選舉情勢判斷後的意志選擇。面對選情不利與民進黨「十年政綱住宅篇」的挑戰，馬英九必須仔細衡量，若居住正義五法未能通過，是否會影響隔年大選的選情，並在最後時刻做出了要求國民黨立法院黨團放行通過的關鍵決定。

既然主因是選舉情勢的壓力，最後通過的版本自然也就不會完全符合住宅團體的期待。因此《住宅法》與實價登錄雖然得以通過，但當時部分重要內容均遭弱化，第一版的《住宅法》被住盟諷刺是「沒有引擎的拼裝車」，法案中除了最終社會住宅只提供百分之十的弱勢入住保障比例外，也拒絕納入中央主管機關在興辦社會住宅所應主動肩負之相關權責規範，所有興辦社宅的責任都被扔給了地方政府，也缺乏財務與土地資源的相關規範。[50]

另外，在張慶忠、劉盛良、侯彩鳳等立委對「資訊透明化」的堅決反對下，實價登錄被要求應按照內政部規劃的「區段化、去識別化」進行，更無法即時揭露預售屋的成交價格。[51]在最後兩次協商中，實價登錄也被王金平加入了「不得作為課稅依據」的但書。

儘管如此在條文上有諸多缺陷，這些法規的通過仍有兩個重要意義。首先這是自一九八九住宅運動開展以來，首次達成住宅政策上的立法改革，[52]亦為後續改革鋪開了道路。其次是對住宅運動而言，社會住宅成功入法並成為住宅政策的一環，代表了自一九九九年無殼蝸牛聯盟以來（並被住盟承繼的）的「居住權」論述，終於明文入法。

二〇一四，巢運發動

二〇一二年的總統大選，國民黨順利保住政權，但即便通過了奢侈稅與「居住正義五法」，臺灣的房價仍然持續上漲，而新內閣的作為也讓住盟十分失望，對弱勢族群的居住權益保障依然不足，稅制改革也沒有實質進展。

首先，租金補貼對弱勢群體的保障仍嚴重不足。此時的租金補貼為全國均一價三千六百元的齊頭式補貼，完全不考慮受補貼者的經濟能力及居住地區的差異。諸如獨居老人、身心障礙者等弱勢族群容易受租屋歧視，難以找到租屋，因此租金補貼無法真正解決他們的居住問題。此外，若要申請租金補貼又會使房東租屋事實曝光、增加房東的稅負，所以弱勢族群也不敢申請租金補貼，擔心受到房東驅離，在租約結束後房東不再續租。在層層障礙之下，造成弱勢群體實際上難以申請租金補貼。

至於稅制改革，在馬政府第一任期，吳敦義內閣的財政部長李述德曾明確表示：「沒有調整房屋稅與地價稅的計畫，也沒有修法打算」。然而到了二〇一二年總統大選後內閣改組，劉憶如擔任新內閣財政部部長，基於「公平正義、量能課稅」的理念，她試圖積極推動證券交易所得稅，並且認為房地產實價登錄實施後，接下來的目標就是實價課稅，因此預計推動房地產實價課稅，同時讓奢侈稅退場。

新任財政部長劉憶如不同於過往馬政府迴避稅制改革的態度，但是為了推動證券交易所得稅而遭遇朝野巨大反彈，劉憶如提出的財政部版證所稅方案隨後被國民黨立院黨團技術性封殺，因不滿黨團的作為，劉憶如決定辭去財政部部長一職，任期僅一百一十四天，成為史上任期最短的財政部長。也因此房地產實價課稅的稅制改革由於劉憶如下臺而隨之中止。

接任財政部長的張盛和又回到馬政府迴避稅制改革的立場。面對地方政府財政窘困的問題，因地價稅與房屋稅屬於地方稅，可以藉由調高地價稅與房屋稅增加地方政府的財政收入，臺灣的房地產持有稅率偏低，有調漲的空間，然而張盛和竟說「臺灣人低稅幸福不對嗎？」[53]反倒鼓勵財政窘困的地方政府「活化資產」，他研擬將臺北市和新北市五百坪以下國有地解禁，釋出標售，所以實質上就是「變賣求現」。

因此二〇一二年與二〇一三年住盟仍舊不斷進行抗議。住盟除了認為臺灣房地產稅制改革遙遙無期外，對於第一版《住宅法》之中僅撥出百分之十的弱勢保障比例也有所不滿，因此持續拜會部會首長、民意代表。首先住盟拜訪內政部長李鴻源，後來又聯合十餘名立委召開「社會住宅立院連線會議」，討論社會住宅與實價登錄議題，要求重新修法。二〇一二年五月鄭麗君、邱志偉等立委提出《住宅法》修正草案，要求將社會住宅弱勢保障比例提升至百分之三十。

至於社會住宅的實際興建情況，在雙北啟動初期問題重重，住盟需要持續與地方政府協商諸如弱勢比例、租金設算、興辦方式等細部問題，例如與臺北市討論將安康平宅改建為社會住宅，也順利在此社宅個案將其弱勢比例保障調整至百分之三十。[54]另一方面，也有採取抗議手段施壓的時候，例如抗議新北市以建商邏輯興辦ＢＯＴ社宅等。[55]整體來說，雖然在社會住宅的操作層面上頗有進展，但隨著大選政治機會消退，在法規層面上均未能有所突破。

二〇一四年是無殼蝸牛運動二十五週年，且年底又將舉行縣市長選舉。雖然二〇一一年取得了立法與修法的成果，但仍有許多未解的居住困境，因此住盟計畫該年度的倡議活動，希望回應當前的困境，而在三月初時考慮了多種成本較低的活動，例如「騎單車豪宅小確幸之旅」、「蝸牛抗議高房價之快閃行動」等等。

但不久，就在三月十八日，太陽花學運爆發了。社會運動風起雲湧，將臺灣帶向了一個社運的新階段。因此住盟決定趁勢擴大行動規模，仿效一九八九年的無殼蝸牛運動，號召群眾重上街頭。

巢運集結「滅金權」：居住問題總檢討

五月初，巢運正式啟動。

過去一九八九、一九九〇年的無住屋者團結組織與一九九九無殼蝸牛聯盟的集結、遊行地點都是忠孝東路。二〇一四年住盟規劃的行動之中，也曾考慮是否要重返忠孝東路，但當時仁愛路的房價已經超越忠孝東路，且忠孝東路已經轉變為商業區，住宅意象較不明顯，加上二〇一一年住盟參與「反貧困大遊行」時，路線規劃有經過帝寶停留抗議，因此最後選擇了當時臺北市房價最高的仁愛路作為二〇一四年巢運的起點，形式上仿效一九八九年的夜宿行動。為了進一步擴大結盟，住宅團體放棄再用「無殼蝸牛聯盟」的名義出場，並思索新的聯盟名稱。由於「巢」，容易連結「安居」的概念，在文宣上也容易發揮聯想與包裝，且諧音同「潮」，基於希望吸引年輕人參與，故最後行動命名為「巢運」。

巢運是住盟計畫的年度重點行動，因此投入許多心力籌備。二〇一四年五月初正式啟動，六月即確立訴求並開始進行連繫，串聯起許多關注不同議題的ＮＧＯ、社運團體、學界共同發起運動，[56]以「巢運團體」為名，「滅金權、爭公平」作為巢運

二〇一四年的巢運口號「滅金權、爭公平」，指出政商金權才是居住不正義的根源。（圖／崔媽媽基金會提供）

主要口號。

這個口號也象徵了住宅運動從無殼蝸牛時期來到巢運期間，論述產生了新的整合與變化，雖然住宅的商品化乃至於金融化在一九八九年前就已經出現，但在前一次大規模住宅運動的一九九九年時，主要訴求是希望政府規劃完整的住宅政策，負起照顧國民居住權益的責任，當時的運動目標是要刺激僵化的官僚，並修補失靈的制度。而此時巢運提出「滅金權、爭公平」的口號，是臺灣住宅運動首次將居住問題的沉痾指向「政商金權」，認為正是政商勾結的土地金權體制，與這個體制對臺灣社會灌輸的虛假意識形態，宰制了臺灣的居住文化，且以「住宅是商品」、「市場萬能論」一類的想法將居住人權窄化為財產權。

其中最典型的代表人物之一，就是曾任營建署署長的葉世文，[57] 他在二〇一二年的「房產投資高峰論壇」以署長身分公開宣稱：「投資股市九成虧本，未來十年房產仍是投資最佳選項」、「二〇一六年以前房地產不實價課稅」。署長的發言戳破政府過去將「保護房市」作為經濟發展必要的論述，撕開這層虛假的表皮，赤裸裸地鼓勵大眾以住宅當作商品來投資。[58]

主張「滅金權、爭公平」的巢運開始對土地議題提出訴求。自二〇〇二年政府成立「國家資產委員會」，要求公家機關與國營企業繳回公有地以來，政府累計賣出了上千公頃的公地，這些公地成為建商財團炒作的目標。[59]大量的市地重劃、區段徵收、都市更新、公有土地活化等政策，除了炒高房價，也造成許多強拆迫遷的爭議。

二〇一四年八月二十六日無殼蝸牛二十五週年當天，巢運團體舉辦「巢運啟動記者會」，由OURs秘書長彭揚凱擔任巢運發言人，由各團體代表共同提出巢運五大訴求，並正式宣告十月四日將舉辦萬人夜宿仁愛路活動。

保障「居住權」是巢運五大訴求的主軸，五大訴求分別是「居住人權入憲，終結強拆迫遷」、「改革房產稅制，杜絕投機炒作」、「檢討公地法令，停建合宜住宅」、「廣建社宅達百分之五，成立住宅法人」、「擴大租屋市場，制訂租賃專法」。

從「改革房產稅制」、「擴大租屋市場」、「廣建社宅」這三項訴求之中，可以看到住宅運動路線的修正，從最初一九八九年無殼蝸牛運動、一九九九年無殼蝸牛聯盟抗議高房價，到二〇一〇年的社會住宅運動，至二〇一四年時已將居住權作為明確的目標。而偏向土地議題的「居住人權入憲，終結強拆迫遷」與「檢討公地法令，停建合宜住宅」，則是要求政府應保障人民的居住權，拒絕公有土地淪為炒作的商品。

雖然內政部營建署隨即發表新聞稿回應「會持續傾聽民間團體提出的各項訴

營建署未正面回應巢運提出的五大訴求，選擇維護對建商有利的相關政策，因此巢運團體於二〇一四年九月四日，至營建署召開「全民打臉，營建署改名建商署」戶外記者會。　　（圖／崔媽媽基金會提供）

求」，但其答非所問的逃避態度引發巢運團體發文駁斥，*並於九月四日與反迫遷團體前往內政部營建署抗議，控訴營建署才是迫遷的最大幫兇，[60]將其招牌改為「建商署」。

包含啟動記者會本身，巢運團體在八月二十六日至十月四日短短一個多月的時間，便舉辦了十四場記者會以及陳抗行動，同時也在這一連串的行動之中，巢運向臺灣社會說明了不同的居住問題面向。

九月十日，巢運與老人福利推動聯盟召開記者會，批評雙北社宅申請年齡為二十至四十五歲，直接將年長者排拒在外，老人居住權遭到漠視；九月十一日巢運與公平稅改聯盟等團體至財政部前抗議房產利得稅改方案，要求累進課稅並納入預售屋與農地買賣等條款；九月十二日巢運至新北市政府抗議朱立倫以ＢＯＴ模式灌水社宅興辦戶數；

* 營建署的回應主要是重申其既有的住宅政策，並未回應「居住人權入憲」、「推動稅制改革」兩大訴求，僅強調其作半套的實價登錄制度；針對「檢討公地法令，停建合宜住宅」營建署僅承諾合宜住宅不再興建，對前者亦無回應；「發展租賃市場」則重申推動租屋服務平台，但被巢運指出一年來全國僅媒合十四件，而關於社會住宅則回應「未來十年預計將有社會住宅三萬四千戶」，且只有一萬五千戶是中央承諾，但營建署所調查的社宅需求有三十二萬戶，被巢運譏為「從清嘉慶年間開始蓋才蓋的出來」。

九月二十六日巢運與身障團體至行政院前抗議障礙者居住問題，要求建立弱勢群體合理的租金補貼制度等。

與此同時，巢運也檢視政黨與政治人物對居住正義改革的立場，巢運於九月十六日公布持有房地產筆數排名前十的立法委員，[61]邀請民眾共同監督「炒房立委」；九月二十三日在臺北賓館，請「馬總統回娘家，簽署五大訴求承諾書」[62]；九月二十四日至民進黨黨部，譴責民進黨指派薛凌（上述十大房產立委排名第二）出任財政委員會召委，並同時邀請蔡英文簽署五大訴求承諾書。

面對阻擋房市改革相關政策的建商，巢運也在九月三十日至遠雄金融中心大門前，點名長期阻擋改革的建商代表賴正鎰、趙藤雄、吳寶田，[63]為他們送出「光明燈」，苦勸建商「炒海無涯，回頭是岸」。

在巢運如火如荼開展抗爭行動的同時，開始有政治人物回應巢運的訴求。九月三十日，距離巢運夜宿活動還剩四天時，臺北市長郝龍斌表示巢運的「居住正義」與他的立場一致，並提出「臺北市健全房市行動綱領」。

時間終於來到夜宿仁愛路的十月四日，白天的活動共有約兩萬人參與，入夜後，有近兩百頂帳篷，上千位民眾夜宿在仁愛路及林蔭道上，臺中也有公民團體夜宿臺中市長胡志強官邸對面的夏綠地公園，響應臺北的巢運。

在十月四日那一天，即將投入年底市長選戰造成的新北市長參選人游錫堃、臺北市長參選人柯文哲到場參與表示支持。柯文哲在現場喊出「四年兩萬戶、八年五萬戶」的政治支票。臺中市長參選人林佳龍、桃園市長參選人鄭文燦也分別承諾會在四年任內推動一萬戶與兩萬戶的社會住宅。因此在第一版《住宅法》欠缺中央興辦責任的狀況下，社會住宅是由地方首長率先進行承諾推動的，直到二〇一六年才成為中央重要政策。

選前萌芽的房地合一稅改革

面對巢運的訴求，內政部長陳威仁於夜宿前夕表示「巢運團體的主張和目前既定政策方向大致相符，沒有太大歧異」，宣告內政部的方向也是廣興社會住宅、擴大租金補貼。然而陳威仁認為雙北空屋率已高達百分之五至百分之七，因此不同意社會住宅數量提升至占全國住宅總量百分之五的主張。巢運則回應指出目前既定政策的荒謬不實，在二〇一五年住宅預算中，社宅興辦預算只夠興建四百五十戶，[64]此外，租金補貼僅佔住宅補貼預算的四分之一，其他四分之三都用於購屋貸款利息補貼，質疑陳威仁竟認為這樣的預算分配是「和巢運團體的主張和目標大致相符」，實在難以理解。

馬英九也在夜宿四天後正面回應巢運團體，並提出對應的「五大承諾」，宣稱與巢運團體訴求的政策方向一致。[65]由於其內容避重就輕且多有模糊，如「居住人權入憲」變成「尊重居住人權」、「制定租賃專法」變成「研議租賃專法」等，被巢運團體稱為「山寨版原則」。

但馬英九的五大承諾中唯有一點相對明確，就是承諾「財政部將儘快提出房地合一、實價課稅方案」。馬英九之所以敢於承諾這點，是因為這個方案已進入研討階段。自二〇一二年實價登錄通過之後，不動產交易完成，地政士（即一般所稱的土地代書）必須向地政機關登錄成交價格，所以政府已經能夠逐漸掌握房地產實際交易價格，因此何時開始進行「實價課稅」的議題就不斷被提出討論。此時政府正處在奢侈稅無法發揮抑制房價作用的窘境，財政部長張盛和遂在二〇一四年四月初提出了「將奢侈稅轉型為房地合一稅」的構想。同月二十二日臺北市副市長張金鶚拜訪財政部長張盛和被稱為「雙張會」，*也達成了五項共識，其中便有「推動房地合一實質課稅」。

但此時「房地合一實質課稅」的具體內涵尚不明確，外界猜想既然政府已經掌握房地產實際價格，是否同時要以實價課徵房產持有稅以及房產交易稅？為免除外界揣測造成社會不安，七月行政院長江宜樺要求財政部於年底前提出相關修法草案，指示「先行處理不動產交易稅」，才將房地合一稅定調為「交易稅」，因此財政部於七月二十四日與八月十九日舉辦的「不動產稅改座談會」，均只討論「不動產交易稅」而略過持有稅。

巢運對這樣的稅改方案當然不滿意，認為只改革「不動產交易稅」而未改革「不動產持有稅」，將如同奢侈稅一樣造成囤房囤地者更不願意釋出房產的「價漲量縮」效果。但即便只是「交易稅」的房市合一稅改革，也已經是臺灣住宅政策史上的創舉。（本書第二章討論到九〇年代李登輝總統、郝柏村行政院長任內的「二次土改」，就是土地按照交易實價課稅，但當時遭遇巨大的改革阻力，最後使得財政部長王建煊黯然下臺，改革也宣告中斷。）

---

* 「雙張會」乃是張金鶚希望提高持有稅，讓房地產以住宅使用為主，但牽涉到中央對於「自用住宅」認定與稅率上限規範，因此主動邀約張盛和。最後考量改革難度與衝擊，雙方達成「自用住宅戶數標準應以三戶為限」、「非自住稅率上限提高至百分之三・六」等共識，並由財政部提案於六月經立法院三讀通過，也就是目前「地方政府囤房稅」的法源基礎。

之所以能夠在這個時間點重啟「房地合一實價課徵不動產所得稅」的討論，主因是二〇一四年高房價民怨已到了影響選情的地步，且房地合一稅是從奢侈稅轉型而來，市場已有心理準備。持有稅改革的波及面較廣，會影響到廣大擁有住宅的人，確實改革難度較高，而先前「雙張會」也已經討論要調整房屋稅，分為自用住宅與非自住房屋，採差別稅率方式課稅，對非自住房屋將採更高的稅率，因此巢運團體也接受先以「交易稅」作為階段性改革目標，後續巢運團體與政府的討論便集中在如何制訂相對完善的交易稅制。

然而財政部在八月十九日座談會後端出的方案，關鍵的「累進稅率」[66]尚待討論，並且有「自用住宅一屋售價三千萬內免課」、預售屋、農地買賣被排除等問題，被巢運批評為「半套稅改、漏洞大開」。

稅制改革上的攻防戰

在服貿條例、太陽花學運，以及再次活躍的各種社會運動，多重因素影響下，二〇一四年縣市長選舉國民黨大敗，六都當中國民黨僅拿下新北市，行政院長江宜樺請辭獲准。面對大選結果所反映的民意，與建商團體的批評，財政部十二月九日赴立法院財政委員會，進行房地合一稅規劃的專案報告，報告中將房地合一稅的稅率與級距比照綜合所得稅，[67]並搭配一定條件下可免徵、且持有二年以上可逐年減徵[68]等規劃。賴士葆、吳秉叡等立委認為稅率過重應當修正，張盛和也表示「將聆聽選後新民意」，並試圖調整課稅方案。

巢運團體也在夜宿活動結束後挾運動餘勢加強追蹤稅改議題，在十二月六日召開不動產稅制改革論壇，隨後舉辦「別讓不動產稅改傷心」講座，提出「房地合一稅不應有任何免稅規定」、「稅率宜介於百分之十五至四十之間」、「無論自然人或法人，均應以相同稅制與稅率標準課稅」、「預售屋與非實際農用之農地農舍應納入房地合一稅」等原則。

在二〇一四年選前的社會氛圍下，建商面對改革聲浪多保持沉默，選擇避其鋒芒，但房地合一稅雖然打擊的是短期炒作的投資客而非建商，投資客卻是建商售屋時的「優質客戶」，因此在選後進入修法階段時，建商自然要為投資客發聲。因此二〇一五年一月九日，不動產仲介公會全聯會理事長林正雄、建商公會全聯會理事長吳寶田聯抉拜訪行政院長毛治國、財政部長張盛和及內政部長陳威仁，希望將房地合一稅「放寬」。

法案總在通過前的最後一刻轉向，因此巢運團體不敢鬆懈，也在一月二十八日拜訪財政部長張盛和，除了重申「預售屋應納入」、「不應有免稅規定」、「法人與自然人等同課稅」等訴求，也提出兩種房地合一稅的設計建言，第一種是按照財政部比照綜合所得稅累進稅率的基礎，建議「對長期給予稅率優惠之年限認定不應過短；對持有期間低於兩年者加重課稅」；第二種是若改以持有時間設定累進稅率，則「應以十年做為長期持有之界線。持有十年以上者給予優惠稅率；持有二至十年者採一般稅率；持有未滿二年者應加重稅率」。

但巢運團體拜訪張盛和的隔天，財政部大幅削減「房地合一稅方案」的強度。首先將最重要的累進稅率（以出售價格或持有時間計算）改為課徵單一稅率百分之十七，出售價格低於兩千萬元可有條件免徵，[69]持有二年以上可開始減徵，[70]適用對象限縮為新法實施前五年內交易的房地產（稱為日出條款）。

被財政部大幅閹割後的房地合一稅，甚至比奢侈稅還不如。*巢運立即發表聲明，痛批這個版本是「最爛版本」，也是為建商財團量身打造的版本，是馬政府向建商投降的稅改方案。隨即於二月十一日舉辦「行政院版房地合一是無恥政府的下流改革」記者會，呼籲民進黨蔡英文主席應對此重大民生議題積極表態，否則與國民黨只是一丘之貉。

面對執政黨開立的政策支票有再度跳票的可能，巢運開始積極尋求反對黨的支持。在三月到四月之間巢運成員參與了五次民進黨智庫會議，討論不動產稅制改革與社會住宅，花敬群也在三月四日的會議上積極表示「不動產稅制改革成功的好處是下任執政黨所享用」、「社會對改革的期盼很高，這是民進黨應該勇敢接受的任務與責任」。

馬政府再度遭遇民間與在野黨的壓力，後來巢運得知行政院對財政部削弱版的房地合一稅有所遲疑，而遲遲不願將草案修改後送交立法院審查。若五月二十二日之前草案未送交立法院，房地合一稅將無望在此會期通過。

因此巢運在五月十三日於民進黨中常會時拜訪蔡英文主席，並在拜會結束後於民進黨中央黨部門口召開記者會，呼籲民進黨善盡最大在野黨職責，做出積極的表態與行

＊　假設一年內交易總價三千萬元的房屋，實賺五百萬，依奢侈稅需繳稅四百五十萬元（三千萬的百分之十五），但依財政部新版房地合一稅本只需繳稅八十五萬元（五百萬的百分之十七）。

動。有趣的是，當巢運一早步入民進黨中央黨部時，民進黨黨部幕僚便遞給巢運一份新聞稿，內容是「國民黨今天決定將房地合一稅送案審查」，可見巢運拜訪民進黨所形成的隱然聯手之勢，對國民黨造成一定的壓力。

最終行政院於五月二十一日將房地合一稅草案送交立法院審議，巢運也舉辦監督記者會，隨後拜會兩黨委員尋求支持，請立委勿阻擋該案，[*]後來終於在六月五日順利通過。

二〇一五年通過的房地合一稅，於二〇一六年正式上路，此後房產交易，將對房屋、土地出售所產生的實際收益一併課稅，並對「短期交易」課以重稅，持有一年內出售者，針對獲利課徵百分之四十五的稅；持有逾一年、未滿兩年，課徵百分之三十五。

然而此時通過的房地合一稅仍有著「日出條款」、「四百萬的免稅額度」、「預售屋不納入」、「法人未比照個人課稅」等漏洞，但巢運經歷這番波折，對這個結果已勉強可以接受。

然而就在房地合一稅改之後，政府推動住宅改革的動力立刻大大降低，而建商與投機客則將去年開始的交易量縮趨勢，歸咎於稅改，政府亦配合演出。政府一方面宣稱任內不會再推動重大稅改，另一方面央行與金管會更相繼在八月十三日、八月二十日放寬貸款成數和壽險業投資房地產等措施，這些措施均嚴重背離房產稅制改革的精神，並為後續的持有稅制改革帶來不利條件。

二〇一五下半年，甫完成推動房地合一稅的巢運開始大力推動持有稅制改革。由於目前地價稅（土地持有稅）不是按照土地真實價值作為課稅依據，而是按照遠低於市價的公告地價，使得實際擁有大量土地者被課徵的地價稅微不足道。因此巢運團體要求各地方政府調高公告地價，雖然二〇一六年全國公告地價平均大幅調漲百分之三十，但諸如「地價評定回歸專業與獨立化」**、「中央政府應積極監督各地方的財政紀律」等制度性改革皆無進展。

---

* 由於會期剩餘時間不多，反對的立委可以透過許多方式拖延審查。例如要求復議（認為議案有錯誤或不當之情形，要求再審議）、召委是否願意排審等，進入委員會審議後也可能面對冗長發言、逐條討論、保留多數法條、提出各種修正動議等杯葛方式。

** 目前地價評議委員會之組織規則規定，評議委員應有地方民意機關之代表及其他公正人士參加。其中「公正人士」包括不動產經紀業公會、建築開發商業同業公會、農會等代表。所以地價評議委員會基本上是由民意代表及利益團體組成。二〇二二年四月，行政院提出《平均地權條例》修法草案，OURs也積極倡議將民意代表與「公正人士」改為回歸「專家學者」，以落實審議專業化，並要求委員會組成名單及審議會議紀錄應上網公開。

分進合擊的政治結盟與居住問題分析架構確立

巢運推動了各地方政府承諾興建社會住宅，也促使房地合一稅通過，首次達成了相對完善的市場面改革。之所以能夠順利推動，除了因為二〇一四年的社運風潮與高房價民怨外，在政治關係上巢運與當時的民進黨形成了類似「分進合擊」的關係，才壓制了政商金權階級的反動。

雖然巢運是民間獨立運作的團體，並未拿取民進黨資源，但由於當時民進黨是最主要在野黨，且願意接受民間團體政策建議，因此巢運團體在論述上透過智庫與民進黨建立了緊密的聯繫。透過花敬群的牽線，彭揚凱與呂秉怡當時都參與了民進黨智庫的住宅政策討論。

而另一方面，國民黨作為執政黨，在政策面採取守勢，難以接受民間的訴求，而且一直存在聯繫問題，難以與之交流。

回顧當時的政治條件，自然會產生聯合民進黨，共同推進運動訴求的選擇，碰到馬政府不願回應巢運團體的訴求積極推動房地合一稅的時候，巢運也不吝於「傳球」給民進黨，藉由反對黨的力量對執政黨施加政治壓力。

另外，雖然二〇一〇年彭揚凱就提出「社會住宅是住宅政策重要且不可缺的一環，但不是住宅問題的所有答案」，但當時尚未提出完整的居住問題分析架構，而在巢運時期，OURs已經正式將住宅結構具體區分為「購屋市場」、「租屋市場」、「社會住宅」（可負擔住宅體系）三大類別，這三大類別彼此連動，需三管齊下同時改革，並將此論述結構沿用至今。

政策倡議路線的確立與侷限

無殼蝸牛運動分化出來的OURs都市改革組織與崔媽媽基金會，由於受限於自身組織經營與路線問題，在二〇〇八年之前皆未實質投入住宅政策的改革倡議，僅參與特定事件的抗爭與動員。與此同時，長久

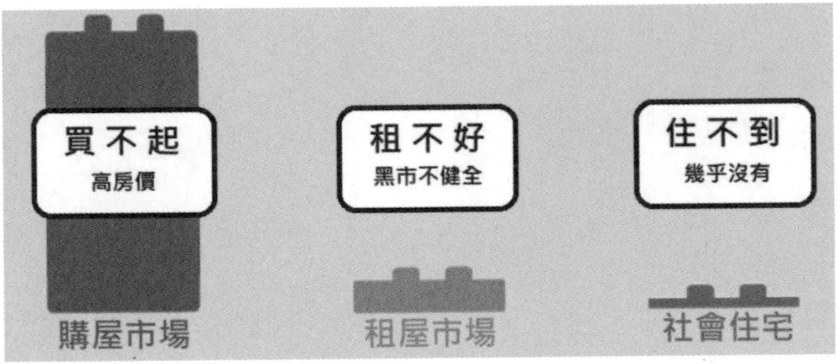

臺灣住宅問題的三大結構

以來與民進黨相對親近的社福界偶然將社福需求注入住宅政策，創造了社會住宅入法的契機，也促成住盟的成立。

二〇一〇年住盟成立不只標示了住宅團體與社福團體的結盟、確立了住宅政策倡議成為OURs的主要路線，也意味著住宅運動正式走上倡議的道路。其中包含了以下原因：經過政黨輪替後，臺灣的政治結構已相對鬆動，兩黨競爭的局面，使得朝野願意回應社運團體所反應的民意，因而產生許多政治機會。此外，媒體的政治立場逐漸多元，社群媒體也愈加成熟，提供社運團體更多的發聲管道，如此能夠更加快速地形成輿論，將議題「問題化」，產生社會動員的力量。

另外，住宅團體經歷了多年的經營，逐漸熟悉國家機器運作的邏輯，並且愈加重視政策的攻防。多年累積的人脈，成為可運用的結盟資源。在組織運作層面，核心幹部培養出堅定的信任關係，也籌組了穩定運作的秘書處。

住盟結合了社福體系的力量，並且與國會政治網絡合作，掌握政治機會，採取先易後難的政策倡議路線，推動諸如《住宅法》、實價登錄制度等立法層級的改革，在二〇一一年獲得成果，隨後發起巢運，抓緊奢侈稅的退場時機，趁勢捲動改革深水區的房地合一稅，也順利推動法案過關。即使巢運夜宿的人數遠少於無殼蝸牛運動的現場人數，但因為組織方向已然確立，反而更能夠將力道導向制度面改革。

雖然在二〇一一年行政院核定「社會住宅短期實施方案」並計畫興建五處社會住宅，但即便是《住宅法》立法後，社會住宅的地位亦尚未穩固，二〇一三年十二月甚至有委員仍提案要求修正《住宅法》，企圖讓合宜住宅捲土重來。加上第一版《住宅法》高度仰賴地方政府自行興辦，因此直到巢運時期，各地方政府首長承諾興辦社會住宅，社會住宅路線才穩固下來，使得社會住宅「只租不賣」的內在核心，實踐在臺灣社會，象徵「居住權」真正在制度上有了一席之地。

但這樣的倡議路線極度依賴住宅團體自身無法掌握的外部條件，住宅團體不僅要具備政策論述能力並掌握造勢節奏外，還需要社會當下存在高房價的民怨，且政壇中有個積極競爭政權的在野黨，同時這個在野黨願意接受民間訴求，滿足以上種種條件，住宅團體才有機會在縫隙中取得成果。

下一章將討論二〇一六年民進黨再度執政後，住宅團體的倡議路線是否能夠持續，以及侷限性為何。

住宅團體與行動小事典

無殼蝸牛運動？無殼蝸牛聯盟？巢運？到底誰是誰？

本書行文至此，已經出現了許多住宅團體或聯盟，如「無住屋者團結組織」、「OURs都市改革組織」、「崔媽媽基金會」、「無殼蝸牛聯盟」、「社會住宅推動聯盟」、「巢運」等，其中又混雜著行動名稱如「無殼蝸牛運動」、「二代蝸」等，為避免讀者混淆，有必要在此交代這些團體與行動之間的關係。

一、**有正式立案的團體**：「無住屋者團結組織」、「OURs都市改革組織」、「崔媽媽基金會」是有正式立案的團體。其中「無住屋者團結組織」在一九九〇年無殼蝸牛運動重返忠孝東路後，即無實質運作。*後起的「OURs都市改革組織」、「崔媽媽基金會」則持續運作中，亦即本書所指稱的「住宅團體」。

二、**聯盟組織**：「無殼蝸牛聯盟」、「社會住宅推動聯盟」、「巢運」均屬此類，性質為「含括多個團體」的聯盟。

在同一個聯盟名稱之下，不同時期，有可能容納著不同的加盟團體，甚至實際運作情況都有可能不同。聯盟組織大致上又可分成兩類：

1. 為了發起運動而臨時組建的聯盟：由於聯盟成立的目標是發起與集結，因此聯盟的實際運作多半較為短暫且容易解散。例如一九九九年的「無殼蝸牛聯盟」除了住宅團體外，也包含許多婦女、工運、環保等團體參與運作，但是到了二〇一〇年，「無殼蝸牛聯盟」實質上就只剩下住宅團體了。二〇一四年的「巢運」也是同理，在二〇一四年十月四日仁愛路夜宿行動結束後至二〇一五年底，除了住宅團體以外的發起團體也逐步淡出運作。

但由於這類聯盟是以運動作為主要目標，因此更容易被社會熟知，所以即

＊此處與以下的「實質運作」均定義為：週期性召開會議，以及每年擬定運作目標並且實行。

便聯盟已無實質運作，但「聯盟名號」在住宅團體的後續倡議中也會持續使用，例如在面對稅制改革或是較具衝突性的政策議題時，住宅團體仍然會使用「巢運」名義發送新聞稿，以巢運之名進行宣傳工作。

2.為了進行長期倡議而組建的聯盟：二〇一〇年組成的「社會住宅推動聯盟」（住盟）便屬此類，直至目前仍有實質聯繫與例會討論。但在例會與共同行動以外的時間，日常有關社會住宅的倡議仍由住宅團體主導並使用聯盟名稱。

三、**行動名稱**：為上述團體或聯盟所發起的社會運動名稱。如一九八九、一九九〇年的「無殼蝸牛運動」為無住屋者團結組織發起；一九九九年的「二代蝸」為「無殼蝸牛聯盟」發起。

其中廣義的行動名稱指涉「整個社會運動期間的所有行動」，例如「無殼蝸牛運動」廣義上可包含諸如一九八九年的「八二六萬人夜宿忠孝東路」、「九二八百對無屋佳偶街頭婚禮」等；「二代蝸」可含括一九九九年的「無殼蝸牛天纏功」、「八二七非萬人夜宿忠孝東路活動」等。

而狹義的運動名稱則指涉「最具代表性的某次行動」，例如「八二六萬人夜宿忠孝東路」往往被認定為「無殼蝸牛運動」本身。

四、混合模式：如「巢運」是聯盟組織，但也同時是行動名稱（且多半僅被狹義專指二〇一四年十月四日仁愛路夜宿行動）。

總結而言，實質上長期運作的「住宅團體」在本書中專指「OURs都市改革組織」、「崔媽媽基金會」；而長期運作的聯盟僅有「社會住宅推動聯盟」（住盟）。為了發起運動而臨時組建的聯盟多半無法存在超過兩年，後續即使再次出現，也往往與聯盟早先維持實質運作的時期相差甚大，多半僅以「聯盟名號」存在。

住宅團體或住盟之所以繼續使用未運作的聯盟名號，除了該名號已被社會熟知方便擴散宣傳外，也是為了透過名號所賦予的象徵表明立場，亦或是因為某個議題橫跨不同團體，因此臨時啟用該聯盟名號。

第五章

民進黨二次執政：改革的美麗與哀愁

chapter 05

住宅團體在二〇一〇至二〇一五年的政策倡議中，與民進黨建立了相對緊密的合作關係，住宅團體的論述也大量融入了民進黨總統候選人蔡英文的住宅政策「安居三策」中，此三策分別為「強化房市治理」、「安心居住政策」、「振興房市產業」。二〇一六年，民進黨重回執政，住宅團體的論述也隨著安居三策進入到中央層級。此外，巢運重要參與成員花敬群也在選後入閣擔任內政部次長。整體看來，新的執政黨與住宅團體已經有了合作經驗，同時「有理想的人進入了有理想的政府」，看似未來是一片坦途，應該能夠順利推動居住政策的改革吧。

然而當民進黨從「在野黨／夥伴」成為執政黨後，檯面上已經不存在具政治挑戰性的在野黨。而民進黨上台後，與住宅團體的關係也逐漸發生變化。

本章討論民進黨二次執政時期的住宅運動。當住宅團體的昔日盟友變成執政黨，若是要推動的住宅政策，對雙方而言目標一致，又不得罪既得利益者，過程會比過去更加順利。但如果要推動的法案會對既得利益者造成衝擊，在沒有合格反對黨的情況下，住宅團體就會陷入比起國民黨執政時期更加孤立無援的處境。

為什麼在民進黨執政時期，住宅運動反而難以向改革深水區推進？本章將深入探討這個問題。

二〇一六大選前後，打開的住宅議題窗口

上一章提及，OURs已經將臺灣的居住困境定位為三大結構問題：「購屋市場」買不起、「租屋市場」租不好、「社會住宅」（可負擔的住宅體系）住不到。為解決上述三大問題，巢運團體也在二〇一五年十月初的世界人居日召開記者會，於選前提出〈二〇一六～二〇一九居住政策改革綱領〉，並發表五大改革訴求，提出應優先改革的政策及法令，據此拜訪各總統候選人，並做為未來四年民間行動倡議的基本方針。

巢運團體〈二〇一六～二〇一九居住政策改革綱領〉

在〈二〇一六～二〇一九居住政策改革綱領〉之中，巢運團體先針對馬英九政府八年的執政成果提出批評，認為馬政府將居住價值矮化為購屋，並放任房地產投機炒作，不僅迴避健全市場的責任，甚至主動扮演扭曲住宅市場的幫兇；與此同時，馬政府也嚴重忽視租屋市場，形同逼迫人民購屋，無視人民基本居住權的保障。

巢運團體認為政府必須回應當前臺灣「買不起」、「租不好」、「住不到」三大

問題，因此政府在住宅政策應擔負的核心任務為：

一、健全購屋市場與租屋市場，避免民眾居住權益因市場失靈受到損害。

二、針對市場負擔能力不足的社經弱勢族群，以多元方式提供住宅補貼與配套福利協助。

巢運團體所提出的政府兩大核心任務，將「市場面改革」[*]與「補貼面改革」分開，使得訴求更為清晰。對購屋和租屋者應優先健全市場，做長期的制度性改革，而不要以短期補貼迴避更深層的問題。對買不起、租不起的社經弱勢族群，才是應該給予補貼和配套措施。比較巢運團體在二〇一四年提出的訴求，[1]此時在二〇一五年提出的五大改革訴求有些許調整，分別為：「保障居住人權與福祉」、「完善資訊與市場管理」、「改革房地產持有稅制」、「發展租屋供給與法令」、「健全行政組織與財源」。

首先，巢運在此版本中以「保障居住人權與福祉」作為「補貼面改革」與保障基本居住權的主要內容，整併了二〇一四年原有的三項訴求，分別是「居住人權入憲，終結強拆迫遷」、「廣建社宅達百分之五，成立住宅法人」、「檢討公地法令，停建合宜住宅」。[2]「保障居住人權與福祉」這項訴求，要求《住宅法》修法以健全社會住宅興辦機制，落實住宅補貼弱勢優先與可負擔原則，並全面檢討涉及民眾迫遷的法令。

至於「市場面改革」的部分，由於租屋議題在巢運時期並未有所推進，因此同樣要求政府「發展租屋供給與法令」，與二〇一四年的訴求差異不大，[3]主要仍是以增加供給面、[4]健全市場規範保障[5]為主。並為了改善租屋市場規模過小的問題，將「獎勵扶植租賃產業」新增至訴求細項。[6]

在購屋議題上，原有的「改革房產稅制，杜絕投機炒作」由於房地合一稅已經通過，因此巢運團體改為聚焦「持有房地產稅制改革」，並要求房地產估價必須與實價接軌，而且要針對持有稅制[7]配套修法；同時也新增了「完善資訊與市場管理」，要求實價登錄修法，[8]以及居住風險資訊公開，[9]推動室內淨面積登記與計價（實坪制）等。

最後由於在推動改革的過程中，巢運深感居住政策的主管機關「內政部營建署」的位階過低，組織人力與財源均嚴重不足，難以有效推動政策，也成為政府推諉卸責的藉口。[10]因此也新增了「健全行政組織與財源」，主張將內政部營建署改制為「國土與

＊　包括購屋與租屋市場，分別對應到「買不起」與「租不好」。

住宅署（部）」以擴增組織業務人力與預算，並將房地產稅收與土地開發利得，一定比例提撥至住宅基金，作為辦理住宅補貼、興辦社會住宅之用，同時也認為應於行政院層級建立居住政策跨部會整合機制。

二〇一六總統大選前的三黨住宅政策比較

在二〇一二年總統大選時，民進黨提出的「十年政綱」就已經規劃了獨立的「住宅篇」，而國民黨的「黃金十年」[11]則將住宅議題置於「公義社會」願景中。雙方的住宅政策均提及「實價登錄」、「不動產交易實價課稅」、「不增加自用者的負擔」等內容。

但除此之外，若評比兩黨的住宅政策，民進黨的「十年政綱」比起國民黨的「黃金十年」更加細緻且進步。國民黨的「住宅補貼」混雜了購屋貸款利息與租金補貼，而民進黨已拋棄購屋貸款利息補貼，並在租金補貼之外加入了「社會住宅增加至全體住宅存量的百分之十」、「提高學生宿舍供給率」等；而國民黨完全未提及租屋政策，民進黨則提出了「租屋住宅市場健全發展」。[12]

二〇一六年總統大選前夕，三黨提出了各自的住宅政策。民進黨總統參選人蔡英文的「安居三策」分別為「強化房市治理」、「安心居住政策」、「振興房市產業」。其中「強化房市治理」將透過「資訊透明、稅制合理、制度補強」三大原則避免炒作，以及改善購屋市場的扭曲現狀；而「安心居住政策」則是承諾「八年興辦二十萬戶社會住宅」，並透過制定《不動產租賃條例》，同時建立協助房東經營管理的專業機制，藉此導正租屋市場。「振興房市產業」則是希望透過發展四大新興產業帶動經濟發展，分別是城鄉更新、社會住宅、租屋市場與物業管理。

相對於民進黨在二〇一二年總統大選時提出的「十年政綱」，二〇一六年的「安居三策」顯得更加完整，包含承諾了社會住宅的具體數量與制定《不動產租賃條例》等。不過，倘若更仔細分析，民進黨的「安居三策」在社會住宅政策上較為具體，至於租屋[13]與購屋市場仍停留在價值性的宣示，未觸及「高房價應合理下修」的敏感問題，甚至也隱含了「房價漲了就不能跌」的態度。[14]

即便如此，民進黨提出的「安居三策」對住宅團體指出的三大問題都做出了回應和承諾。巢運的「五大改革訴求」，除了最後一項「健全行政組織與財源」之外，其他訴求安居三策都有提到。

相反的，國民黨的住宅政策在四年間並未進步，甚至可說是倒退、邏輯混亂。馬英九總統至少還公開表示住宅政策的方向是「住者適其屋」，但國民黨總統參選人朱立倫的住宅政策核心仍為「住者有其居」，並主張回歸市場機制，政府退居二線調控房市即可，但同時又提出「房價所得比應該在八倍以內」（二〇一五年全國房價所得比為八・五倍，臺北市將近十六倍），導致他提出的住宅政策自相矛盾。15

朱立倫的住宅政策在租屋問題方面，顯示他理解不足，認為透過租金補貼即可誘導臺灣大量的空餘房屋進入租屋市場，在四年總統任期內提供十萬戶社會住宅，而沒有考慮到租屋市場的不健全應如何改善。至於朱立倫的購屋市場政策——「公民自有住宅計畫」則是出售式國宅、合宜住宅的翻版。這種仍以強調所有權的論述，完全沒有回應巢運的居住權論述。

親民黨的宋楚瑜是唯一願意正面回應高房價問題的總統候選人，並提出「投機炒作重稅」，但其住宅政策十分零散，缺乏完整體系，有些部分甚至與臺灣現實狀況不符。例如他的租屋政策只針對「學生宿舍」而非整體租屋市場，社會住宅也僅提及應透過「土地開發建設、都更、壽險與郵政儲金」等方式多元投入興辦，欠缺具體做法與目標。

至於購屋市場面，除了「炒房者課重稅」之外，宋楚瑜也提出讓青年購屋負擔降低的「兩桶金計劃」，鎖定原先住在社宅的青年，首購時可以領取「部分租金退還」與

「預借十年勞退基金」作為兩桶購屋基金。

「兩桶金計劃」有新加坡「組屋」制度的影子。新加坡的組屋由新加坡建屋發展局（Housing and Development Board, HDB）興建，以低廉價格出售給國民（實際上多為九十九年租期），目前約有八成新加坡國民居住於組屋。組屋制度須搭配強制存款機制——「中央公積金」實施，多數成年公民須將百分之二十的收入存進中央公積金，作為購買組屋的頭期款與房貸。不過，新加坡組屋政策有一個特殊的先天條件，以至於幾乎無法複製到國外——那就是新加坡約九成的國土為國有土地，且建屋發展局就是最大規模的建商，因此政府可以透過許多手段調控供給與房價，而不至於如臺灣的國宅流入市場後也成為獲利工具。

因此新加坡的組屋模式若要在臺灣發揮效用，前提是臺灣要有「一定的社宅存量」與「合理的房價所得比」。目前臺灣社宅存量極低，所以這套模式能夠服務到的對象首先就已被限縮在為數極少的社宅居住人口中。而臺灣的房價所得比又極高，兩桶購屋基金其實無法負擔購屋頭期款。如此一來，廣大未能入住社會住宅的人口所面臨的居住難題，依舊沒有解方。

綜合上述三黨住宅政策的比較結果，國民黨住宅政策的主要問題在於重彈「市場萬能」老調，迴避政府的責任，不論是對社會住宅或是租屋市場都只採取簡易的補貼手段，少數直接介入的手段卻是過去執行失敗的國宅制度的翻版，可說是重蹈覆轍。這些政策使得朱立倫看似基進的「房價所得比應在八倍以內」的主張顯得矛盾不可信；而親民黨則是在住宅政策上缺乏完整體系，缺乏具體目標與實際做法，也無法回應臺灣的居住困境。

民進黨的住宅政策與前兩者相較，雖然在健全市場的手段及面對持有稅問題的內容上仍有不足，但相對完整。例如蔡英文在二〇一五年住宅及不動產政策發表記者會上，提及「保障居住權」、「住宅政策不只是房地產政策」，這些理念上的大方向大原則，正是住宅團體最核心的主張。

執政者的政策自主性

之所以民進黨的住宅政策能夠回應巢運的大多數訴求，與巢運團體和民進黨智庫長期不斷的溝通有關。實際上巢運團體提出〈二〇一六～二〇一九居住政策改革綱領〉後，一視同仁地拜會了三黨候選人，只有民進黨最積極與巢運團體進行政策研討。蔡英文的住宅政策均與巢運團體有過多次討論，且涵蓋了諸如社會住宅、房產稅、租屋問題、包租代管等議題。

花敬群是民進黨總統大選住宅政策背後的重要推手。二〇一二年的「十年政綱住宅篇」、二〇一六年的「安居三策」都由他主導。前文已經提到過，花敬群從國民黨執政李登輝總統任期晚期即開始參與住宅政策的擬定，一九九九年起草《住宅法》草案，這份草案不只是有規劃整體性住宅政策的構想，還進一步將政策法制化。花敬群是臺灣最早關注社會住宅的進步學者之一，[16]也與住盟有著長期的合作。[17]在巢運時期，他也是聯盟內的重要成員，巢運團體在夜宿活動後積極推動房地合一稅、公告地價調整等議題的討論，花敬群均積極參與推動，所以他非常能夠掌握住宅團體的訴求核心。

但實際上，住宅團體雖然能參與民進黨智庫的討論，但民進黨和民間團體之間仍然會有不同的側重與目標設定。例如，以「發展租賃產業」而言，巢運團體的思考脈絡是源於臺灣租屋市場以小房東為主，若要介入管理與提升小房東的資訊透明程度，成本較高。如果能夠以產業化作為「手段」，以此擴大租屋市場規模，應該可以達成租屋市場的健全化目標。

但對於出身住宅經濟學派的花敬群而言，他在二〇一〇年就已經提出「發展健全且專業的租賃住宅體系，就要優先發展租賃住宅產業」。他著眼的不只是租屋資訊透明化，而是希望藉此讓租屋成為合理的居住選擇。花敬群透過數據發現，相較於不動產與營造業，住宅服務（出租、住宅修繕、住宅管理）對經濟景氣與GDP的貢獻更大。因此花敬群曾多次提及「房地產不是經濟的火車頭」，過去以房價上漲作為經濟景氣證明的迷思必須打破。反而是鼓勵租賃產業、住宅服務能創造就業機會，也能幫助整體經濟發展。

因此在二〇一四年的巢運夜宿活動結束後，花敬群在「臺灣居住問題論壇」中，具體主張「理想的居住政策不僅能夠對弱勢者有幫助，也能創造經濟產值，活絡相關產業……因此租屋市場的發展與健全，是重中之重，要讓它產業化、制度化，而不要只侷限在社會福利及公平的角度來訴求。」

整體而言，民進黨的「振興房市產業」是試圖在住宅政策中尋找市場與社會的平衡，並從產業化的角度創造經濟產值，活絡產業。但對於巢運團體來說，他們要關注的是社會公平，租賃產業發展並不是他們所關注的重點，而是健全租屋市場的可能手段，因此對此採取持平或樂觀其成的態度。

巢運等民間團體即便參與民進黨的政策討論，也不會進入到最後政策研擬的環節。即便雙方的立場相同，但具體的目標如「八年二十萬戶」、「直接興建十二萬，包租代管八萬」仍是民進黨內部的決策。雖然住宅團體提供民進黨政策上的建議，但民進黨有其絕對的自主性。另一方面，民進黨在執政後要仔細盤算各種政治因素。在野時期，黨的目標是競爭政權，執政之後，黨的目標變成維繫政權，目標改變了，執行政策、改革政策的優先順序也會有所變化，或甚至違背選舉前的承諾。

下一個章節將回顧二〇一六年民進黨重新執政後，重要住宅法案的修法與立法過程：分別是關於興辦社會住宅的《住宅法》修法、推動租賃產業制度化[18]的《租賃住宅市場發展及管理條例》立法、以及進一步讓購屋市場透明化的「實價登錄2.0」。

這三個法案大致上對應著OURs提出的「社會住宅住不到」、「租屋市場租不好」、「購屋市場買不起」這三大痛苦。而這三大居住困境若要解決，要面對的又是各自不同的阻礙。接下來我們就分析在民進黨二次執政時期，住宅團體針對這三大困境提出的改革訴求，何以引發民進黨截然不同的反應。

《住宅法》修法，順利達成！

雖然二〇一一年《住宅法》已三讀通過完成立法，社會住宅也正式法制化，但初版《住宅法》的內容問題重重，除了弱勢的保障不足外，所有興辦社宅的責任都被扔給了地方政府，缺乏財務與土地提供等重要環節，是一部難以作為社宅興辦基礎的法令，住宅團體[19]一直以來對《住宅法》抱持不滿，早在二〇一二年就不斷要求修法。

二〇一六年民進黨勝選組成新政府。花敬群就擔任內政部次長，他在大選期間為民進黨制定的「安居三策」政見，此時得到了付諸實行的機會。不過還必須先透過修法，取得政策工具，其中最重要的就是修改《住宅法》。住盟此時根據「先易後難」的倡議路線，*評估了新政府施政的優先順序，也選擇將《住宅法》修法列為最優先推動倡議的項目，並提前在四月底擬定了民間版修法版本。新政府既然在競選期間已經做出「社會住宅八年二十萬戶」的承諾，又面對民間督促，啟動《住宅法》修法自然就勢在必行了。

裡應外合的政策改革過程

二〇一六年五月，住盟希望增加《住宅法》對於弱勢族群的保障，提出了民間版《住宅法》部分條文修正草案，要求社會住宅保留給弱勢族群的戶數比例，應由原來的百分之十調升至百分之三十，開始積極遊說修法。住盟拜訪了臺北、新北、臺中、桃園等地方政府請教實務意見、爭取修法支持。與此同時，內政部初擬的草案版本也接受民間的意見，將保留給弱勢族群的社會住宅戶數由原來的百分之十調升至百分之三十。但是，當內政部草案被送交到行政院審議時，行政院卻弱化了內政部的版本。

在行政院內部的審查討論中，政務委員張景森認為「有地方政府反應，弱勢沒有那麼大的需求，且憂心附近居民抗議」，因此主張弱勢比例提升至百分之二十即可，並刪除草案中原先認定的十二類「特殊情形身分之弱勢」，改為授權各地方彈性自訂，由地方政府各自擬定弱勢身分的認定標準。

中央雖然對弱勢比例如此小心翼翼，但是在馬英九擔任臺北市長時期（一九九八至二〇〇六年），出租國宅規定弱勢居住比例就已經是百分之三十。住盟認為，弱勢身分認定是對「基本居住權」照顧的承諾，由各地方政府制定反而徒增地方困擾，也可能會出現地方政府「排除某些弱勢」的狀況。因此八月二十五日住盟至行政院前抗議，表

* 住宅團體的目標是達成「國民具保障且可負擔的住宅多元選擇」，推動順序則是「社會住宅可持續興辦」→「租屋市場健全」→「購屋市場健全」。

示支持新政府二十萬戶社會住宅政策目標，但不能同意以此為由，犧牲社會住宅照顧弱勢的核心價值。

內政部次長花敬群在這次修法中扮演重要角色。內政部版的大部分主張也都是花敬群在上任前親身參與規劃的。因此在修法過程中，面對行政院一度弱化內政部版的修法草案，花敬群基本上是站在與民間合作的立場。最後在八月三十日的行政院立法協調會議上，產生的行政院版本，成功納入社宅弱勢比例百分之三十與十二類弱勢身分的認定。花敬群在內政部版本提出時，就已經納入的許多進步條文，也對後續法案審查產生了定錨作用。*

住盟與立法委員姚文智在十月合作提出關於《住宅法》的修法建議，針對弱勢難以領取租金補貼的問題進行改善。[20] 而面對住盟與其友好委員[21]的提案，花敬群也都支持。

整體而言，關於此次修法，由於各方在選前已交換過意見，大部分的條文都沒有產生爭議，主要交鋒的都是技術性問題，其爭執比較接近「同一個目標而優先順序有所不同」。最終《住宅法》修法於二〇一六年十二月二十三日三讀通過，僅花費七個月便完成修法工作。

《住宅法》正式成為社會住宅的啟動引擎

《住宅法》本次修法大幅採納住盟的修法建議。在二〇一一年通過的首版《住宅法》當中，內政部雖然是《住宅法》的中央主管機關，然而內政部的角色卻是「無權無責」，其業務多以站在第二線的「住宅政策擬訂、地方住宅業務督導、住宅資訊研究」為主。二〇一六年的《住宅法》修法，則讓內政部真正站上第一線，必須負責「住宅政策執行、地方住宅業務補助、住宅資訊分析與制度建立」等等。

其中最重要的就是《住宅法》明文規定內政部負責「社會住宅之興辦」，直接提供了中央興辦社會住宅的法源依據，但要興辦社宅僅有法源依據是不夠的，還需要「資源」與「手腳」。在資源層面，本次修法明確列出中央與地方住宅基金的財源，而使用國有土地興辦社會住宅時的租期與繳庫規定也有所放寬。[22] 至於所謂的「手腳」就是允許設置「專責法人」，讓政府得以在公務員額編制之外，有更加彈性、可執行社會住宅

＊ 這點非常重要，如果行政院版本就已經十分保守，後續在法案審議的過程若要額外加入進步內容，難度將大幅提高。

推動與經營管理的單位。[23]

社會住宅的來源，除了政府直接興辦之外，本次修法也明列政府可以透過租屋服務事業「承租民間住宅並轉租及代為管理」、「或媒合承、出租雙方及代為管理」，從民間取得社會住宅，也就是所謂的「包租代管社會住宅」。

這樣一來，二〇一六年的修法版本已經讓政府獲取包括財源、興辦機構等完整工具，[24]民間取得社宅的法源亦已完備，蔡政府「八年二十萬戶社宅」的政見有了起步的基礎。

至於弱勢照顧，最主要的推展就是將社會住宅的「弱勢保障比例」自百分之十調升至百分之三十，[25]並新增「中低收入戶」為社宅的保障對象；也加強了社會住宅的弱勢服務面向，強制要求社會住宅應保留一定空間作為社會福利相關的附屬設施[26]並免徵營業稅，讓資源得以更集中投注在服務對象上。

過去住盟不斷提出的弱勢「負擔能力」概念，也列入了中央研擬住宅政策的斟酌項目中。關於租金補貼與社會住宅，新增了須考量民眾負擔能力，進行補貼與收費標準的計算認定[27]等條款，而不再是過去的「全國均補貼單一金額」的一口價模式；面對「弱勢住違建無法申請租金補貼」的問題，住盟與立法委員姚文智合作提出的《住宅法》修法版本，則是設定二〇一六年十二月十三日之前租住違建已滿一年的弱勢群體，可以在三年內繼續申請租金補貼，不受合法建物限制，給弱勢者一段緩衝期，讓他們找到合適的合法建物。[28]

另外，修正後的《住宅法》規定主管機關應定期蒐集、分析及公布住宅資訊，包括租賃與買賣住宅市場之供給、需求、用地及交易價格；經濟或社會弱勢者之居住需求、住宅補貼政策成效；居住品質狀況、住宅環境風險及居住滿意度。藉由上述資訊，可以作為未來住宅政策修訂之依據。

整體而言，這次《住宅法》修法幅度極大，修正幅度達整部法律的八成。之所以過程大致順利，是因為民間與政府對修法目標沒有根本的矛盾，修法內容與建商等利益群體也沒有直接利害關係，[29]因此修正幅度雖大，但都在「為了更好地給予興辦社會住宅法律工具並持續推動」，以及「進一步保障弱勢權利」等原則之上取得高度共識，才得以一體修正。

透過這次修法，《住宅法》不再是住盟過去所言「無引擎的拼裝車」了，而是一部在法令、財務、土地、機構上較為完備的完整法律，得以朝向民進黨在總統大選中做出的社會住宅「八年二十萬戶」承諾推動，也對弱勢居住權有了進一步的保障。

意見分歧的《租賃住宅市場發展及管理條例》立法

《住宅法》修法成功，給了社會住宅興辦明確的法源。接下來住宅團體想大力改善的是臺灣長久以來對租戶極不友善的租屋市場。一九八九年，無殼蝸牛運動期間，無住屋者團結組織便提出制訂《公平租屋法》的概念，[30]希望能有一部專法，公平合理規範租賃雙方權益，但後續由於當時的政府抱持保守態度而未能研議通過。[31]

到了二〇一四年，巢運將「制定租賃專法」列為五大訴求之一，重新開始倡議租賃市場專屬法規的立法，其目標為「引導空屋出租，保障租賃雙方權利，強化弱勢扶助」。巢運內部於同年十一月開始進行住宅租賃糾紛問題的實務討論，亦出席了同月份地政司召開的「租賃專法各界專家諮詢會議」。

在這場會議中，巢運團體主張租賃專法應該包含「租賃雙方權利義務明確化」，[32]以及「加強租屋糾紛調解機制」，還有「建立租賃實價登錄制度，以獲得市場租金資料庫，進而制定合理的租金漲幅上限」等內容。但隨著政黨再次輪替，會議討論結果難以延續辦理。巢運團體也在政府輪替時順勢重新整理了各類住宅議題的推動策略，將租屋問題列為僅次於社會住宅的「第二優先」項目。

臺灣租屋市場的沉痾

由於政府長期不重視租屋市場，[33]因此租屋市場的供給規模、監管、法制化程度都存在許多問題。首先是供給不足問題，相對於先進各國，租屋市場佔整體住宅約百分之二十五至百分之四十的比例，[34]臺灣租屋市場比例僅約百分之八至百分之十三。[35]主因包括過去政府偏重以購屋為主的補貼政策，[36]以及房價上漲導致租金回報率低，[37]還有房產持有與空置成本極低，以相同價值的房子比較，日本一年的持有稅是臺灣的四十二倍，美國則是臺灣的二十五倍。[38]

臺灣租屋與購屋市場比例如此嚴重失衡，造成的問題很多。一來是租賃雙方權力不對等；其次當房價飆漲時，租屋市場也難以產生調控住宅市場的作用，甚至會因為有大量無力購屋的民眾湧入狹小的租屋市場，而造成租金同步飆升。

另一方面，臺灣的租屋市場嚴重欠缺控管，約有七成至九成*的租屋處於黑市狀

* 租屋黑市的定義為「租屋市場中有多少數量與比例的租賃物件是政府無法掌握的」，黑市比例以財政部提供之二〇一九年稅務數據進行推估。

態，意即「絕大多數的租屋資訊政府均不得而知」，主因包括政府從未重視、市場以小房東為主[39]難以控管等。租屋黑市直接造成的結果，就是政府因為無法確實掌握租屋資訊，因此也無法確實控管租屋安全品質，乃至於相關補貼政策也無法有效實施。且租屋族多半無法設籍，連帶使得政府的育兒政策大打折扣——如果沒有設籍在居住地，租屋族的孩子就無法享有該縣市的公共托育資源，未來就讀小學的時候，也會有學區上的問題。此外，若無法設籍，租屋族的公民權也受到損害，臺灣的投票權與戶籍

租屋黑市比例估算

說明：依據2020年財政部「房東收入報稅」與「房客支出抵稅」數據，概略推估臺灣租屋黑市比率約略介於70%至90%之間。

綁在一起，租屋族若沒有設籍，也就沒有居住地的投票權，因此租屋族在居住地毫無政治影響力，他們的困境不會得到地方政治人物的關注。可見租屋黑市影響甚廣。

最後是法制化程度不足。由於政府對租屋市場的立場長期抱持「自由發展、你情我願」的態度，故長期缺乏租賃市場的專門法律，租賃相關的法律規範散落在《民法》與《土地法》等多部法律當中。針對租賃欠缺完整的權益保障，沒有完善的產業規範，使得租賃雙方的糾紛無法妥善處理，安全問題層出不窮，儘管有越來越多的人被困在品質低落的租屋市場，但長年下來，租屋還是只能當作「將就」的居住選項。

總結而言，臺灣的租屋市場以小房東為主，黑市情形嚴重，是個存在以上種種問題的「賣方市場」。[40] 租屋環境惡劣，造成租屋族終究還是必須認真考慮購屋，承接不合理的高房價，這也是臺灣長年以來都沒有發展出多元居住選擇的原因，因此政府也難以藉由租屋市場當作政策調控工具，租屋市場無法在房價飆漲時發揮保護閥的作用。

沒有權責義務的租賃專法只是「產業專法」

面對租屋市場的眾多困境，因此住宅團體列出了以下改革路徑：

一、「擴大市場」：以稅制改革引導大量空屋釋出使用，輔導既有小房東出租。

二、「培力產業」：培力租賃產業發展以提升服務水準，進而掌握完善租屋市場資訊。

三、「權責義務」：明確規範租賃雙方權利義務，並搭配有效率之租屋糾紛協調仲裁機制，以健全租住品質與權益。

在二〇一六年時，住宅團體將「擴大市場」列為短中期推動議程。希望藉由提高空屋的持有稅，迫使持有多屋者將房屋出租，如此擴大租屋市場。但是評估房地合一課徵持有稅修法難度過高，因此住宅團體先從較為容易的房屋稅與地價稅的「稅基評定」著手改革。

但「稅基評定」為地方職權，為了和各縣市民意機關溝通，住宅團體的時間精力被大幅分散在個別縣市的喊價上。[41] 雖然住宅團體呼籲諸如「每年評定公告地價」、「建立精準估價機制」、「地價評議回歸專業」等制度改革，但均難以推展。漸漸地住宅團體將租屋市場改革的主要力道，轉向推動租賃專法的立法工作，希望透過租賃專法達成「培力產業」的目標，並且釐清租賃雙方的「權責義務」。

租賃專法也是蔡政府的主要政見之一，花敬群曾指出這部法律將把租屋關係規範為消費行為，明定其中的「租賃雙方權利義務、糾紛調處、資訊登錄與揭露、相關專業服務與產業扶植相關證照與行業管理」等內容，可見花敬群預期的租賃專法，確實包含了上述的「培力產業」與「權責義務」兩大面向。與此同時，由於《住宅法》通過在望，從民間取得社會住宅的「包租代管」已有法源依據，想必與之搭配的租賃專法立法也勢在必行。

在新政府上任伊始，二〇一六年六月地政司的「住宅租賃相關議題彙整及初擬處理對策」文件中，具體條列了「保障租賃雙方權利義務關係」、「住宅租賃市場資訊透明」、「住宅租賃糾紛處理」、「住宅租賃產業發展」、「住宅租賃稅制調整」等巢運團體關注的（同時也是花敬群曾承諾的）租屋議題。地政司從同年七月開始進行《住宅租賃管理條例》草案的研擬與整合，九月完成草案送交內政部法規會進行聯席審查會議。

在《住宅租賃管理條例》草案的內容中，「培力產業」與「權責義務」的篇幅大約各半。其中住宅團體最關心的「權責義務」也有許多進展：例如房東訂定部分不平等租約將處以罰則、[42]主管機關對租賃契約查核權入法、訂金與押金規範上限、房東應將租賃契約申報實價登錄、租屋環境應符合基本居住水準、租約應以書面訂定等規範。

到這裡為止，租賃專法的立法情勢彷彿如《住宅法》修法般一片大好。然而，結果卻是讓人失望。九月六日在內政部召開了第一次《住宅租賃管理條例》的聯席審查會議，會議主席花敬群即裁示原定第二次至第四次聯席審查會議暫停，待「業務單位補強立論基礎後，擇期再行通知開會」。

暫停了兩個月後，內政部在十一月重新端出的「租賃專法」改名為《租賃住宅服務業管理條例》，原有《住宅租賃管理條例》內與租賃雙方權責義務有關的相關條款幾乎全部消失，草案的重點均放在積極推動租賃市場產業發展，實質上成為了一部「租賃產業專法」。

租賃專法與《住宅法》的不同結局

為什麼《住宅法》修法順利通過，租賃專法卻走向不同結果？其中有諸多因素。首先，《住宅法》牽動的多半是政府部門（如社會住宅是否興辦、如何興辦），但租賃專法若要處理房東與房客之間的權責問題，就會產生許多「零和」局面，例如許多保障房客的條款，會限縮到房東原有的權利。

第二，由於過去租屋市場都由民法的私法自治、契約自由等原則管理，少數的權責義務均散落在《民法》與《土地法》當中。因此與會的專家學者之中有人提出質疑：「為什麼不修正既有法律就好，還需要另立專法？」或甚至有人提出「政府是否應該用行政權限介入到私法領域」質疑。另一方面，住宅團體所支持的《住宅租賃管理條例》雖然大量引用了日本《借地借家法》的經驗入法，[43]但法理論述卻不夠完備，使得內政部以「規範與扶植產業發展」作為租賃專法的主軸更獲得正當性，[44]自然造成草案內扶植產業的篇幅大幅增加。

第三，在租賃專法制定的過程中，住宅團體與政府的目標並不是完全一致的。在《住宅法》時雙方的目標都是為了推動社會住宅興辦，但到了租賃專法時，對政府而言首要的目標是「社會住宅包租代管」的配套，以及發展租賃產業做為帶動經濟的火車頭，[45]並彌補二〇一六年房市進入盤整期所產生的產業界壓力，*住宅團體要求的租賃雙方「權責義務」並不是政府優先要解決的問題。

---

* 蔡政府一方面希望將房仲業者從買賣為主轉型為租賃為主，以重新定位其產業利基；另一方面也開始著手放寬房市相關限制，放寬限制的具體細節將於第六章說明。

既然政府與民間只有部分目標相同，那麼修法與立法工作自然也會走向完全不同的景況。前一章提及，《住宅法》在行政院版本提出時就已經納入了許多進步條文，對後續法案審查產生了定錨作用；但在租賃專法時則完全相反，草案送交至行政院時，「權責義務」相關條款便已經被抽出排除。

在法規草案無法保障租賃雙方「權責義務」的情勢下，住宅團體從二〇一六年十一月以後就幾乎不再參與草案討論。後續在二〇一七年二月的草案公聽會上，花敬群與內政部地政司長王靚秀聽聞住宅團體要透過立委提出對案，就在會後與住宅團體溝通，希望住宅團體提出的對案版本先與內政部交換意見，[46]避免對房東與房客衝擊太大，導致草案卡關。

簡而言之，政府在取得扶植租賃產業所需的法制工具後，就改變了態度，消極應付民間團體的訴求。甚至因為蔡英文定下的「兩年內完成租賃專法立法」的進度壓力，原本被住宅團體認為理念相合，期待可以「裡應外合」合作推動共同理想的花敬群也開始阻擋民間訴求。

花敬群阻擋民間訴求的原因也十分複雜。首先，花敬群設想只要訂出符合產業需求的租賃專法，並且提供屋主稅負優惠，讓屋主願意把房子交給租屋服務業者出租，再同步推出「包租代管計畫」，市場就會運轉起來。因此花敬群認為即便短時間內無法處理「權責義務」等問題，但只要市場擴大並健全化，就具備了有效管制的條件。[47]如果整個租屋市場能夠由少數幾家專業的「租賃服務業者」處理所有的租賃事務，那麼政府管制少數幾家業者，比起管理一大群小房東，前者的市場管理成本絕對較低。

在二〇一六下半年時，花敬群更在意也更熟悉的《住宅法》進入關鍵階段，因此將租賃專法的相關工作交由內政部地政司負責。這時花敬群出任政務官已數個月，逐漸理解法案推動必須經過行政部門充分討論，後續執行才會順暢，也較不會對自身造成困擾。因此在二〇一七年正式進入修法細節時，花敬群顯得更尊重地政司的意見。租賃專法內容偏重於「發展產業」，承載著「就業與經濟發展」的承諾，這樣的方向成為行政部門認定的目標。至此「發展租賃產業」已逐漸成為「目的」本身，而不是如同住宅團體設想的，是健全租屋市場的「手段」。

盟友關係的結束

租賃專法最後於二〇一七年十一月二十八日三讀通過，由於政策主軸已經改變，住宅團體對立法結果當然不滿意。整體而言，此部租賃專法關於租賃雙方「權責義務」的進展，僅出現在第五條「中央主管機關制定應約定及不得約定事項」規範不得約定部分不平等租約（例如阻止房客設置戶籍、稅金轉嫁房客等），但在缺乏罰則的狀況下，實際上對房東僅有道德呼籲的意涵。[48]

長年以來，政府都不願藉由稅制改革來擴大租屋市場，因此在供給不足的狀態下，房客與房東之間的權力關係嚴重失衡，如今租賃專法依然沒有明確規範租賃雙方的「權責義務」，所以租賃專法還是無法成為租屋族法律上的依靠，讓租屋族藉此保障自身的居住權，租屋黑市的問題完全沒有獲得改善，在高房價的時代，購屋難如登天，無法購屋的人更被困在租屋市場，屈居弱勢。

既然如此，為什麼住宅團體不在修法期間起身抗議呢？一來是相對於《住宅法》或高房價議題而言，租賃議題的社會動員能量明顯偏弱，再者住宅團體就《民法》與《土地法》競合的法理面論述準備還不充足，[49]沒有足夠的實力與把握發起抗議，只能惋惜失去了一個改革租屋市場的契機。

雖然住宅團體對最終版本不滿，但《租賃住宅市場發展及管理條例》畢竟是臺灣首部租賃專法。回顧過往，《住宅法》第一版也有嚴重的缺失，但後來藉由修法而變得完善，住宅團體認為未來也還有機會循如同《住宅法》般的修法途徑與花敬群再次合作改善法案。此時若是發起沒有把握的抗議，破壞了雙方的關係，未來可能未來與花敬群再次合作的機會。因此住宅團體抱持著「有總比沒有好」的態度，對外表示肯定。

整體而言，租賃專法的修法過程被住宅團體比喻成「九二共識」，也就是「同一個租賃專法各自表述，但重點都不太一樣」。這樣的比喻除了暗示民進黨也將如國民黨一般為了產業界的利益犧牲居住正義外，也意味著新政府與民間雖然維持表面上的共識，檯面下卻暗潮洶湧，雙方的合作關係其實非常脆弱。

跳票的實價登錄2.0

然而接下來，還有更大的挑戰。

實價登錄是臺灣最重要的房地產資訊透明制度，於二〇一一年修法後就取代了原有的「房地產交易價格資料庫」。在實價登錄上路之前，房地產交易價格資料庫的資料是透過詢問調查取得，且更新緩慢，每季才更新一次。實價登錄實施後，對購屋市場的透明與健全化十分有助益。[50]

然而二〇一一年的實價登錄制度是弱化版本，揭露的是「區段化、去識別化」[51]之後的交易資訊，也排除了預售屋買賣登錄，因此推出後飽受批評。當時的民進黨發言人陳其邁抨擊「（實價登錄制度）根本是假的，因為實際上僅以小區段範圍公告的交易資訊，非而逐筆公告，對於提供民眾參考資訊有限」。[52]

巢運在二〇一六年的大選前，就已大致提出實價登錄制度應改進的方向（揭露門牌、納入預售屋、強化稽核），民進黨「安居三策」之中的「強化房市治理」亦強調加強資訊透明，因此內政部長葉俊榮甫上任便將「強化實價登錄，研議實價登錄揭露地址」作為十六項優先政務之一。

敗選後改革風向的轉變

在二〇一七年四月六日內政委員會上，內政部次長花敬群透露將檢討實價登錄制度，[53]地政司亦積極與住宅團體、學界討論實價登錄，並於二〇一七年八月一日實價登錄制度屆滿五周年時提出「實價登錄2.0」，規劃去區段化揭露、建置不動產交易履歷、買賣案件中報義務人回歸買賣雙方、預售屋納入即時登錄等改革方向，事實上，在這個階段的「實價登錄2.0」，就已經與後來送行政院核定的版本非常相似了。[54]

最終實價登錄2.0於二〇一八年四月送入行政院審查，並於五月七日核定送交立法院。實價登錄2.0改革既有總統政見背書，行政部門亦積極行動，也與民間取得高度共識，因此原本內政部與住宅團體都以為實價登錄2.0速審在望，房地產界也非常關注。根據臺灣房屋的調查，二〇一八年房市十大有感新聞由「實價登錄2.0交易揭露更即時」拿下第一。[55]

然而，當實價登錄2.0送入立法院後，卻沒有得到快速的審理。分析其中的利害關係，就不難理解箇中原因。實價登錄2.0的兩大改革重點對金權階級均會造成傷害。首先，實價登錄2.0將過去「預售屋」的漏洞補上。原本的實價登錄制度中，預售屋若是建設公司自建自售，便不需要進行實價登錄；若是交由代銷業者銷售，只需在「委託代銷契約終止後三十日內」再進行登錄。但預售屋代銷期動輒二至三年，在此期間民眾均無法得知預售屋價格與銷售狀況，代銷業者與建商可以「賣了九間」就喊「賣了九成」，甚至可以將價格比較高的物件先行登錄，提高行情。

第二，實價登錄2.0對於成屋市場的主要影響是「門牌全揭露」。相比之下，原有無法準確分辨物件位置的「區段化、去識別化」揭露方式，由於其揭露資訊不足，使得一般的購屋者與房仲業者之間依然處在資訊不對等的狀態，只要存在資訊模糊地帶，業者還是有空間哄抬價格。一般要買房子的人，就算有「區段化、去識別化」的實價登錄資訊，還是難以親身求證確認，且大多數人只能在下班或放假時間自行比價，而業者可以透過交叉比對、同行詢問等方式具體得知物件位置，這段資訊落差，使得業者能夠以比較好的高價登錄物件價格作為開價標準，實價登錄制度提供的模糊資訊反而成為其抬價的依據。

在實價登錄2.0改革前，相關業者有機會利用資訊不透明所造成的落差，以隱瞞欺騙的手段分食購屋者的血汗錢。因此更確實的資訊透明化，將會嚴重打擊建商與代銷業者的利益，[*]結果是實價登錄2.0被擱置至二〇一八年底選後再議。

然而二〇一八年的九合一選舉，民進黨大敗，多數縣市首長政黨輪替，新台灣國策智庫調查顯示六成七民眾同意「九合一選舉是對蔡英文過去兩年半施政的不信任投票」，例如一例一休、年金改革、轉型正義、同性婚姻等，並沒有讓民進黨獲得較高的民意支持度。[56]

二〇一四年底國民黨在地方選舉大敗，此時二〇一八年國民黨又拿回二十二縣市中的十五個縣市首長位置，建商等金權階級也在此時有所動作。二〇一九年初，民進黨經歷黨內一連串的動盪，造成在二月改革的風向丕變。花敬群與業界進行了幾次座談後，決定將阻力最大的「預售屋揭露」與「去區段化」兩項修法內容撤下。

業界反對這兩項重要修法內容的理由，其實早在實價登錄於二〇一一年研擬階段時，就已經被提出且遭到駁斥。首先，業者宣稱預售屋資訊即時登錄會造成「假合約」、「人為操作」等情形，但對照鄰近地區例如香港，預售屋售出後也是七天之內要申報，而且香港政府還有預售屋申報管理配套制度；再對比原制，登錄時間拉長到二至三年，在這之間隨時可以登錄，若改為即時登錄，人為操作的空間反而較小。

其次，反對揭露交易資訊至門牌的反對者均打著「個資安全考量」的大旗，但所謂的隱私問題是要把「個人—物件—價格」三者連繫在一起，而實價登錄所揭示的資料僅是物件本身的交易資訊，並未連結到個人。[57] 而且是在有買賣的情況下才會有價格登

＊二〇一九年「遠雄國匯」滯銷，總戶數兩百戶，卻只賣掉三十戶。金管會根據《保險法》第一四六條之二第一項規定「保險業對於不動產投資，應以即時利用並有收益為限」，裁罰遠雄一百萬元，並要求一年內將尚未出售的一百七十戶賣掉或出租。在這個事件中「只賣出三十戶」的資訊被揭露對遠雄的傷害，遠比一百萬元的罰款更大。

錄，並非人人的住宅資料和價格都可查閱。

回顧國民黨執政時期，二〇一一年十二月實價登錄甫通過時，花敬群便批評國民黨版本的實價登錄限制了資訊揭露程度，花敬群也在與住宅團體的合作期間了解彼此對實價登錄改革的想法，因此住宅團體並不相信上述幾點是民進黨政府真正踩剎車的理由。

如果不是表面上的這些理由擋下實價登錄2.0，就應該是政治考量了。面對縣市長選舉敗選後的殘局，蔡英文面臨著黨內鬥爭，在即將到來的總統初選中也有可能大位難保。在這種種壓力之下，民進黨政府對實價登錄2.0的改革承諾踩下煞車，深怕繼續得罪相關既得利益者。

實價登錄改革開倒車

二〇一九年三月巢運召開記者會，呼籲立法院應於該會期儘速排審「實價登錄2.0」，並要求行政院應澄清「自行撤下實價登錄資訊揭露至門牌與預售屋即時登錄」的傳聞，但未獲政府回應。

同年六月蔡英文於黨內初選勝出後，巢運團體再次召開記者會呼籲蔡總統應堅持改革理念，督促行政團隊與執政立院黨團積極推動「實價登錄2.0」，並發文希望拜會行政院長蘇貞昌，然而也未獲得任何答覆。

就在實價登錄2.0遲遲無法排審的同時，五月二十三日由張宏陸等十八位立法委員提案的《平均地權條例》修法草案卻被排入內政委員會審議。實價登錄是由《平均地權條例》、《地政士法》、《不動產經紀業管理條例》的部分內容組成，因此張宏陸此舉其實是要更動當前實價登錄的規定。他的版本僅保留了實價登錄2.0中「買賣案件申報義務人回歸買賣雙方」的改革條款，與實價登錄2.0相比，既沒有「預售屋揭露」，也沒有「揭露資訊至門牌」，甚至連「查核權入法、罰則增加」都沒有，因此該版本實質上僅是將其餘改革項目全部去除的弱化版本。

按照慣例，當立法機構要排法案審查時，行政部門如有相關法案，一般會希望立法機構能夠併案審查。但內政部在五月二十三日至內政委員會進行報告時，卻絕口不提自己提案的「實價登錄2.0」，只表示對張宏陸等委員提案的《平均地權條例》修正「敬表同意」，民進黨團並於隔日院會上，表決將張宏陸等委員提案的《平均地權條例》與「實價登錄2.0」併案審查的提案封殺。

若從立法流程來看，就會知道這是多麼荒謬的一件事。法案提交至立法院一讀通過後，下一個階段便是進入由各委員會的「召集委員」決定排案順序的環節。一般而言，執政黨如果同時是立法院的多數黨（完全執政），行政院的法案由於有同黨立委的支持，只要黨內溝通順暢，就十分容易排審與通過。該會期內政委員會召委便是張宏陸。當實價登錄2.0遲遲無法排入委員會審查，張宏陸自己提出的相關法案卻得以排審，行政部門也未表示反對時，已經可以確定民進黨政府與立法院聯手跳票，放棄實價登錄2.0。

至此，整個情勢已經發展為「由民進黨執政的行政院提出的法案，卻被民進黨團立委封殺並另提弱化版本」的滑稽局面。

為什麼民進黨不直接對實價登錄2.0採取無視態度，而是要特別由委員提案一個弱化版本呢？主因是原有的實價登錄制度中，規定登錄義務由地政士負責，若買賣雙方謊報資訊，被處罰的也是地政士，故地政士們積怨已久。

這就讓政府面臨了一個政治窘境：「實價登錄2.0」如果通過了會得罪建商等業者，不通過卻會得罪地政士。因此只幫地政士解套，讓買賣案件的申報義務回到買賣雙方身上，而排除「預售屋揭露」、「揭露資訊至門牌」的「弱化版」自然就是政府不得罪建商的解套。二〇一九年七月一日，張宏陸等委員提案的《平均地權條例》三讀通過。

民進黨在實價登錄2.0改革退縮時，拿出來的藉口幾乎與國民黨二〇一一年反對實價登錄的理由完全一樣，[58]因此住宅團體同日發出新聞稿痛斥民進黨在住宅政策上徹底「國民黨化」，並指出「破產的不僅僅是房市資訊透明化，還賠上了整個居住政策」。

與昔日夥伴決裂

此文一出引來花敬群的強烈不滿。花敬群到住盟的臉書粉絲專頁與彭揚凱的臉書個人頁面表達失望，認為住盟「全然否認政府過去三年的努力成績」、「這次修法沒有一步到位，這幾年的努力就可以這麼廉價定義嗎？」[*]這次爭執可說是花敬群與昔日民間夥伴之間的矛盾徹底引爆。在花敬群在入閣後，與民間團體在各項立法與修法工作上

---

* 我認為花敬群在住盟粉絲專頁與幹部個人頁面表達不滿，某種程度上也反映了他仍是以「花敬群」的身分而非「花次長」的身分與昔日夥伴對話，這部分將於後章詳述。

有過合作也有過衝突，整體而言雙方關係尚稱彈性，雖然明白彼此各有立場，但畢竟曾有夥伴情誼，也建立了密切的溝通管道。

但對住宅團體而言，實價登錄2.0的改革過於重要，能夠大大提升購屋者的資訊權，使購屋者不會在與建商、房仲資訊不對等的情況下被犧牲，因此住宅團體不可能如同二〇一七年租賃專法時一樣先「擱置爭議」。讓住宅團體更不能接受的是，跳票的理由是建商利益。先前民間已經參與許多修法工作，行政院也定版送案，民進黨卻因為政治考量不願進行改革，無論如何，都背離了選前的承諾。

對花敬群而言，實價登錄2.0跳票並非其所願，而是來自更高層意志的強力介入。因此他希望住宅團體應該要知道行政部門裡有各種政治因素存在，做任何決定都是不容易的，次長的位置也不可能完全影響更高層的決策。

面對昔日夥伴毫不留情的批評政府，即便沒有指名道姓，花敬群也覺得受到傷害，感到自己過去的努力不受認可，住宅團體是相識多年的夥伴，應該要相信他既然出任內政部政務次長，一定會努力進行改革，但住宅團體卻沒有絲毫耐心，也沒有理解到改革不是一蹴可幾。

然而住宅團體並不是「不理解」與「沒耐心」，實際上住宅團體發出的新聞稿沒有針對個人，而是批評整個政府已然違背改革承諾。對住宅團體而言，每每提出的訴求，就應該超過政府願意接受的程度，如此經過妥協與折衷之後，才能推動些微的進步，這樣的倡議態度自始至終沒有改變，並非針對某個官員或個人。

另外，從住宅團體的角度來說，除非願意成為被收編的外圍組織，否則住宅政策若無法落實乃至於跳票，自然必須跳出來批評，並沒有所謂的「體諒」空間。且既然政府高層是因為建商的立場而投鼠忌器，那麼民間團體批評政府的政策，對於往後推動改革也未必是壞事，如果掀起輿論甚至可能對高層造成壓力，讓法案得以順利通過。

住宅團體實際上也很明白行政部門內部的侷限性。也曾有公務人員私下向住宅團體表示：「我能做的只有這樣，你們就在外面盡量罵，然後給上面壓力，你們只要給對壓力，上面也許就會改變態度，讓我好做事。」彭揚凱也認為，如果真正的阻礙來自於建商的反對，那麼住宅團體攻擊民進黨時，花敬群應該要將此舉解讀為有助於推動改革的「好事」，而不是要否定他個人的努力。

二〇一九年，臺灣經歷了空前激烈的總統大選。民進黨與蔡英文從二〇一八年底的民意和支持度谷底逐漸回升。二〇二〇年蔡英文當選總統，民進黨也拿下立法院中的絕對多數。實價登錄2.0法案則於二〇二〇年初，遭屆期不連續原則退回。一月，內政部重新將法案提交行政院審查，但行政院遲遲不將法案送交立法院審議。過程中住宅團體不斷抗議，時代力量與民眾黨亦提出與二〇一八年行政院版相似的實價登錄2.0版本，但均未能排審。

與此同時，二〇二〇年COVID-19疫情爆發。在疫情、利率、金融管制放寬、持有稅過低等短期與長期因素共同作用之下，使得房價從二〇一九年的相對持平開始迅速飆漲。

面對高房價民怨，政府須重新考慮該從哪項改革開始進行，才能度過當前的困境。實價登錄2.0雖然有損建商、代銷業者的利益，但相對於持有稅與金融管制等改革，實價登錄2.0對他們的傷害又相對輕微，因此反

2020-2021年全國與六都的房價所得比漲幅　（單位：%）

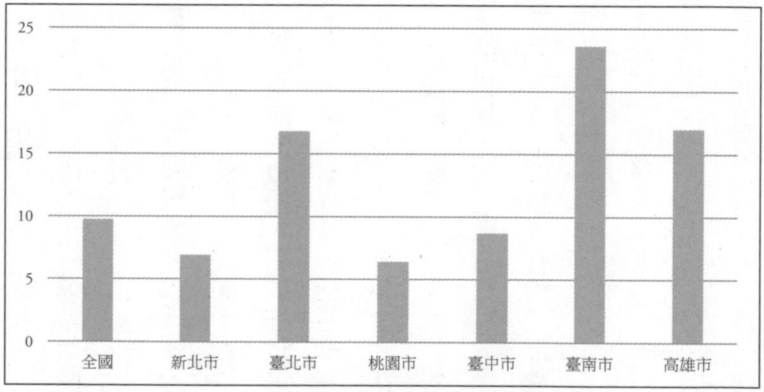

資料來源：內政部不動產資訊平台歷年「房價負擔能力指標統計成果」，「房價所得比」項目。

而成為了改革死灰復燃的契機。二〇二〇年十二月十日，行政院終於重新將「實價登錄2.0」送入立法院，並於十二月三十日壓線三讀通過。

整體而言，最後「實價登錄2.0」通過的內容與二〇一八年送入立法院的版本相差不大，但由於二〇二〇年媒體不斷爆出預售屋紅單炒作*等問題，故新增了「禁止預售屋紅單轉讓」、「預售屋買賣定型化契約書應先行備查」等條款。

難以踏入的改革深水區

自二〇一〇年住盟成立，直到二〇一四年巢運的倡議路線，之所以能夠成功推動立法與修法工作，實際上都是在高房價民怨的契機之下，與當時最大在野黨——民進黨

* 紅單指的是「購屋買賣預約單」或「購屋買賣訂購單」，並不是真正的買賣契約，只代表一種買房意願，要買預售屋的投資客支付五至十萬元的訂金，請建商保留購買資格，但上面不會寫明價格，要等到公開銷售時才公布。紅單轉賣的作法，是投資客兜售預售屋的購買權，或是利用私下與建商議定的早鳥價跟未來的正式開價來賺兩者的價差，長久以來使得預約性質的紅單淪為炒房工具，影響公平交易機會。

合作，藉由民怨與在野黨的競爭對手暨執政黨——國民黨施加壓力，如此逐步實現階段性改革，向居住正義邁進。

在二〇一六年民進黨二次執政前，住宅團體與民進黨已經建立了密切溝通的管道，累積了數年的互動經驗，民進黨在邁向二次執政的路上吸納了民間團體的改革訴求，二次執政時的住宅政策也具備更完善的架構，這和二〇〇〇年民進黨首次執政時，扁政府僅僅為了整合補貼單位就耗費許多工夫，已大不相同。

倡議關鍵動力：「強力在野黨」與「高房價民怨」

然而回顧民進黨二次執政後的表現，民進黨願意主推的政策如「社會住宅」，的確是在民進黨上台後才首次成為中央擬定並設定總體目標的「國策」（先前是由地方首長自主興辦）。但另一方面，民進黨實際執政後，也沒能完全遵循自己提出的「十年政綱」、「安居三策」，依照充滿理想的政策藍圖逐步實現居住正義，而是開始考量是否會得罪既得利益者，權衡踏入「改革深水區」的政治代價。由於住宅團體的倡議模式高度仰賴房價飆漲所產生的外部條件，以及取決於政治結盟對象，因此在民進黨執政後，住宅團體反倒難以找到倡議的施力點。

部分沒有影響到既得利益者的法案例如租賃專法，仍要抽換內涵才得以通過。如實價登錄2.0這種內容完整並由政府承諾推動的法案，也需要在疫情等外部因素產生的「高房價契機」之下才得以通過。至於在實價登錄2.0爭議不休的同時，住宅團體提出的「囤房稅」主張就更困難了。實價登錄2.0是要求資訊透明化的改革訴求，平衡一般民眾與建商、房仲之間的資訊不對等，維持交易的公平性；囤房稅則是持有稅的改革，提高持有空房的成本來打擊囤房者，迫使持有多屋者將房產售出或是出租。囤房稅一直是執政黨最為忌憚，擔心引發既得利益者反彈的措施，甚至在政府內部連討論評估的空間都被封殺。關於持有稅制改革，將於第七章詳述。

至於在野的國民黨，在住宅政策上就更不合格了，不但無力提出具備強大挑戰性的論述，與住宅團體也幾乎沒有聯繫，* 選舉期間都沒有提出受到住宅團體支持的住宅政見。[59]

* 二〇一九年底總統大選前，巢運團體舉辦「青年安居政策論壇」，共四個政黨派代表參加，唯有國民黨已讀不回。

住宅運動所號召的「民意」其實都是理念票或俗稱的「空氣票」，本身難以對政治局勢產生影響，因此需要獲得對執政黨有威脅性的在野黨支持，並在選舉期間成功將住宅議題「問題化」，成為攻防焦點，住宅團體才能發揮影響力。所以改革的推動其實必須依靠合縱連橫，還要搭上社會時勢的風向。

雖然二〇二〇年底至二〇二一年，政府通過了「房地合一稅2.0」、「選擇性信用管制」等打房措施，但其法案內容並不是打「高房價」，而是對「飆漲過快造成的動盪」加以控制，市場面的改革程度整體而言與過去差異不大，[60]改革難以穩步邁進，政策倡議猶如「看天吃飯」。

改革論述複雜，難以組織動員

除了欠缺「強力在野黨」與「高房價民怨」外，住宅團體本身的社會力量與動員基礎也頗為薄弱。住宅團體的資源與人力有限，組織與聯盟僅止於民間團體與學界，需要動員群眾的時候，多半是透過網路宣傳等方式散播活動資訊，難以觸及具體的支持者，也就無法進行精準的估算與動員，若與政治部門的方向不同，甚至在倡議時也經常無法「帶起風向」，多半只能審視當前局勢再作打算。

之所以產生這種困境，主要原因在於住宅問題十分複雜，沒有打組織戰的空間，具體來說，OURs提出整體住宅問題的三大結構，也就是購屋「買不起」、租屋「租不好」、社宅「住不到」，並要求三管齊下，同步改善，雖然完整描繪了住宅問題的結構，也成功擴大了民間團體的聯盟，但卻同時使得議題更加複雜，難以凝聚出單一明確的訴求，因此也無法經營特定群體作為動員基礎。

即使二〇一四年的巢運吸引了許多群眾支持，也有不少人參與夜宿活動，但因為巢運的議題很多，包括社會住宅、高房價、反迫遷等議題，所以每個參與者對住宅議題的期待與想像其實是不同的，巢運的聯盟團體也有各自不同的側重，大家共同看不過去的只有炒房族，但如果要討論到具體做法，各自的想法必然存在一定的落差。

也因為住宅議題有著多樣且改革難度不一的項目，使得民進黨在二次執政的第一任（二〇一六～二〇二〇）時期，完全可以選擇性推動其選前承諾，主力皆放在興辦社會住宅與包租代管等相對不得罪既得利益者的補貼措施，但對於購屋與租屋市場透明化、稅制合理化等市場面改革則幾乎停滯，彷彿居住問題可以靠政府興辦社會住宅就完全解決。

但市場面改革的缺失，使得政府在二〇二〇年房價飆漲時依然束手無策，也造成在購屋市場與租屋市場上無法尋得良好住居的一般民眾蜂擁進社會住宅，反而使原有更需要社宅資源的弱勢群體與外地青年被排除在外。

回顧過往的住宅運動，二〇一〇年之後逐漸成形的倡議模式再度遭遇新的挑戰，要是如同一九八九年無殼蝸牛運動選擇主打單一的高房價議題，面向過於狹隘，無法擴大社會支持；但是完整呈現住宅議題的複雜性，又會面臨聯盟與支持者想法分歧的問題。

另外，民進黨對於住宅團體而言，也從原有的「在野盟友」轉變成「執政者」，並且上台之後推動的住宅政策避重就輕，正如社會學者何明修所言，進步勢力的改革者面對的不再是國家部門有系統的打壓與消滅，「他們發現忽略遠比鎮壓來得有效」。61 在外部房價盤整與政治機會緊縮等條件下，二〇一六年至二〇一九年期間，住宅議題的倡議日益艱難，難以產生社會輿論，因此也就無法對政府造成壓力。

過去住宅團體雖成功推動重要的政策改革，然而進入到民進黨二次執政時期，住宅團體要面對的是不同的政治局面，住宅運動該如何延續下去？無住屋者的居住權益如何在民進黨執政的時期實現？這是我們必須思考的問題。

下一章我將回顧臺灣過去的住宅運動，歸納出一套倡議的策略，臺灣住宅運動三十年是我們共同繼承的資產，能夠幫助我們擬定下一階段的運動路線。

第六章

經濟發展了，政治民主了，為什麼我們還住不好？

chapter 06

本章是臺灣住宅運動的總回顧，我將從中歸納出住宅運動的策略，並且分析這套運動策略何以在當前的政治局勢之下難有進展。

三十年住宅運動總回顧：哪裡成功、哪裡失敗

回顧臺灣住宅運動三階段：從街頭走向政策倡議

一九八九年的無住屋者團結組織為了控訴高房價，發起了無殼蝸牛運動，但為了避免政府的抹黑與打壓，因此選擇幽默、反諷的街頭表演方式，展現出「超越黨派與非政治訴求」的形象。

然而，由於無住屋者團結組織拒絕與政治勢力結盟，也沒有積極聯繫其他社運組織，形成單打獨鬥的運動模式，且過度依賴媒體造勢。[1] 雖然都市居民痛恨房價飆漲，對高房價議題深有所感，政府也基本同意「這是應該處理的問題」，甚至一九八九年還有選舉的政治機會可以利用，然而無住屋者團結組織的主張卻始終無法在政府內部與立

法院產生有效的辯論，遑論推動政策改革。

總而言之，無住屋者團結組織欠缺聯盟的團結力量，又對政府體制的運作與政策推動的進程十分陌生。這種從「自力救濟」轉化成「請政府為民申冤」的策略，隨著媒體失去興趣後，也失去倡議的力道。此外，若無法造成政府與土地金權階級之間的矛盾（尤其在金權階級已然從地方滲透至中央的情勢下），也就沒有推動改革的施力點。以上是住宅運動的第一階段。

接下來進入到住宅運動的第二階段，一九九二至一九九八年之間，OURs、崔媽媽與政府建立起協作的關係，因此住宅團體與行政部門開始有了共同語彙，雙方逐漸形成對話的基礎。與此同時，住宅團體也初步理解了政府運作的內部邏輯，因此到了一九九九年無殼蝸牛聯盟發起的時候，住宅團體的運動與倡議策略就顯得更加成熟。除了援用一九八九年幽默、反諷的街頭策略，以及把握選前政治機會之外，也試著展開廣泛的社會結盟。

然而無殼蝸牛聯盟此時面對的卻是「大量空餘屋、房市即將崩盤」的情勢。這是亞洲金融危機後，引發的臺灣本土金融危機。發生周轉困難的多是向銀行借貸炒作房地產的投機企業。眼看房市即將崩盤，又有大量空餘屋，政府編列了一千五百億的預算準備拯救房市。可是無殼蝸牛聯盟認為此時正是開啟多元居住想像的時機，必須趁機矯正「人人必須購屋」、「有房斯有財」的迷思。無殼蝸牛聯盟認為政府不應該出手護房市、救房價，而應該是著手推動租屋市場的制度改革。政府若是能夠將空餘屋引導至租屋市場，並且整頓租屋黑市，改造成透明、有權益保障的租屋市場，人們就不見得需要購屋。如此未來買房的剛性需求就會下降，讓高房價結構失去重要的支柱。所以如果有健全的租屋市場，自然社會上就會發展出多元的居住選擇。

因此無殼蝸牛聯盟聯繫住宅學會學者（例如華昌宜、張金鶚、花敬群等人），引用他們的論述，同時積極結盟工運、環運、婦運等團體，揉合各自的訴求，將論述核心從「追求所有權」轉向「保障居住權」，希望不同階層的人遭遇的居住困境都獲得關注、居住權益都獲得保障。此時無殼蝸牛聯盟也透過學界關係，與營建署署長林益厚達成默契。

林益厚回應了無殼蝸牛聯盟的其中一個訴求——「提出整體住宅與土地政策改革時間表」。在此之前，臺灣從來沒有過整體的住宅政策討論。營建署在一九九九年召開的《整體住宅政策》首次跨部會座談會，是臺灣政府首次正面回應這個問題。在這場座談會，無殼蝸牛聯盟的訴求與學界的主張有許多共同之處，皆認為過去政府未規劃整體性的住宅政策，任憑市場發展，所以造成供需脆弱失衡，未來住宅政策的研擬應該要健全市場機制，完善住宅金融制度，還要檢討補貼的公平性，尤其必須保障弱勢的居住權益。

但若是要求政府規劃完整的住宅政策，實際上會牽涉到諸多政府部門，不是營建署就能夠決定，所以溝通對象應拉高層級至行政院，由行政院進行跨部會整合才有希望解決問題。後來無殼蝸牛聯盟成功掀起輿論，迫使行政院召開健全全國經濟體質財經會議，會議結論是營建署必須研擬《整體住宅政策》。這是住宅運動重要的階段性成果，政府終於改變原先對住宅市場放任的立場，半推半就地負起保障人民居住權益的責任。

在住宅運動的第二階段，也就是在無殼蝸牛聯盟這個時期，要面對的難題是如何將理念轉變成政策，而政策又該如何具體落實。因此無殼蝸牛聯盟開始將重心從街頭轉向議會，由「社運施壓」的角色轉向「政策倡議」，更加關注國會遊說與政策立法，並透過成員的人際網絡與余政道等立委建立合作關係。

無殼蝸牛聯盟一九九九年初提出的訴求之中，有「發展租賃住宅」、「規畫租金補貼」兩項訴求，因此首次投入政策倡議就選擇推動能夠實現這兩項訴求的「二法一案」。[2]與此同時，由於經建會也提出「租金支出扣抵所得稅」方案，無殼蝸牛聯盟便借力使力專注於《所得稅法》第十七條，要求「租金支出扣抵所得稅」具體入法。

到了一九九九年七月，營建署發布了〈整體住宅政策白皮書草案〉，草案吸收了學界與無殼蝸牛聯盟的論述，呼應無殼蝸牛聯盟所倡議的「保障居住權」。這份草案也促成當年投入總統大選的五位參選人全數現身於「八二七非萬人夜宿忠孝東路活動」，並公開簽署住宅政策支票。

至此無殼蝸牛聯盟已經有了相對成熟的倡議能力及策略，對於住宅政策也提出了階段性的看法。但由於九二一大地震、第一次政黨輪替，使得倡議暫緩，加上聯盟的決策核心仍較為鬆散，最後運動能量未能延續，功虧一簣。

接下來進入住宅運動的第三階段（二〇一〇年至今），住宅運動經歷社會住宅推動聯盟以及巢運，過去住宅運動的經驗逐漸形成一套政策倡議模式，而巢運可說是住宅運動三十年的集大成。

在第三階段，社會住宅推動聯盟的成立尤其重要。二〇一〇年住盟成立，住宅團體與社福團體展開合作，擴大了居住議題的內涵，而在組織的運作層面，組成了穩固的決策核心，能夠長期投入倡議活動。此時住盟採取優先推動社會住宅的「先易後難」策略，也順利讓社宅成為選舉的熱門攻防議題。

在住宅運動的第三階段，住宅團體過去累積的人際網絡逐漸成熟，住宅團體與不同黨派的立委、市議員，以及行政部門持續擴展合作關係，因此更能夠找到機會參與政策制訂。另一方面，住宅團體也逐漸精煉論述，發展出更細緻的居住問題分析架構，讓社會大眾更容易意識到臺灣居住現況的不合理之處。

整體而言，這些條件都讓住宅團體更能操作政治與社會動能的槓桿，而且住盟成員過去累積了與政府共同協作的經驗，在批評與倡議之外，也參與了政策執行，這種「既批評又合作」的模式，使得政府在處理住宅議題時會重視住宅團體的意見，也因此住宅團體掌握了一定程度的話語權。

到了這個時期，住宅團體更加有能力將理念轉化成政策論述。團體中聘僱有專職人員，可以長期持續地推動政策倡議，深化政策內涵，住宅團體因而得以成功推動如《住宅法》、實價登錄、房地合一稅等諸多法案。

運動策略歸納：「巢運模式」

回顧三十餘年來的住宅運動與倡議模式，可以從中歸納出幾項策略，我將其稱為

「巢運模式」，具體如下：

一、選前契機：把握選舉前的政治機會，發起大型社會運動、[3]舉辦論壇、提出論述（例如發布白皮書），引發社會輿論，並聯合在野黨形成改革的方案。

二、借力使力：在選舉淡季，把重心放在檢視政府預備要推動的法案（或基於民怨被迫推動的法案），分析其中保障了哪些居住權益，有哪些方面遭到忽略。接著提出更全面的民間法案版本，且讓民眾比較民間版本與政府的版本，這樣一來民眾就能夠理解若要獲得完整的權利保障，必須通過哪些項目。如此有機會形成輿論，產生政治壓力，讓政府願意接納民間法案版本的內容。

三、廣泛結盟：與民間團體、民間智庫、學界結盟，使住宅議題呈現不同面貌，引發不同群體關注，共同推動改革方案。

四、裡應外合：與政府部門建立關係網絡。此一網絡有助於召開記者會，擴大宣傳。此外住宅團體必須獲取政府資料才能進行有效的政策分析，因此必須有索取資料的管道。在立法部門，也要有願意將民間版本法案帶進議會提案的立法委員，如此才有倡議空間。

五、實際介入：住宅團體同時具備了倡議、監督、合作三種角色。除了倡議與批評外，也參與政府部門各類諮詢會議，或是承攬業務協辦合作，累積政府部門對住宅團體的信任感，降低溝通成本。

六、先易後難：將複雜的住宅議題分為「購屋市場」、「租屋市場」、「社會住宅」三大面向，選擇反對力道較小的社會住宅等「補貼型改革」先行倡議，再尋找機會邁向「市場面改革」的深水區前進。

七、穩固核心：形成穩固的決策核心，並聘請專職人員，不斷深化政策論述的內涵，且持續推動倡議。

回顧過往的住宅運動，比較上述關於「巢運模式」的分析，一九八九年的無住屋者團結組織，掌握到的僅有「選前契機」，雖然造成話題，但很快無以為繼；而一九九九年的無殼蝸牛聯盟則在把握「選前契機」的基礎下，發展「借力使力」、「廣泛結盟」與「裡應外合」，但仍然沒有提出完整的政策論述框架，對於住宅議題缺乏政治判斷，也沒有形成穩固的決策核心；直至二〇一〇年，「巢運模式」的各項條件才陸續到齊，至此住宅運動才能穩定發展政策倡議路線。

在住宅運動走到「巢運模式」之前，先前的運動階段並非「全有或全無」地具備某項策略，而是處在多方摸索與嘗試的學習過程，每一場運動都參考了過往的經驗，並調整當前的策略。如無住屋者團結組織曾試圖邀集立委組建「都市及住宅政策改革委員會」，希望藉此達成「裡應外合」，無殼蝸牛聯盟也在《整體住宅政策》草案擬定過程中，嘗試「實際介入」，但當時都因為各種條件尚未成熟，以致於失敗或效果不佳。

因此，之所以最終形成「巢運模式」，其實也是政治結構、社會條件互相交織影響的結果。如一九八九、一九九〇年國民黨政府對社會運動抱持著過度警戒的敵視態度，使得無住屋者團結組織幾乎無法採取「借力使力」與「實際介入」等策略。經過長年經營，「無殼蝸牛」乃至於「巢運」[4]逐漸成為民眾熟知的意象符號，彷彿變成一種住宅運動「品牌」，而且是有歷史的老牌子，長年下來，民眾對這兩個品牌提出的訴求有一定的信任，使得住宅團體能夠快速發起動員，取得政治機會，這也是巢運模式能夠持續運作的因素之一，並在二〇一〇年後取得許多制度改革的成果。

巢運模式已經到盡頭了嗎？

雖然住宅團體自二〇一〇年來透過「巢運模式」取得了諸多制度性改革成果，但此路線也受到許多侷限，受限於外在大環境的民意走向，以及政治局勢的變化也會影響倡議的推展。過去住宅運動的發起或多或少都利用了兩大外部條件，分別是對執政黨有威脅力的在野黨以及高房價民怨。

住宅運動需要群眾的支持，獲得社會的關注，如此才能產生足夠的聲量，聯合在野黨的力量對政府造成壓力。然而動員群眾並不容易，另一方面，居住議題也要與其他時事話題競爭，雖然青年世代每天都要面對居住不穩定的問題，但青年的「困境」不總是能夠成為排入議程的政治「議題」，往往需要一個引爆點，創造話題性，並且獲得媒體的關注之後，青年的困境才有機會轉變成政府認定應積極處理的問題。因此如果無法動員足夠的群眾，或是居住議題沒有獲得廣泛的關注，政府又不願回應，那麼也就沒有展開住宅運動的可能。

同時，住宅運動所要對抗的利益結構也十分強大，不僅國民黨與利益結構媾和，民進黨也如出一轍，因此縱使政黨輪替，或有改革派進入體制，也無法改變整體情勢。

如此的困境，在二〇一六年後愈加明顯。

本章節將討論巢運模式的困境，關於群眾動員、議題擴散以及政治局勢，並且分析何以在民進黨執政之後，住宅運動反倒難以持續推進。

巢運模式的困境一：群眾動員困難

為什麼住宅運動不容易動員群眾呢？因為住宅議題本身的複雜性，雖然高房價造成民眾痛苦，但是住宅議題十分複雜，牽涉到龐大的社會群體。再次提到臺大城鄉所教授華昌宜推估的臺灣住宅權屬分布，從分析結果呈現的分布樣貌之中，我們將得知誰會是住宅運動的支持者。華昌宜綜合各項資料，將臺灣家戶數濃縮為一百戶呈現分布樣貌，其中七十戶擁有住宅，而這七十戶之中，有六十戶持有一宅，七戶持有兩宅，三戶持有三宅以上。在這一百戶之中，卻有三十戶無自宅，而「無自宅的三十戶中可能三分之一為社經極端弱勢，早已放棄擁屋期望，政治上也屬冷漠；但其它三分之二則從有望擁宅變為絕望者，最為憤怒」。[5]

因此支持住宅倡議的群眾，很可能是這兩成的「原有望擁宅者」，而其中佔比最高的六成一宅持有者則是處於矛盾當中，雖然房價高漲使其換屋不易，子女也難以買房，但若房價下跌，他們又會陷入紙面財富減少的焦慮中，受困在「房價不能漲，但也不能跌」的矛盾心理。反對改革的聲浪往往來自政商金權集團，一成的持有多屋者是金權集團的支持者，而六成的一宅持有者受到金權集團裹脅，也在反對改革的陣營中。

這樣的所有權分布狀態，加上房產內在的「消費與投資」之二重性，造成了詭異的現象，雖然民眾厭惡高房價，但儘管民怨高漲使得改革得以推動，也多半以改良式的「補貼型改革」為主，例如興辦社會住宅、擴大辦理包租代管等，而能夠健全市場發展的「市場面改革」，例如實價登錄2.0卻一波三折，至於持有稅改革則是不斷

2010-2021年全國房價所得比與改革時間分佈

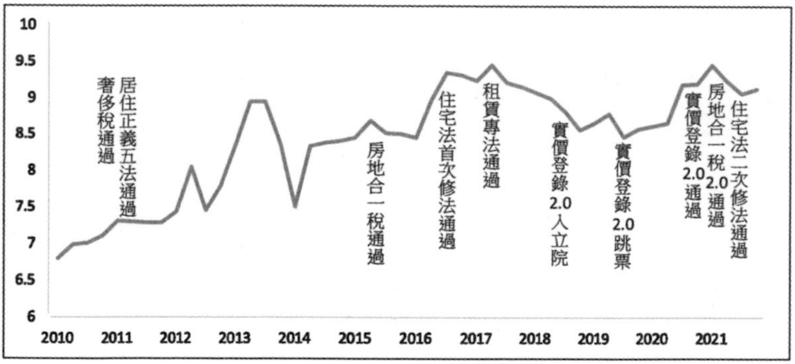

資料來源：內政部不動產資訊平台

遭遇強力打壓。住宅政策的改革現況，正反映了臺灣的高房價迷思依然陰魂不散。

巢運模式的困境二：議題競爭激烈

住宅團體的倡議聲量很大程度取決於當下居住問題造成的民怨強度，住宅團體在二〇〇〇年至二〇〇八年之間並未積極參與政策倡議的原因，除了組織因素外，另一個因素是亞洲金融風暴與九二一大地震的影響仍餘波盪漾，房市相對低迷，因此住宅團體欠缺介入空間。直至二〇〇八年房價明顯攀升，並在二〇〇九年成為「十大民怨之首」，住宅團體才有條件以民怨作為倡議的正當性來源。

如圖所示，二〇一一年通過奢侈稅、居住正義五法，二〇一六年通過房地合一稅，均是在房價攀升期間完成的，即便當時亦有建商代表反彈，*政府也難以忽視民眾的改革期待。但若處在二〇一八、二〇一九年房價進入相對低點的盤整期，甚至是與房價較為間接的訴求也無法得到充分的社會支持，例如保障弱勢的「租金補貼」，[6]又或是訴求「資訊透明化」的實價登錄，都無法凝聚足夠的倡議力道。

巢運模式的困境三：民進黨執政後深度改革難以推動

倡議行動的串連只在政治菁英與專業者群體當中打轉，且有賴於政治力量的競爭所產生的板塊縫隙，一旦政壇上欠缺有足夠威脅力量的反對黨，或是反對黨不願與住宅團體結盟，那麼住宅團體就難以產生足夠的聲量。

民進黨執政後，國民黨作為最大在野黨，卻對住宅政策缺乏概念，同時住宅團體難以與國民黨建立常態溝通管道，而時代力量與台灣民眾黨合作意願雖高，但席次少，使得民進黨政府僅需拖延乃至於拒絕排審住宅法案，就能打散住宅團體的倡議行動。民進黨上台之後，即便住宅運動的昔日夥伴進入政府擔任要職，卻受限於政府內部權力結構，上級若有不同意見，在朝為官的昔日夥伴也難以發揮影響，甚至反過來成為阻擋改革的角色。

* 二〇二一年三月「政府實施房地合一稅及是否推動囤房稅之政策評估公聽會」上，中華民國不動產聯盟總會林正雄理事長仍表示當年的房地合一稅通過造成「國民黨十年內沒有辦法執政」，可見當年改革時其怨氣之深重。請見：立法院財政委員會，〈「政府實施房地合一稅及是否推動囤房稅之政策評估」公聽會報告〉，二〇二一年。

二〇一〇~二〇二一年住宅政策改革推動過程與外在環境關係

	總統、行政院長	制度改革結果	房價走勢	住宅團體推動制度改革的過程	政府想實現改革的強烈程度
二〇一一年	馬英九、吳敦義	奢侈稅、居住正義五法通過（不動產經紀業管理條例、平均地權條例、地政士法土地徵收條例、住宅法）	持續上揚	不斷舉辦相關倡議與活動，並拜訪跨黨派政治人物與總統。馬英九總統指示國民黨立院黨團通過法案。	房價為民怨之首，總統為大選選情考量指示通過。
二〇一五年	馬英九、毛治國	房地合一稅通過	持續上揚	二〇一四年巢運後行政院要求財政部提出修法草案，同年縣市長選舉結束後，巢運團體不斷倡議，最終由總統指示立院通過法案。	巢運後民間與在野黨積極推動，總統為選情考量指示通過。
二〇一六年	蔡英文、林全	《住宅法》首次修法通過	相對高點	絕大多數內容與政府有共識並合作，部分不同意見透過友善委員倡議與抗議進行爭取成功。	為實現選前承諾、興辦社宅之必要法案，政府有強烈通過意願。

二〇一七年	蔡英文、賴清德	《租賃住宅市場發展及管理條例》立法通過	走向低點	除政府所需之租賃產業相關內容外，民間團體訴求如糾紛處理、資訊透明等幾乎均未達成。	為發展租賃產業必要法案，政府有強烈通過意願。
二〇一八年	蔡英文、賴清德	實價登錄2.0送入立院待審	相對低點	政府與民間合作，召開多場討論會議凝聚共識，形成雙方均同意的版本內容。	安居三策政見之一，但議題關注度不高。立院未積極排審。
二〇一九年	蔡英文、蘇貞昌	實價登錄2.0修法跳票僅通過弱化版本	相對低點	政府對改革退縮，改為提出弱化版本，民間表達強烈不滿，並委由在野黨提出對案。	政府退縮改革，但為解除地政士的登載責任，提出弱化版本。
二〇二〇年	蔡英文、蘇貞昌	實價登錄2.0修法通過	迅速上揚	在野黨與民間持續監督並提出對案，政府迫於房價上漲壓力三讀通過，並新增禁止紅單轉售等相關內容。	房價上漲，政見未落實遭民間與在野黨質疑，勉強三讀通過。
二〇二一年	蔡英文、蘇貞昌	房地合一稅2.0通過《住宅法》二度修法通過	持續上揚	為遏制短期炒作迅速通過房地合一稅2.0，民間樂見其成。《住宅法》原僅修改包租代管條文，經民間與結盟委員倡議後最終版本加強弱勢保障。	為遏制短期炒作與加強推動包租代管績效，有其施政急迫性。

回顧過往住宅團體的倡議時機，從二〇一〇年住盟成立到後續諸如《住宅法》立法、實價登錄與房地合一稅等諸多法案通過，基本上都是在房價步步攀升且社運氛圍濃厚的時空背景下，再結合國會政策網絡、製造話題輿論、利用選舉政治機會等，多管齊下，如此成功推動。但是換個角度回顧過往的運動成果，其實很大程度依賴當時的機遇，如果外部條件改變了，倡議活動就難以推展，其中影響最大的就是政治局勢的改變。

二〇一八年，民進黨執政之後的首次地方選舉大敗，這場選舉的失敗被解釋為蔡政府的整體執政表現不得民心，與此同時房價又處在相對低點盤整，隔年幾乎所有住宅政策在政府內部都失去了討論空間。

蔡英文住宅政見中極其重要的實價登錄2.0直接跳票，即便住宅團體大力呼籲，自二〇一九年三月起至該年年底，住宅團體舉辦記者會、發表專文、舉辦跨黨派住宅政策論壇，甚至透過時代力量黨團提出實價登錄2.0對案，也無力挽回實價登錄2.0跳票的結果，直至二〇二〇年底才因為高房價契機得以通過。

至於處在「深水區」的稅制改革，情況更加艱辛。前一章提及「房地合一課徵持有稅」修法難度過高，而持有稅的「稅基評定」職權又分散於各地方政府，因此二〇一九年，在野黨提出「空屋稅」或「囤房稅」的持有稅制改革，透過針對囤積空置的房屋課以重稅，並輔以「出租免稅」配套，希望藉此降低臺灣愈發嚴重的空屋囤積問題。*

二〇一九年五月，雖然空屋稅提案於「公共政策網路參與平台」達到五千人次的附議，**但民進黨政府依然敷衍以對，即便有四黨立委[7]提出共七個囤房稅版本在立法院待審，但要是行政院未提出版本，便無法進入實質審查。

直到二〇二一年初，房價高漲民怨四起，財政部才於三月釋出研擬囤房稅的風聲，但兩天後隨即否認，而是選擇快速推動「房地合一稅2.0」通過。

新版房地合一稅的作用主要還是打擊投資客的短期炒作交易，將預售屋納入課徵對象。然而新版卻將舊版的原持有一年內出售者，課徵獲利的百分之四十五，延長至兩

---

* 具體主張將於第七章詳述。

** 由國家發展委員會建置的平台，二〇一五年上線，民眾可在平台上發表政策提議，只要在六十日內獲得五千人次的附議，主責機關就必須在兩個月內提出具體回應。平台上線至二〇二〇年有超過九千則提案，但實際成案只有兩百則左右，空屋稅提案在十三日之內達成五千人次附議，遠快於平台規定的六十日，可見民眾對空屋稅改革的重視。

年內，並將持有逾一年、未滿兩年課徵百分之三十五的規定，拉長為持有逾兩年、未滿五年。

但比起「空餘屋與房價雙高」的市場扭曲現象，顯然更需要修正能夠導正此扭曲現象的持有稅制，然而政府預期擁屋者與建商可能的反彈，最終仍是透過「房地合一稅2.0」打擊投資客群體，避免遭遇太過激烈的政策反彈。

三大住宅議題面向蔡政府改革積極度與分析

住宅議題面向	相關法令	政府改革意願	結構因素
購屋市場 （買不起）	實價登錄2.0 房地合一稅 囤房稅	低	觸及房價恐引發絕大多數擁屋者與建商等疑慮反彈，能夠不改就不改。 若須改革，優先改革資訊透明（實價登錄2.0）與打擊投資客的交易稅（房地合一稅），而非改革打擊囤房者與建商的持有稅（囤房稅）。
租屋市場 （租不好）	租賃專法 囤房稅 《住宅法》	中	租屋族與租服業者支持，但不利房東既得利益，市場黑市沉痾亦難以處理。採補貼與減稅為主、扶持租服業者，同時安撫房東與房客。

補貼面改革[8]（住不到）	《國家住宅及都市更新中心設置條例》《住宅法》	高	年輕人支持，反對聲量小，政績明確，積極推動作為政策指標。

因此二〇二〇年蔡政府的第二任期，雖然接連通過了實價登錄2.0、房地合一稅2.0、《住宅法》第二次修法等成果，住宅團體亦採取過去的倡議模式將法案內容補強，並不斷指出政府應兌現而未兌現的政見，但倡議之所以能夠持續，仍然是仰賴二〇二〇年疫情造成的房價飆漲所形成的民怨，[9]在民怨促使政府願意改革的外在條件下，巢運的倡議路線才有發揮空間。

當前蔡政府住宅政策總檢討

本章已經回顧住宅運動三十年的運動歷程，歸納出巢運模式，並且檢視巢運模式當前的侷限。進入民進黨執政的新局面，住宅團體需要重新調整策略，在沒有強力在野黨的時期，找到有效的倡議策略。

回顧一九八九年的無殼蝸牛時期，當時對於居住議題的討論，僅停留在高房價問題，而如今我們已開展出了更多元的討論層次，我們也能從這些多個方面，從社會住宅、租屋、資訊透明、稅制等等，深入檢視蔡政府的住宅政策，分析蔡政府刻意逃避哪些住宅政策的改革。

接下來本章節將以彭揚凱提出的「買不起」、「租不好」、「住不到」三大居住困境作為檢驗標準，檢視蔡政府二〇一六年上任後的住宅政策實行結果如何？是否開始著手改善這三大居住困境？

「打房問題不存在」的蔡政府

馬政府時期採取了許多打房政策，法規方面的措施有實價登錄、房地合一稅，金融方面的措施有央行的選擇性信用管制，央行從二〇一〇年至二〇一四年共有四波選擇性信用管制，主要以限制購屋的貸款成數為主。[10] 因此二〇一五年後，臺灣的房價漲勢已逐漸趨緩，進入盤整。

然而蔡英文團隊從二〇一五年底競選總統時就表示「打房問題不存在」，不只是迴避高房價問題，甚至認定高房價是不需要處理的問題。[11]回顧蔡政府的施政結果，可以說蔡政府十分迴避高房價議題，不僅未堅持上台時所承諾的持有稅制改革，甚至反而逐步去除限制高房價的政策措施。在馬政府時期，民進黨作為在野黨與住宅團體聯手推動的許多改革，在蔡英文執政後卻停滯下來，甚至倒退，導致二〇二〇年後臺灣房價飆漲時，蔡政府根本束手無策，而且未見亡羊補牢。

至於租屋困境，蔡政府採取的是「培力產業」以「擴大市場」的策略，但因為沒有改革持有稅制，對持有多屋者祭出囤房稅、空屋稅，所以幾乎沒有成效，可說是完全失敗。因為房價居高不下，造成租屋需求上升，然而租屋政策並未有效增加租屋供給，使得租屋市場成為房東說了算的「賣方市場」。所以租屋市場依舊是不透明的黑市狀態，而且房東與租客權力不對等，政府考量在上述情況下又進行改革，可能促使房東抬價或是乾脆收回租屋，產生市場閉鎖效應，因此時至今日租屋市場的改革沒有進展。

相對於幾乎全面失敗的「市場面」住宅政策，蔡政府較為積極推動的是「補貼面」的住宅政策（社會住宅、包租代管、租金補貼），也的確透過數次修法與立法開拓了興辦社會住宅的制度管道，但未來發展仍待觀察；而包租代管與租金補貼的成效需仰賴租屋市場的改善，租屋黑市不改善的情況下，即便有補貼，房客也不敢申請，雖然內政部一再強調「房客申請租金補貼無須取得房東同意」，[12]但申請租金補貼將使房東的出租事實曝光，可能造成房東的稅負增加，使得房東與房客處在對立的狀態，而房東若把申請租金補貼的房客趕走或是漲租，也無須取得內政部同意，房客其實是孤立無援。

大幅放寬購屋市場管制

隨著房價盤整、漲幅趨緩，央行也在二〇一五年八月逐步放寬選擇性信用管制，到了二〇一六年，幾乎全數取消馬政府時期實施的金融管制。[13]二〇一七年九月顧立雄出任金管會主委，他也認為「房市已經是軟著陸的狀態」，於十一月調降房貸風險權數，銀行預估可以多出近一兆八千萬的房貸放款空間。[*]為了增加可放款的額度，金管會二〇一八年八月，調整《銀行法》七十二之二條的項目，由於《銀行法》七十二之二條規定：「商業銀行辦理住宅建築及企業建築放款的總額，不得超過放款時所收存款總餘額，及金融債券發售總額的百分之三十」，當時各家銀行房貸放款的水位約達百分之二十六，金管會將學校、醫療機構、政府廳舍、長照機構、社宅、廠房、都更、危老、促參（促進民間參與公共建設）等項目均予以排除，不列入總額計算當中。這樣一來，就為房貸放款增加了三千五百億到七千億的空間。此外，又在二〇一九年四月鬆綁《保險法》第一四六條之二保險業投入都市更新的相關限制，使保險業投資房地產的限制變小。[14]

政府默默放寬了流入購屋市場的資金限制，理應知道此舉將會造成房價上漲，增加住宅的商品化程度，擠壓到一般民眾的居住需求，然而面對青年成家的剛性需求，政府卻對高房價避而不談，認為「透過租金補貼、社會住宅、包租代管」就能解決。房價上漲也造成老舊屋主換屋不易，政府則是鼓勵「危老重建、都更」等制度作為回應。

資金大量流入購屋市場，使得住宅資源被把持在財團手上，那麼有實際居住需求

＊　風險權數是指銀行計算資本適足率時，決定銀行必須計提多少資本的標準。風險權數愈高，銀行就須計提更多的資本，才足以承擔可能的風險，資本計提愈多時，銀行也會面臨增資壓力。顧立雄將自用不動產風險權數由百分之四十五降為百分之三十五、非自用由百分之百降為百分之七十五。風險權數愈低，計算出資本適足率（銀行自有資本淨額除以其風險性資產總額而得的比率）就愈高，銀行資本成本降低，可減少增資壓力。本次調整若以非自用住宅來看，銀行預估可以多出近一兆八千萬的放款空間。

的民眾也會受到影響，然而政府為了迴避囤房稅的討論，甚至假定當前國內的購屋與租屋需求不高，那麼就沒有透過囤房稅等高額稅賦的手段，迫使多屋持有者出租或出售，因此認定囤房稅等持有稅改革無法改善空屋問題，僅會造成空屋轉移。[15]

另一項措施也能看出中央無意調高房屋持有的成本。財政部在二〇一七年二月，將〈中央對直轄市與縣（市）政府計畫及預算考核要點〉之中的「房屋稅稅收努力程度」項目刪除，不列入財政績效的考核，此項目於二〇一四年初新增，僅執行了短短幾年。[16]

二〇二〇年三月，因應新冠肺炎造成的金融動盪，[17]央行再次調降利率一碼，希望促進經濟流動，房貸利率也於四月首次低於百分之一．四大關，創下史上新低。[18]國內這一連串發展，也受到海外回流資金影響。二〇一九年通過的《境外資金匯回管理運用及課稅條例》，使得國內上市櫃公司將海外盈餘匯回臺灣。[19]由於疫情下國外投資風險及避險成本升高，壽險業資金也大舉進入不動產市場，二〇二〇年前八個月壽險業投資不動產實質增加一千兩百二十八億元，創下歷年新高。[20]

房市的狂歡與飆漲：「買不起」的檢討

因此就「買不起」的面向上，二〇二一年之前蔡政府沒有採取任何健全購屋市場或抑制高房價的措施，而是假設「房價已經不會漲」，同時希望剛性需求慢慢降低。矛盾的是，在此前提之下，竟然大幅放款資金進入房地產的限制，直到疫情爆發時的二〇二〇年上半年，依然維持放寬措施，以試圖「挽救經濟」。

政府展現的「利多」態度，對房市無疑是一記強心針，但房地產市場的熱度飆升遠出乎政府的預期。住宅建照的核發數從二〇一六年的七萬九千、二〇一九年的十四萬八千，上升到二〇二一年的十七萬，創下二十六年以來的新高，顯示建商信心十足。[21]

若從市場交易來看，二〇一九年六月至二〇二一年六月這兩年間，不動產經紀業（房仲業）家數成長了百分之十五，受雇之不動產經紀人數量成長百分之十二、營業員成長百分之十九，均創下自二〇〇七年一月資料統計以來新高，不動產經紀業銷售額也逐年升高，至二〇二一年首次突破千億元。[22]房產買賣移轉棟數從二〇一六年的二十四萬五千多棟，逐年攀升至二〇二一年的三十四萬八千餘棟，創下二〇一三年後的新高。這些數據反映了房市的熱絡程度。[23]

但與此同時住宅面積越蓋越小，民眾房貸負擔越來越大。七年來新完工住宅面積平均從五十七坪減至四十五坪，[24]個人房貸平均金額則從二〇一六年的三百六十八萬、二〇一九年的四百一十三萬，上升到二〇二一年的四百六十二萬。*在高房價壓力下，利率降低並沒有減輕民眾負擔，若以二十年期本息平均攤還試算上述房貸金額，在二〇一六年時房貸利率百分之一．六五，本息每月攤還一萬八千零六十二元；到了二〇二一年利率百分之一．三五，本息每月攤升高到兩萬一千八百八十一元。

二〇一六年至二〇一九年期間，房價指數[25]仍相對穩定，根據內政部以實價登錄計算的全國住宅指數，二〇一六年至二〇一九年這四年間，全國指數約上漲百分之四．八五，但在二〇二〇年至二〇二一年的短短兩年間，全國指數約上漲百分之十二．二四。[26]

市場面政策推動全然失敗

內政部曾在二〇二〇年五月表示「就目前政策作為而言，房地合一稅與央行持續對豪宅貸款的信用管制，對房市炒作可以產生持續性的防制效果。」但實際上房地合一稅並沒有對這波房價飆漲產生抑制作用，二〇一九年房地合一稅課徵了八十一億一千萬元，二〇二一年則翻三倍來到三百二十二億四千萬，「政府打炒作」變成「炒房有賺給政府吃紅」。

而且由於沒有改革持有稅，囤房族持有房產不構成壓力，就能等待好時機再出售大賺一筆。在房地合一稅的課徵件數之中可看出其中端倪，房地合一稅針對持有未滿兩年就出售的案件課徵重稅，所以投資客只要撐過兩年就能避開房地合一稅的打擊，數據顯示持有「兩年以上，未滿十年」的佔比從二〇一八年的百分之十七，上升到二〇二〇年的百分之四十一。[27]只改革交易稅而未改革持有稅，僅僅是讓投資客拉長持有物件的時間，實際上沒有遏止炒作。

此外，僅存的豪宅貸款信用管制也毫無作用，二〇一七年王泓仁、陳南光、林姿妤於《中央銀行季刊》發表的〈房貸成數（LTV）對臺灣房地產價格與授信之影響〉一文，分析二〇一〇年至二〇一二年的選擇性信用管制，指出雙北地區限貸可間接發揮

* 此處是以個人房貸總額除以個人房貸總人數計算，因此會納入仍然正在繳納的房貸。若只看「新增房貸」，二〇二一年十月新增約兩萬六千個房貸族，其平均貸款金額達到七百八十八萬元，創下歷史新高。

抑制房價的功能，但針對高價住宅的限貸與房價之間不具統計顯著性。[28]

直到二〇二〇年下半年，政府才意識到房價漲幅造成了民怨，[29]趕緊通過「實價登錄2.0」、「房地合一稅2.0」等修法，央行也重啟「選擇性信用管制」，金管會重新調升房貸風險權數等措施，但房市熱度早已因為政府過去的鼓勵與鬆綁而迅速飆升，慢半拍的補破網措施難以短時間調轉房市，最多起到「降溫」作用，上漲的房價早已一去不回頭。

迴避租屋黑市問題：「租不好」的檢討

至於居住困境之一的「租不好」，如前章所述，二〇一七年內政部試圖藉由租賃專法「培力產業」以「擴大市場」，最終再改善租賃雙方的「權責義務」，並且增加資訊的透明程度。然而沒有改革持有稅，自然無法有效達成將空屋釋出以擴大市場的作用，租屋黑市的情形也就無法改善，因此培力產業的速度遠不如預期。

錯誤的政策造成房價飆漲，連帶租屋需求大增，但租屋供給並未同步提高。政府恐懼租屋供給如果持續下降，將會造成市場閉鎖，所以避不處理「租賃雙方權責義務」

與資訊透明化等議題。[30]除了發放「三百億租補」等短期補貼手段，試圖安撫民怨外，完全沒有辦法處理租屋市場困境。

根據巢運團體二〇二二年進行的調查，有百分之四十五的租屋族認為「租屋」無法作為穩定的居住選項。即便有些租屋族認為「租屋」還算是可以穩定居住的選項，也對現行租屋制度感到不滿，主要就是因為租屋者的權利在租屋黑市中難以得到保障。[31]

整體而言，直到蔡政府的第二任期，「市場面」的住宅政策全然失敗，蔡政府面對購屋市場問題時，抱持「房價不會漲」的莫名自信，十分輕忽怠惰，甚至放任地方政府維持非常低的持有稅稅率，並大幅放寬資金進入房地產的限制。至於租屋市場方面，雖然著力較深，但錯誤的政策最終亦未達成健全租屋市場的目標，反而因為房價飆漲，使得租屋需求大增，房東與租客權力不對等的關係更加惡化，提高了改革的難度。

弱勢保障不足：「住不到」的檢討

關於「補貼面」的住宅政策推動，蔡政府則相對積極，包括推動《住宅法》修法與租賃專法的立法，為「八年二十萬戶」社會住宅的目標開拓了制度管道。蔡政府第一任期（二〇一六～二〇二〇）的社會住宅第一階段興辦目標為「四萬戶直接興建，四萬戶包租代管」。「直接興建」的進度，至二〇二〇年四月包含既有、新完工、興建中與待開工的數量，已經達到了三萬八千餘戶，勉強達標。

雖然在社宅興辦的第一階段，中央提供財政、土地取得、融資管道、法制規範等協助，但實際的規劃與興建仍然需要仰賴地方政府的投入。在地方政府量能不足或意願不高的狀況下，社會住宅的興建進度就會受到影響。

面對這些狀況，中央籌備「國家住宅及都市更新中心」，在第二階段由中央擔任直接興建社會住宅的主力，但該中心的量能是否足以承擔龐雜的規劃興建等工作，仍有待考驗。另一方面，最先開始興建社會住宅的地方，當然是「容易取得且適合蓋社宅」的土地，隨著這些土地規劃興建完畢，接下來就會進入土地取得較困難的進度放緩期了。加上又有營建業缺工、造價上漲等壓力，社宅數量很難在短期內提升。二〇二二年五月為止，包含既有、新完工、興建中與待開工的社宅數量也僅提升到五萬七千多戶，等於第二任期過半時，距離目標還有二萬三千戶的差距。[32]

至於包租代管更因為牽涉到租屋市場困境，進度嚴重落後，至二〇二二年五月為止僅「累積媒合」[33]四萬餘戶。[34]政府為了衝數量已經絞盡腦汁，不但於二〇二一年再次提案修正《住宅法》，為加入包租代管的房東提高免稅額度，更曾一度將包租代管月租金上限提高至四萬五千元，而且為了達成預期的興辦數量，政府刻意忽略「業者的租屋歧視」、「包租代管仍無法設戶籍」等爭議，沒有用心處理。

在租金補貼的申辦流程與相關限制上，蔡政府作了許多合理的改進，[35]但卻始終不願意面對「弱勢補不夠」的問題。[36]在二〇一六年《住宅法》修法後，由於規定政府應於兩年內「完成相關租金資料或價格蒐集、負擔基準及補貼金額計算方式之建立」（簡稱「可負擔基準」），隔年內政部便將此案委託民間研究，然而二〇一八年內政部代表於該研究案的座談會上表示「行政院已明確指示租金補貼預算不宜再行擴大，所以無法在理想狀態下採行本案研究成果。」

最後租金補貼的「可負擔基準」於二〇二一年制定完成，[37]但卻是以衛福部制定的低收入戶與中低收入戶的「身分別」作為補貼資格，而非以「實際收入」制定基準，造成無法取得福利身分的經濟弱勢未能適用等問題。[38]從數據上來看，低收入戶與中低收入戶人口約佔全國人口百分之二．五，但經濟狀況與低收、中低收相似，卻未取得相關身分的弱勢人口必然更多。[39]

但在可負擔基準制定之前，政府在二〇一九年底先行宣布租金補貼戶數將從六萬戶擴增至十二萬戶，並放寬戶籍及所得限制，預算也由二十八億提高至五十六億元，顯見政府並非「不宜擴大預算」，而是「不想補足弱勢」。

二〇二二年更宣布為期四年的「三百億租補」專案，每年將支出三百億補貼五十萬戶，並進一步放寬所得等限制。以臺北市來說，家庭月收入低於十六萬八千元皆可申請，[40]這麼寬的申請條件，不僅使得租補專案的財務難以持續，也讓租金補貼偏離了「協助經濟負擔能力不足的租屋家戶」的政策目標。

住宅運動一定離不開政治嗎？

上個章節檢視了蔡政府的住宅政策推動現況，其中有許多尚待改進之處。然而僅僅指出政府的缺失，尚且無法啟動政策改革，若要推動保障居住權益的法案，還要經歷複雜的政治協商過程。

回顧臺灣住宅運動的歷程，我們看到居住正義的理念必須轉變為具體的政策，再經由倡議團體發起行動，為保障居住權益的法案找到修法、立法的契機，如此我們的居住權益才會受到法律的保障。因此住宅運動終究必須找到介入政治的機會。從過往的住宅運動可以看到住宅團體不斷調整與政府的關係，從完全劃清界線，逐漸找到既監督又合作的定位。

臺灣住宅運動進入到民進黨二次執政的時代，檢視了蔡政府的施政成果，接下來要再重新評估民進黨執政的政治局勢，找到介入政治的契機。

立法部門的政治網絡經營

社會學者蕭新煌認為無殼蝸牛運動具有「非政治的性格」，拒絕與各種勢力掛勾，並且不願採取任何會引發政治敏感的動作。不接觸政治勢力，也不與其他民間團體結盟，運動開展之後結果卻孤立無援，成為失敗的關鍵因素。41

在無殼蝸牛運動之後，觀察住宅運動的後續發展，可以看到住宅團體已經具備「裡應外合」的政治基礎。但不同於投入選舉、或依附某政黨成為其外圍團體的「政治化」，住宅團體不僅廣泛連結各種社會團體，也積極介入政黨之間的競爭過程。二〇一〇年後住宅運動與倡議獲得具體成果，與這種相對獨立但積極介入政治的另類「政治化」模式密不可分。

經歷了多年的倡議，住宅團體逐漸在國會與地方議會經營起自己的政治網絡，[42]並與關注居住議題的立委或議員辦公室展開合作。合作的基礎，除了這些立委或議員辦公室本身關心居住議題，有質詢提案的需求外，也來自於住宅團體能夠進行研究，提出切實可行的政策內容。

具體來說，住宅團體需要透過立委辦公室發文向行政機關「索取資料」以獲得統計資訊、請立委協助召開公聽會、合作舉辦記者會等。在進行具體的修法或立法工作時，沒有提案權的住宅團體也必須說服立委參考他們提出的民間版草案，將住宅團體的訴求納進立委的提案版本之中。

與之相對的是，立委辦公室也能藉由長期關注政策的住宅團體，了解目前行政部門的提案是否有問題、需要繼續追蹤哪些統計資料，乃至於識破行政部門推託拒絕的話術。而住宅團體所提出的政策內容與修法草案，也能夠作為立委的提案與質詢素材，向選民展示他在居住政策上的專業與經營能力，並在選舉時以此提出更加進步的政見。

以上種種都顯示了住宅團體在倡議過程中，國會關係網絡扮演了十分重要的角色。在住宅運動持續推進的歷程中，又以吳玉琴委員的辦公室主任孫一信，[43]以及江永昌委員辦公室主任劉淑玲[44]為重要代表。

孫一信出身社福團體，曾經擔任中華民國智障者家長總會副秘書長、稅改聯盟召集人等，從二〇一〇年起在陳節如立法委員辦公室任職，積極推動社會住宅政策。陳節如也是社福界出身的不分區立委，因此孫一信在陳節如辦公室中很能發揮所長，非常積極參與。二〇一〇年九月由陳節如提案的《住宅法》草案，孫一信就是重要推手。二〇一六年陳節如委員任期結束，孫一信轉任吳玉琴委員辦公室主任。

劉淑玲則是彭揚凱早年在立法院擔任立委助理時認識的朋友，二〇〇三年至二〇一五年於臺北市議員李新辦公室任職，二〇一〇年住盟與李新等議員合辦「臺北市社會住宅政策」公聽會、二〇一二年與李新合辦「安康平宅更新改建」公聽會，討論更新計畫的原住戶安置照顧、跨局處的分工合作等議題時，劉淑玲都鼎力支持。

二〇一六年江永昌當選中和區立法委員，劉淑玲轉任江永昌委員辦公室主任。[45]江永昌對財政議題十分嫻熟，且支持住宅團體的許多改革主張，因此住宅團體在財稅相關的改革倡議上，均得到劉淑玲的協助。

除了這兩位重要代表外，住宅團體也與其他立委建立合作模式，如姚文智在擔任立委期間，也跟住宅團體達成十分緊密的合作。在二〇一六年與二〇二〇年後，住宅團體開始與時代力量、民眾黨部分委員[46]建立固定合作關係，如此並不僅是為了倡議時可對外宣稱「跨黨派委員共同支持」，而是能發揮實際的力量。例如在《住宅法》第二次修法時，跨黨派的國會政策網絡便發揮了極大的作用。不僅能影響委員積極提案，且委員們也在協商會議盡力將進步的民間版本內容放入協商內容當中。原本行政院版只想「調高加入包租代管的房東免稅額」，因為委員的積極爭取，最後才納入「弱勢保障比例提升至百分之四十」、「中央主管機關訂定社宅可負擔租金收費原則」、「提高包租代管提高弱勢比例」等項目。

不過這些合作雖然都有不錯的成果，但面對倡議路線的結構限制，僅僅能稱得上一個「支點」，而無法達成關鍵性的作用。例如在推動實價登錄2.0的修法時，上述跨黨派委員皆有協助，但由於票數不足無力動搖行政院的決定。

如果政府拒絕改革甚至否認問題存在，那麼就會掩蓋資料，在這種情況下要向政府索取特定的資料就會十分困難。例如政府為了逃避囤房問題，那麼就會選擇不公開臺灣房產集中趨勢資料，藉此對外宣稱沒有囤房現象。二〇二〇年五月，內政部發表新聞稿宣稱「囤房問題有限」且「空屋大多是一屋者所持有」，在此使用的資料是「縣市個人歸戶」，而不是較準確的「全國家戶歸戶」資料。[*]在推動囤房問題改革的道路上，住宅團體仍然要努力透過國會政治網絡取得關鍵資料。

另外，在二〇二一年房價持續上漲時，政府欲打擊炒房卻避重就輕，以「房地合一稅2.0」替換囤房稅，以避免打擊到建商大戶，時代力量與民眾黨等在野小黨亦無任何對抗能力。

住宅團體一方面積極與現任立委建立關係，經營國會政治網絡，除此之外，也有進入行政部門的「昔日夥伴」擔任政務官，[47]也因此發展出不同的互動狀態。必須強調的是，住宅政策的推動絕非支持「有理想的人」當官，由他們取得決策權、主導權即可成功，相較於立法部門，行政部門掌握更多實權，但也因此受限於行政部門的整體運作邏輯，反而較難有彈性。

* 「縣市個人歸戶」僅能呈現在「同一縣市」且「本人」持有四間房子以上的狀態。但若有人於全臺各縣市均購屋一戶，或是將房產登記於配偶或子女名下，就無法知道其真實的房產持有狀況，因此內政部所引用的資料大幅低估了囤房狀況，也對空屋權屬分析提出了錯誤的結論。

進入體制的昔日夥伴：張景森

張景森是臺大城鄉所教授夏鑄九的學生，張景森就讀博士班時，參與了一九八九年的無殼蝸牛運動，是當時的核心人物之一。張景森博士畢業即進入臺大城鄉所任教，陳水扁競選臺北市長時，張景森為他撰寫市政白皮書，一九九四年陳水扁當選臺北市市長，張景森也借調進入市府擔任都發局局長，提倡「市民主義、社區主義」，開啟臺灣社區營造的先河。

基於運動夥伴的信任，以及期待進步政權有所作為，OURs對陳水扁市府採取較為友善的合作態度，並承接了如北市府的「地區環境改造計劃」等專案。在無殼蝸牛運動時期，運動團體往往難以與行政部門溝通，運動團體有自己的一套論述語彙，行政部門則有法規，彼此無信任基礎，但運動團體之中有人進入行政部門當官，並掌握政府資源時，就能成為橋樑的角色，有助於OURs與行政部門對話，建立共同的語彙，發展出協作的關係。

在這個過程中，OURs也逐步形成與政府「既監督又合作」的關係，OURs在進行倡議與監督市政的時候，本身也有能力與意願參與市政的推動，因此官員逐漸了解

OURs的立場，知道他們對某項政策會採取哪種態度，這在未來成為了巢運模式中的「實際介入」。

在社區營造、執行專案等沒有強烈矛盾的「軟性」方案時，這種模式的確能夠達成一定的滲透效果，但若是市府高層的政策與OURs的立場產生劇烈矛盾，形成「非此即彼」的零和賽局時，就會發現雙方的關係其實很脆弱。

關鍵的事件之一是一九九七年的十四、十五號公園反迫遷運動。當臺北市政府堅持拒絕緩拆十四、十五號公園的地上違建時，OURs與臺大城鄉所學生認為張景森是陳水扁前的「紅人」，如果張景森說不上話，還有誰能說得上話？但對張景森而言，他也無法強出頭，過度介入市府和各單位的協調，如此會遭到內部的抵制，並被視為異類。結果十四、十五號公園的拆遷案使張景森與城鄉所學生徹底決裂，最後張景森在借調期滿後選擇留在市府服務，放棄教職。

張景森離開臺大城鄉所教職與住宅運動之後，將重心放在自己的仕途上。* 住宅團體與張景森都意識到雙方對政策的考量基礎已完全不同，因此漸行漸遠。基於不同的立

* 後文將提及「克勞塞維茲魔咒」，張景森即是其中典型。

場，在某些住宅政策的推動上，張景森與住宅團體能夠達成一致意見，例如張景森促成了扁政府將購屋為主的住宅補貼轉向租金補貼；而在另一些時候，張景森則站在住宅團體的對立面，例如二〇一六年《住宅法》修法，張景森不希望將社會住宅弱勢比例調升至百分之三十。

進入體制的昔日夥伴：花敬群

花敬群是一九九九年初版《住宅法》的起草人，也是重要的進步民間學者。在二〇一〇年後與住宅團體密切合作。他也是巢運成員之一，並曾於二〇一五年二月至二〇一六年五月擔任OURs理事。

花敬群是有理想的人，對住宅政策有通盤的考量。二〇一六年民進黨執政，由於花敬群本身就是民進黨住宅政策的起草者，對於他即將上任內政部政務次長並成為住宅政策的主要負責人，住宅團體滿懷期待。

花敬群上任後，大力推動住宅政策，例如推動《住宅法》修法，並使社會住宅逐漸成為一個穩定發展的政策，花敬群十分了解住宅團體的立場，住宅團體的訴求與改革目標往往也都可以透過花敬群進入到議程當中。

但住宅議題十分繁雜，有許多議題並不是由內政部掌管（例如稅制、金融），再加上花敬群儘管身為政務官，也要接受來自高層的指示，因此在體制內的空間十分有限。例如在討論租賃專法時，必須達成蔡英文「限時通過租賃專法」的指示，因而阻擋住宅團體的訴求。在實價登錄2.0修法時，為了配合政府不願得罪建商的立場，花敬群甚至發表許多自己曾經批判過的言論。[48]二〇二二年四月提交至立法院的《平均地權條例》修法中，他信誓旦旦政府將盡速通過此一法案，但最終也被迫延宕至下個會期方能處理。

另外，由於花敬群的住宅政策以「發展產業」為主，尤其是「八萬戶包租代管」的目標必須透過產業界達成，因此他在政府內部的角色逐漸從「能夠理解民間訴求的溝通橋樑」（或安撫民間的抗議），轉向服務「租賃產業」為主。對於花敬群而言，這些業者才有助於他達成政策目標，並且與他的利益一致，相較之下，住宅團體提出的批評，總是超出他的職位權責，[49]造成他裡外不是人，也讓彼此更加疏遠。

例如住宅團體針對「三百億租補」方案的諸多批評，批評這項方案是「短期政策買票」、「資源錯置」、「無法解決租屋透明化問題」等，或許花敬群都心裡有數。但身在體制內，他也只能「借力使力」，推動高層允許的政策，找到裂隙逐步邁進。[50]

當住宅運動即將邁入深水區，繼續改革將影響更多既得利益者，花敬群和住宅運動者逐漸不再能作為彼此的合作對象。從前章「實價登錄2.0」的矛盾爆發可以發現，雙方均預設對方會「體諒自己的角色」，花敬群期待民間團體在政策推動上的諒解，並且認為自己對「實價登錄2.0」的推動從未放棄；但對於住宅團體的立場而言，不可能僅憑「個人信任」就放棄批判與施壓，並期待花敬群能理解民間團體理應提出批評的立場，希望花敬群運用民間的批評來推動議題。

我認為花敬群之所以在「實價登錄2.0」的矛盾爆發後，選擇至住盟的臉書粉絲專頁與彭揚凱的貼文表達不滿，其實是試圖以「巢運夥伴花敬群」而非「花次長」的角色與昔日夥伴對話，否則大可以透過內政部發表冰冷的新聞稿回應即可。花敬群認為[51]自己在內政部政務次長的位置上，已然比過往的官員更有方向與理想，因此即便近年來的高房價讓他飽受輿論批評，政策也不被住宅團體認可，花敬群依然願意抱著負重前行的心態，繼續「做實事」。

其實住宅團體與花敬群之間的「默契」，與北市府時期的張景森與OURs之間的關係有類似的地方。在面對「方向一致」的議題時，仍有相互合作對話的空間；但當其中一方還必須面對來自既得利益者與高層意志的壓力，雙方的矛盾就變得完全不可調和了。

花敬群是以「有理想的專業者之姿」進入政府，這反而證明了一件事：許多人以為「將有理想、有能力的人送進政府當官」就能解決一切問題，然而現實並非如此。作為與住宅運動共同奮戰多年、且受到民進黨信任的學者，花敬群不管從專業、職權等條件來說，都是上述「有理想有能力」的完美人選，但蔡政府的住宅政策仍然在一開始的改革後便走入了瓶頸。

翻轉「克勞塞維茲魔咒」

二〇〇〇年，民進黨首度執政，二〇〇二年政治學者吳介民發表〈解除克勞塞維茲的魔咒：分析當前社會改革運動的困境〉，援引「克勞塞維茲魔咒」概念，分析臺灣社會運動的轉變，提出疑問：為什麼許多重要議題「曾經進入了政治抗爭的場域，卻在民主化的階段，尤其是政權轉移之後，被忽略、甚至排除於改革議程之外？甚至使原先充滿批判活力的社會運動場域陷入空洞化的危機」？住宅運動雖然有其侷限，有時沉寂，但始終仍然持續倡議，並偶爾能夠推動改革，未在政黨輪替後遭到收編或陷入失語，這又是為什麼呢？[52]理解這一點，將有助於我們思考爭取居住權益的行動策略。

被夾殺的住宅運動

「克勞塞維茲魔咒」源於普魯士軍事思想家克勞塞維茲（Karl von Clausewitz）在其著作《戰爭論》中的名言：「戰爭不過是延續政治鬥爭的替代手段」，後來耶魯大學社會學教授查爾斯・培羅（Charles Perrow）將此概念轉向分析社會運動，轉化為「將社會運動視為延續體制內抗爭的替代手段」。「克勞塞維茲魔咒」的關鍵在於「政治旨趣在行動者的決策圖像中，佔有著最高和最終的優位性」，也就是「一切決策優先考量執政，或至少進入政治部門」。

藉此概念，吳介民指出「許多黨外時代以來的運動領導者，長期將社會改革議題以及社會運動的場域，視為與國民黨政權抗爭的外延戰場」，後果是當民進黨一旦取得政權，運動者就要面對權力位置的挪轉，顧及擔任官員的前戰友情分，考量政治民主化造成社會運動的正當性降低等情況，造成了社會運動的力量衰微。

但住宅運動自最初一九八九年無殼蝸牛運動時，其組成成員主體是國小老師與臺大城鄉所的學生，拒絕和政黨結盟。

而李登輝時代，一九九二年王建煊試圖推動二次土改時，民進黨還是以反對改革的角色出現。當時兩黨夾殺的態勢讓住宅團體在早期吃盡了苦頭，但也因此住宅運動相較於其他與民進黨更密切合作的社運團體更容易逃離「克勞塞維茲魔咒」。例如喊出著名的「反核是為了反獨裁」口號的反核運動，在民進黨執政後，就要面臨上述的問題。

即便無殼蝸牛運動發起人李幸長於一九九二年投入立委選舉，他也是將參與政治作為倡議未果的「無奈之舉」，而不是以參政為目標才發起運動：

> 在過去我們是從未有參選的這種念頭，因為我們覺得一個社會運動團體不該和政治人物來瓜分選票；而是希望廣結善緣，以獲得更多政治人物的支持。可是在這三年來我們非常地失望，現在的政治人物對住宅運動幾乎是不敢過問，有部分原因是他自己本身就是財團，或者是跟財團有良好關係，其他少數人則也不敢得罪財團。雖然嘴巴說要支持我們的很多，但是以實際行動支持的卻沒有，在無可奈何之下，我們只好出來在國會中爭取一席之地。[53]

在後續住宅運動的發展歷程當中，由於早早認知到「兩黨都不可能完全力挺住宅改革」，因此住宅團體也在與政治部門的合作過程中有意保持自身的自主性。例如無殼蝸牛運動重要成員之一的張景森進入扁市府後，OURs在與張景森合作的同時，也不忘保持批判的力道。都市更新所引發的社區動員，例如「永康社區搶救老樹」、「慶城社區反對被變更為商業區」等抗爭當中，OURs都擔任動員與串聯的角色，組織居民與市府談判，逐漸培養自己與社區的合作關係。直至「十四、十五號公園反迫遷運動」爆發，與張景森關係破裂為止。

此外，雖然在民進黨二次執政前，住宅團體也與民進黨智庫長年保持友好溝通關係，二〇一六年民進黨執政後昔日夥伴花敬群入閣為官，但面對實價登錄2.0跳票、蔡政府拒絕推動囤房稅等議題，亦沒有出現吳介民所說的「頓失批判的刀鋒」，而是持續就住宅政策推動的角度直言發聲。

陣地戰翻轉克勞塞維茲魔咒

為什麼住宅運動沒有陷入「克勞塞維茲魔咒」？

我認為可以從葛蘭西（Antonio Gramsci）對於革命的思考來回答這個問題。臺灣的住宅運動開展出了葛蘭西所謂的「陣地戰」與「運動戰」並進的型態。作為馬克思主義者的葛蘭西觀察到西方資本主義國家並未如馬克思所預期的發生革命，認為原因在於上層階級透過媒體、教育等潛移默化，讓底層階級產生認同與配合。葛蘭西指出，傳統革命是正面出擊，為了對政權造成衝擊的「運動戰」，除了打運動戰之外，行動者也應該經營「陣地戰」，長期準備，推動社會產生意識形態的轉化，逐步奪取對手的政治和思想文化陣地。

住宅運動的性質與住宅團體對政治網絡的持續經營，使得住宅團體能夠穩定地進行倡議。在這個意義上，透過葛蘭西的「陣地戰」論述，將「戰爭（社運）不過是延續政治鬥爭的替代手段」的克勞塞維茲命題，翻轉成了「政治是戰爭（社運）的延伸戰場」。

因此與克勞塞維茲命題不同的是，對於投身住宅運動的行動者來說，反而是社會議題佔有著最高和最終的優位性。住宅運動在平時的「陣地戰」持續推動倡議與社會教育，乃至於與各政黨的聯盟、合作及國會政治網絡的經營，都是為了住宅改革持續推動的手段。也就是說，住宅團體是為了延續住宅運動，才選擇了政治網絡的經營，讓運動得以再生產乃至於發起下一波類似巢運的「運動戰」。

我認為，由於住宅議題背後所面對的龐大政治金權結構橫跨了藍綠兩黨，故住宅團體早就知道不可能因為支持某一政黨上台，住宅問題就能迎刃而解，支持政黨取得政權不會是運動的目標。然而即便住宅運動沒有陷入魔咒，但與住宅團體結盟的民間或在野黨夥伴也可能陷入其中，例如在二〇一六年民進黨執政之前，住宅團體可以與民進黨智庫或較為親綠的民間團體分進合擊推動住宅政策倡議，但民進黨執政之後，由於「執政優先於改革」的克勞塞維茲邏輯，使得過往經營的聯盟關係逐漸崩解。

因此若要持續推進政策改革，必須讓民主體制中的「人民、政府、政黨」之間具備合理的關係，政黨之間的競爭，應該是**競爭如何改善人民的生活**，而人民評比政黨提出的政見，選出最有改革能力的政黨，如此形成的政府，才會願意回應人民的訴求，重視人民的福祉。

因為有定期的選舉，在野黨會在下一次選舉中，挑戰執政黨，再次競爭如何改善人民的生活。正是因為政黨有競爭執政的企圖，因此住宅團體與人民才有機會利用選舉把訴求變成政黨的政見，但若沒有選舉壓力（或選舉壓力與政策改革之間沒有強烈的對應關係），又缺乏強力在野黨，政府就會變得保守。

所謂「不要相信在野黨，執政之後都一樣」，在野時期政黨的目標是競爭執政，但執政後就會變成以維持政權作為首要考量，這是民主體制自然運作的結果。因此不要單純以為把「有理想的人送進去政府當官」事情就會順利推動，又或是讓「有理想的政黨執政」改革就會開始。

這種「寄望明君」的心態，本身就是反民主的。政府不會自己變好，法案更不會自己通過，如果要讓社會變得更好，需要你的參與和監督。

因此本書的出版正是住宅運動陣地戰的一環。

住宅運動該往何處去？

從一九八九年無殼蝸牛運動開始，住宅運動至今已三十餘年，之間有諸多嘗試，曾經成功推動重要的住宅政策改革，使得部分的居住權益初步得到法律的保障，也留下了許多有待修正的法令。然而還有更根本問題的改革深水區，目前仍然被政府迴避。政府寧願主打住宅補貼，舒緩青年憤怒，避免碰觸擁房者既有之利益。過往住宅倡議的成功模式在深水區前也進入不易。

與此同時，高房價使得青年世代購屋愈加困難，青年世代無法複製上一代的人生路徑，父母那一輩「工作三到五年存到頭期款」、「薪水繳房貸還能養小孩」的人生已是遙不可及。臺灣變成住宅階級（housing class）社會——是否能透過繼承、父母資助等財富代間移轉取得住宅，決定了青年屬於哪個階級。

二〇二〇年後房市再次飆漲，面對當前的狀況，該如何實現居住正義？我認為至少有兩條路徑值得努力：

首先，高房價讓青年購屋夢碎，但也讓青年世代重新思考政府在此應扮演何種角色，以及思考政府面對人民的居住困境，是否該負起責任。重新安排政府、人民、市場三者的關係，就有機會讓**居住議題從「去公共化」重新「再公共化」**。而且如果能夠認知到**自身的居住困境，其實是這個世代共同要面對的問題**，就能團結起來形成一股力量，推動市場面的改革。

另一方面，由於高房價扼殺了青年的生活機會，使得青年厭惡房地產炒作，就是因為住宅成為投資的標的，長久下來侵蝕了日常居住的需求，造成不穩定的居住狀態，幾乎成為年輕世代的普遍經驗，因此年輕世代對於住宅的商品化可能有較為負面的感受。這也是促使年輕世代重新反思住宅價值的契機，住宅應該從買賣、投資，回歸到家與居住還有生活，那麼是否可能創造一種只為滿足居住需求的住宅，而不是用於投資的建物？下一章將介紹讓住宅回歸居住需求的嘗試，也就是透過「建商」、「政府」之外的第三部門，以民主原則組織起來取得住宅的「住宅合作社」。

本書至此已回顧住宅運動三十年的歷程，下一章也是本書的最後一章，我將提出住宅倡議模式的新思索，也提出未來住宅改革應努力的方向，邀請各位讀者共同參與。

第七章

住宅運動的下一步

chapter 07

深陷居住困境的青年們，該如何成為政治的主體？

我們應該思考如何運用自身的政治權利，來為自己爭取居住權益。該如何深化臺灣的民主，藉此實現居住正義，是我們當前的課題。

「社會投資」：幫助青年，就是幫助社會！

雖然社會全體都要承受「居住不正義」造成的傷害，但從整體數據來看，最大的受害者是無法透過繼承取得房屋、也沒有原生家庭協助購屋的青年群體。社會學者林宗弘蒐集二〇〇〇年至二〇二〇年的家庭收支調查資料，發現三十歲後年付租金佔家庭總所得的比重隨年齡增加，直至四十五歲後比重下滑，推測原因是年過四十五歲的人有能力買房或繼承父母的房子，所以租金佔所得的比重下滑。[1]

但如果房價繼續飆漲，四十五歲以上的民眾仍然普遍沒有能力購屋，或是沒有來自父母的房子可以繼承，又該怎麼辦呢？過去政府應對青年居住困境所提出的政策，都是偏向社會福利的「補貼面」政策，但在租屋與購屋市場高度扭曲的狀況下，補貼已經無法解決青年的居住困境。

我認為，隨著收入與房價漲幅差距越來越大，短期補貼、延遲首購年齡等補貼面的政策，也難以協助青年購屋。因此應該要有更積極的思維，打破政府「靠補貼就夠」的逃避心態。

臺灣青年的處境：孤立無援的夾心階層

臺灣青年如今面臨的問題，如同香港的「夾心階層」（Sandwich Class）困境。夾心階層在香港指「沒有貧窮到可以入住社會住宅，又沒有富有到足以購屋」的階層。根據香港統計處二〇二一年第三季的家庭人數與所得中位數資料，並與香港公屋（社會住宅）的入住資格對照，收入達到中位數的香港家庭，約有百分之五十二具備申請社會住宅的資格，但只有百分之三十一申請到社會住宅。[2]同一季香港家庭每月收入中位數為兩萬六千五百港元，根據二〇二二年美國物業顧問機構Demographia調查顯示，香港房價所得比已超過二十三倍。[3]也就是說，對於香港的「夾心階層」而言，購屋幾成奢望，又無法取得政府的住宅資源，[4]他們只能在市場上找尋租屋物件，甚至被迫住在駭人聽聞的「劏房」[5]當中。

反觀臺灣也有類似的狀況，政府向來以為面臨居住困境的青年是「剛畢業沒幾年的新鮮人」，例如央行總裁楊金龍二〇二一年至立院接受質詢，立委質問青年高房價困境，他回答：「建議年輕朋友不要一開始就一定要買房，負擔不起可以先用租的。」[6]

但二〇二二年巢運團體進行的「青年居住困境與政策調查」顯示，有百分之六十二的填寫者年收入高於中位數，[7]他們有百分之九十二介於十八至四十五歲之間，其中更有過半（百分之五十四）介於三十一至四十歲之間，且有百分之四十五已婚、百分之三十二正在撫養小孩。這些人絕非政府所謂「剛畢業沒幾年的新鮮人」，而是支撐起臺灣社會與經濟的中間階層。

然而他們依舊面臨極為嚴峻的居住困境，其中只有百分之九「過去五年順利購屋」，[8]百分之五十二目前租屋，百分之二十五住在父母名下的住宅，僅有百分之十四住在自己的房子；從主觀感受來看，有百分之九十九認為臺灣的高房價問題「嚴重或非常嚴重」，並有百分之四十六認為租屋並不是穩定的居住選項。

在臺灣高房價、租屋黑市且社會住宅數量極少的現實情況下，青年面臨的居住困境是一個痛苦迴圈：一方面高房價讓青年難以購屋，只能選擇租屋居住；但另一方面，租屋又十分不穩定，造成許多人最終還是必須接受高房價，咬牙買房，背負上千萬的房貸。

「租金過高」雖然造成租屋族很大的困擾，但在巢運團體對租屋族進行的調查結果顯示，讓租屋族感覺最痛苦的竟然不是高租金，租屋族認為最大的問題其實是租屋讓人感覺「不穩定」、「沒有安全感」，以及無法行使合法的權利。

另外，由於房東多數避免租屋事實曝光，因此也不同意讓房客設立戶籍，使得租屋族的各項權利嚴重受損。根據二〇二一年內政部的「電信信令人口統計」調查，透過手機定位分析各地區不同時段人口分布，在臺灣各縣市中，「平日夜間人口」大於「戶籍人口」的縣市只有六個，分別是臺北市、新北市、桃園市、臺中市、新竹縣市，若將夜間人口減去戶籍人口，得出「於該地區無戶籍的夜間人口」，合計總數超過一百二十萬人。[9]

這些夜間在該地區活動卻無戶籍的人會是誰？情形可能非常複雜，有可能是移工、夜班工作者等，電信信令調查無法對此細緻徵別。然而也不難想像，租屋族絕對佔有很大的比例，臺灣租屋黑市情形嚴重，許多租屋族實際上在該縣市生活，卻沒有該縣市的戶籍身分，他們就是「無戶籍的夜間人口」。

但目前各縣市的生育津貼、育兒津貼、托育補助、幼兒園加碼補助、學區制度等，都與戶籍制度綁定；另外弱勢群體的福利身分認定如低收入戶、中低收入戶也同樣關聯至戶籍制度。

更關鍵的是，上述這些沒有戶籍的人口，自然也沒有該縣市的投票權，形成「房東有票，房客沒票」的局面，租屋困境因此無法成為地方選舉的重要議題，沒有選票就沒有政治影響力。

英國為了擴大下議院的選民基礎，在一八三二年通過《改革法案》（Reform Act 1832），此法案規定，在市鎮中「年付十鎊以上房產租稅者」才有投票權。這種兩百多年前的「財產投票制」，竟以租屋黑市的型態於臺灣復辟，自詡為民主國家的臺灣，人民卻生活在「有房產才有公民權」的社會，沒錢買房的租屋族幾乎淪為二等公民。

以社會投資取代社會福利

在臺灣，買房與否看似是個人生涯的「自由選擇」，但如果在沒有房產可以繼承的狀況下，青年想要有穩定、有尊嚴的居住品質，其實選擇十分有限。網路上常見這樣的討論：「什麼時候你會覺得應該下定決心買房？」許多人分享自己的心路歷程：「當你被房東趕走或漲房租，經歷兩、三次之後，差不多就會覺得必須認真考慮買房了」。

政府以為陷入居住困境的青年，都是楊金龍所稱的「剛畢業沒幾年的新鮮人」，因此大多以社會福利的角度提供補貼，例如內政部提供租金補貼、包租代管、社會住宅等資源，希望緩和首購族的剛性需求以降低房價上漲動能，並提供相應的購屋貸款優惠幫助年輕人買房。

然而真正的問題在於居住世代不公與市場扭曲，以社會福利概念擬定的補貼面住宅政策對青年而言已經不夠。政府於二〇一八年跨部會[10]發布「我國少子女化對策計畫」，其中關於「支持生養的住宅策略」僅有兩頁篇幅，規畫「新婚及育有未成年子女者優先承租社會住宅、優先享有住宅補貼」。

但房東即便「允許」房客申請租金補貼，也只能緩解經濟負擔，無法解決諸如租期不穩定、公民與社會權利受損等問題。

另一方面，因為社會住宅數量非常稀少，所以難以發揮作用，就算幸運入住社宅，目前對一般戶設定了三加三共六年的社宅租期限制，住戶離開社宅後一樣要面對扭曲的購屋市場，或是進入租屋黑市。此外，入住社宅的租屋族，即便每個月可以因此省下一萬元的租金，並妥善儲蓄，六年只能省下七十二萬元，這筆錢在臺北市或許能買到一坪，在新北市最多不過兩坪，對購屋於事無補。

政府面對青年的居住困境，偏重規劃補貼面的住宅政策，產生的效益非常有限，我認為臺灣必須重新定位青年住宅政策，其中的關鍵就是從「社會福利」（social welfare）轉向「社會投資」（social investment）。

社會投資不是新穎的概念，在歷史上早已出現。一九七〇年代福利國家受到新自由主義挑戰，社會投資的概念逐漸興起，與過往社會福利概念不同的是，社會投資的觀點認為個人的弱勢地位將會持續影響個人往後的人生發展，而且負面影響也會傳遞到下一代。因此若要促進社會平等發展，應該將重點放在「長期預防、促進機會平等」而非「處理社會風險的短期修補」。

比較兩者，社會福利強調解決當下的問題，如果個人無法從市場取得資源（例如個人的經濟條件無法在購屋市場以及租屋市場取得住屋），那麼就以社會福利政策解決個人遇到的困難，然而並不期待這些福利將產生對應的回報。*社會投資則是放眼未來，預設這些投資將在未來對社會產生「投資回收」的效益，並且能夠更進一步將個人整合到市場與社會之中。

過去臺灣以社會投資概念設計的政策不多，主要以社福界為主，例如中正大學社會福利學系教授呂建德擔任臺中市社會局長時，提出「臺中市托兒托老一條龍計畫」，其中的邏輯是「先將小孩和老人照顧好，年輕人就可以放心出外拚事業」，如此產生正面的經濟循環回饋，也能夠促成專職保母與長照產業的發展。

由此回應到臺灣當前的居住困境，社會投資的概念一樣能有所啟發。當前臺灣青年出社會首先就要面對「買不起租不好」的嚴峻挑戰，要投注許多心力處理居住問題，在工作上的表現以及對家庭的照顧都會打折扣，但如果能夠免除居住壓力，青年就能把力氣放在職場與家庭，轉換成對社會有所貢獻的產值。

因此，如果以社會投資的概念看待青年居住困境，關於年輕人的居住政策就不該只是「緩和首購族的剛性需求」補貼，而是要規劃整體市場面的改革方案，目的在於改善「買不起租不好」造成的困境。

* 或者說，社會福利所期望的回報就是避免這些困難造成的外部成本。如歐陸最早發展社會住宅的契機，便是工業革命後大量人口湧入都市，因住宅短缺導致貧民窟大量出現，進而產生霍亂等公共衛生危機，歐陸各國才紛紛陸續提出住宅供給相關法令。

就社會投資的角度而言，改善「買不起租不好」，可以視為一種人力資本的投資，至少能夠達成以下三個目標：

一、儲存：挽回「躺平」的青年，緩解青年的絕望感，有助於提升青年婚育意願，讓資源流向家庭及教育投資，產生正向發展。

二、流動：因為居住得到保障，穩定的居住條件讓青年得以安心打拚事業，勇於創新與冒險。

三、緩衝：人生難免遭遇挫折與失敗，但穩定的居住環境可以降低不安全感，提供復原的能量。

總而言之，「青年安居」的社會投資目標是營造具安全感的居住環境，並提供「多元、可負擔、有保障」的居住選擇。

因此，如果以社會投資作為住宅政策的核心理念，首先要檢討的是大規模且無效的短期補貼（例如三百億租補方案）。其次，社會投資所蘊含的稅制改革等方案，也可以回應社會投資面臨的最大困境——「財政不足」。

相較於被動回應問題的社會福利邏輯，主動性的社會投資政策更需要資源挹注，但是臺灣租稅負擔率*極低，二〇二一年臺灣租稅負擔率為百分之十三，已創下二〇〇九年來的新高，但相較於美日韓等國家依然過低。[11]「低稅負」未必等同「與民休養」，也可能代表這個社會存在嚴重的稅制不公問題，例如在臺灣價值數十萬、排氣量兩千的自用小客車的牌照稅每年為一萬一千兩百三十元，但價值三千萬的住宅每年所需繳納的房屋稅與地價稅卻可能不到一萬元。

羊毛出在羊身上，臺灣租稅負擔率過低，促使政府採取更為隱蔽的手段增加財政收入，因此民眾反而不會知道其中產生的負面效果，但終究還是要付出代價。例如彭淮南擔任中央銀行總裁時採取的利率與匯率「雙低」政策，使得央行盈餘挹注國庫的資金一度佔國家歲入達百分之十五，看似沒有與任何人收稅，但其背後的代價就是大幅度推升資產價格，並讓大量資金進入房地產，形成房價飆漲的溫床；而地方政府也透過土地標售挹注財政，間接造成房價上漲。[12]

綜上所述，「社會投資」所指向的整體住宅市場改革，相較於過去的「社會福

* 指總稅收占國內生產毛額（GDP）的百分比。

利」概念，更能夠處理住宅困境的根本問題，在促進機會平等的思維下，甚至可以推進到臺灣房產稅賦制度的總檢討。

整理目標與步伐：如何再啟程，前往改革深水區？

若要解決青年世代的居住問題，必須要轉換政策的制定邏輯，從社會福利走向社會投資，同時住宅運動也要持續推進到住宅市場面的改革深水區，然而前章提及住宅團體的「巢運模式」遇到了無法繼續推進的瓶頸，那麼未來住宅運動該如何調整策略？遭遇居住困境的青年世代可以如何共同參與住宅運動呢？

回顧住宅運動的發展歷程，巢運模式的侷限性在馬政府時期就已經出現端倪，如住宅團體雖然藉由高房價民怨與各種政治機會的槓桿通過了實價登錄與《住宅法》，但其內容均遭大幅刪減，隨後政策改革的腳步停滯，難以繼續推動。[13] 只是到了蔡政府時期侷限性更加明顯，因缺少有效的反對黨，即便補貼面的政策已逐漸步上軌道，但住宅運動仍然無法向改革深水區推進，民眾依舊深陷「買不起租不好」的困境。

住宅運動自一九八九年的無殼蝸牛運動，一路發展出巢運模式，此後難以再有效推進，其因素可以分成兩點：第一是巢運模式原先的「先易後難」（從補貼面改革逐步推進至市場面改革）路線已不可行，第二是欠缺可動員的目標群體，造成住宅倡議過度仰賴外在的反對黨與高房價民怨。住宅倡議若要突破瓶頸，就必須嚴肅面對上述問題，並修正巢運模式。

接下來將分析住宅運動當前的阻礙，討論住宅運動的路線修正，並且分析在當今的政治局勢中，青年世代如何產生政治影響力。

住宅運動在民進黨二次執政時期的侷限性

二〇一〇年住盟成立伊始，首先設定的倡議目標是最沒有爭議、偏向補貼面的社會住宅，當時社會住宅已經納入《住宅法》草案，而且社會住宅能夠連結更多團體關心的議題，擴大結盟，社宅只租不售的性質又可以強化居住權的論述，綜合考量當時的條件，社宅是最佳的倡議目標，並希望透過社宅引起社會的討論，引發民眾對住宅議題的思考，如此凝聚改革能量，或許有機會一路朝向市場面改革推進。

回顧推動社會住宅的歷程，也的確非常順利，二〇一四年九合一地方選舉，巢運鼓動諸多地方首長候選人承諾興辦社會住宅，二〇一六年蔡政府承諾「八年二十萬戶」，而且在民進黨上台之後也完成《住宅法》的修法，加強社會住宅的重要性。短短數年社會住宅制度就進入正軌，住盟與政府之間的溝通也更加深入，能夠討論到細節層次，例如「租金定價」、「管理介面」、「房型分配」等。

然而儘管社會住宅制度已經步入正軌，市場面改革卻屢屢卡關。如二〇一五年房地合一稅、二〇一九年實價登錄2.0等議題，都遭遇挫折與阻礙。至於更為根本性的市場面議題，例如租屋黑市、持有稅改革、金融面的控管等市場重要因素，則是毫無進展。

更有甚者，政府甚至挪用了「先易後難」的論述，偷換概念為「只需要相對容易的補貼政策，較困難的市場改革便可迎刃而解」，例如在包租代管的試辦計畫中，以為只要透過補貼與稅賦優惠的「包租代管」，就可以有效利用空屋作為社會住宅的屋源。[14]

但事實證明，透過「包租代管讓空屋釋出」或是「透過包租代管掌握租屋市場」是不切實際的，如果空屋沒有釋出、租屋市場沒有改革，包租代管就很難成長，這就是當前的現實情況。我認為這種想要「透過補貼政策取代市場改革」的作法，正是二〇一七年政府承諾「未來五年內會釋出四十五萬戶空屋進入包租代管」跳票的根本原因。

如果政府的首要目標是維持政權，因而任何政策改革都是選票精算的結果，那麼面對「產權持有結構」（臺灣約有百分之七十的家戶擁房）與「房產世代矛盾」（青年安居困難）兩端的張力，居住政策的著力點實際上僅剩帕累托改進（Pareto Improvement）一途，也就是「在不減少任何一方利益的前提下，增加某一方的利益」。

根據帕累托改進得到的結論，自然就是提供青年住宅補貼，安撫青年的不滿，同時避免碰觸擁房者的既有利益。因此其實不難理解為什麼住宅倡議無法進入深水區，雖然過去住宅團體成功推動政策改革，但都是匯集了天時地利人和諸多條件才能獲得的成果。

住宅運動的策略調整：「中立一房、調動青年」

僅靠補貼政策無法解決青年居住問題，因此儘管從補貼面改革邁向市場面改革遇到了阻礙，市場面的改革還是必然的目標。

市場面改革難以推進，除了因為既得利益者的阻礙，更重要原因是過去住宅倡議在市場面改革的目標區分不夠細緻，造成絕大多數民眾也對改革卻步，同時社會上瀰漫著拚經濟、房地產是經濟的火車頭等迷思，因此即便高房價民怨是臺灣長久存在的問題，但如果直接以「打擊高房價」當作市場面改革的目標，等於是以「有房／無房」作為陣營的分界，也會觸動擁房者的敏感神經。

一旦以「有房／無房」作為政策的陣營分野，就會使得六成的一屋家戶恐懼改革，即使高房價會造成一屋家戶難以換屋、兒女也無法購屋，他們實際上也承受高房價之苦，但若倡議「房價下跌」仍然會讓他們陷入紙面資產縮水的恐慌，而金權地主階級與百分之十的多屋者便可以透過輿論強化一屋家戶的恐懼感，最終導致改革無法推動。

因此如果住宅運動要邁向市場面改革，首先必須深化「社會投資」的觀念，團結目前深陷居住困境的十八至四十五歲青年群體。如果青年世代能夠團結起來形成政治聲量，那麼住宅團體就能擺脫對於「有效反對黨」的依賴，也能迫使政府推動違逆既得利益者的改革。

再來，在社會投資的架構之下，是希望居住議題能夠從青年世代的居住困境擴展出去，聯繫到公民權（無房產就無投票權）、國家未來（人口負紅利反噬臺灣社會與經濟）、勞動與消費市場受到排擠等面向。居住議題不只是關於青年世代的居住困境，而是關乎臺灣的未來發展，唯有保障青年世代的居住尊嚴，才會有美好的社會。

因此我認為，未來推動住宅政策的基本策略就是「中立一房、調動青年」。論述重點是「青年安居」、「社會投資」，首要目標是保障青年的居住穩定，營造具安全感的居住選擇，並且讓一房的擁房者認同社會投資的理念，說服他們這些改革對他們沒有影響，但對年輕人很有幫助，而且會帶動社會的正向發展。

如此一來，就可以最大程度避免過去市場面改革時「七成擁屋者」反對的窘境，而是將戰場整合至「三成無屋者」與「一成多屋者」的對抗，甚至可以進一步拉攏一屋者支持。

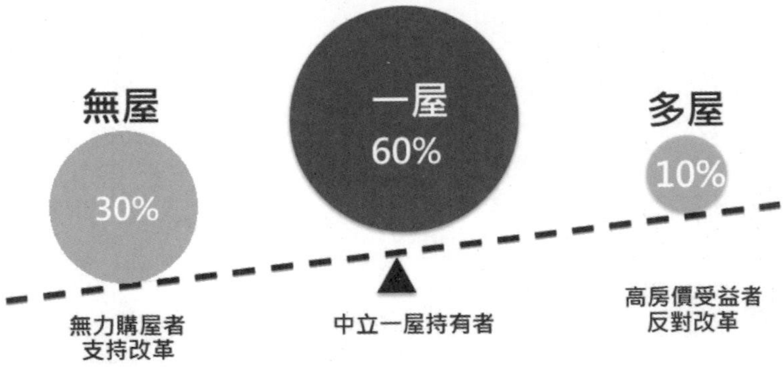

「中立一房、調動青年」的運動策略

因此住宅運動要修正先前的「巢運模式」，將思路調整為長遠的「社會投資」，並且有更具體的政策倡議目標。巢運模式的其他內涵仍會保留，繼續推動，如結合反對黨「選前契機」與「借力使力」的模式，依然是有效的倡議策略。[15]

青年世代的新政治

住宅運動的未來，其中有一個重要的意義是翻轉臺灣的選舉文化。選舉不應該是毫無焦點的追逐熱門話題，而是公民必須具備成熟的權利意識，並且有能力檢視政府過去的施政，將選舉當作考核政府的機會。實際上青年世代具有決定性的政治影響力，是政治人物不能忽略的票源。所以我們必須充分掌握住宅議題，才能判斷參選人提出的政見，是否確實回應了青年世代的居住困境，又或者是虛與委蛇。

在諸多實證研究中，都顯示了青年世代政黨認同的黏著性較低，[16]也更容易因為政府施政的好壞改變投票傾向。中研院社會學研究所二〇二〇年大選前的調查[17]顯示，若以年齡分析，四十歲以下的年輕選民大多支持蔡英文，[18]蔡英文最終也在總統大選拿到破紀錄的八百一十七萬票（百分之五十七），而較不受年輕選民青睞的韓國瑜則拿到了五百五十二萬票（百分之三十八）。[19]

但若以政黨票來看，民進黨僅拿到約四百八十一萬票（百分之三十三），差距約三百三十六萬票；國民黨的政黨票則拿到了四百七十二萬票（百分之三十三），差距約八十萬票。民進黨面臨的「分裂投票」（選人不選黨）困境，遠比國民黨嚴重。

也就是說，相較於二〇一六年，蔡英文的青年支持度在二〇二〇大選時大幅提升，但卻無法轉化成民進黨的選票。事實上，青年選民在大選中不是數量優勢，[20]甚至投票率也較低，但青年投票率卻會在特定選舉時「爆衝」，[21]且相對沒有忠誠於特定政黨。這才是每次大選時青年票被視為關鍵的原因：其他年齡層的投票傾向與投票率已然相對穩固，唯有青年尚待開發。

因此，分析過往的選舉結果，青年群體若團結起來，還是能夠產生不容忽視的政治聲量，青年群體可以將「是否支持居住正義」作為投給某個候選人的關鍵考量項目，讓住宅政策成為選戰的重點攻防，參選人必然要回應青年群體的訴求。

雖然高房價讓青年購屋夢碎，但反而是一個能夠藉著「社會投資」論述，重新要求政府對人民的穩定居住負起責任的新契機。過去居住議題遭到去公共化，而藉由回顧住宅運動三十年的論述，能夠幫助我們破除許多迷思，不再將居住視為個人的事，而是關乎整體社會的發展。

下個章節，我將根據上述的分析與基本策略，提出接下來應該推動的政策改革，並解釋這些倡議內容如何解決「買不起」、「租不好」、「住不到」這三大居住問題。讀者可以藉此檢視政府的住宅政策，是否朝著居住正義邁進，又或是依然服務於金權階級。

未來的五大改革途徑

從補貼面改革進展到市場面改革的「先易後難」路徑需要修正，我認為接下來的改革策略應當從佔比最大的「購屋市場」開始推動，再推動「租屋市場」與「住宅補貼」的改善。

之所以要從購屋市場開始改革，是因為居住困境的成因彼此關聯，人為的高房價結構牽動租屋市場，而租屋黑市的問題，又造成補貼政策的無效。因此如果能夠順利改革購屋市場，那麼改革的成果就能外溢至租屋市場、住宅補貼，讓後續的改革事半功倍。

因此，以下章節將依序針對「購屋市場」、「租屋市場」、「住宅補貼」提出五大改革路徑。必須強調的是，這些路徑僅是根據上述基本策略所研擬的數個核心政策以及推進思路，並不是解決臺灣所有居住問題的萬靈解方，需要在實踐中逐步修正。[22]

縮金流：抑制房市炒作，緩和世代矛盾

前一個章節提及，二〇一七年顧立雄上任金管會主委後，大幅調降房貸風險權數並透過行政命令放寬《銀行法》七十二之二條的限制，讓銀行能夠動用更多資金投入房地產市場。

資金是炒作的根本條件，資金的「水管」被擴大了，直接導致近年的房價飆升。二〇

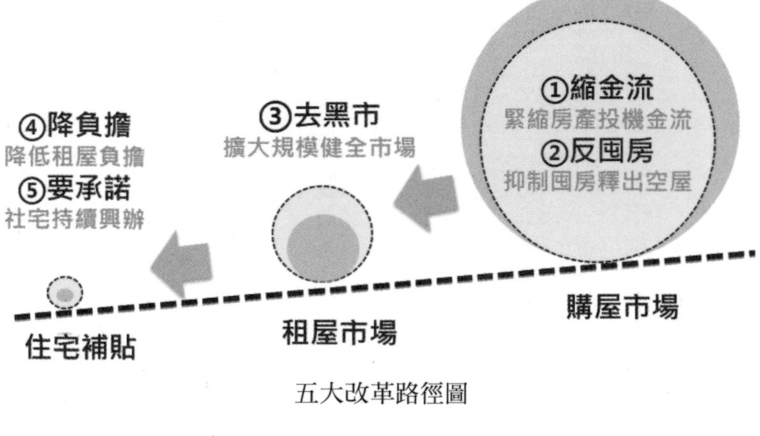

五大改革路徑圖

一六年五大銀行新承作房貸金額為四千三百多億元，也是二〇〇五年以來的新低，直到二〇一八年時均未超過五千億元大關。但二〇一九年五大銀行新承作房貸金額超過五千九百億，二〇二〇年攀升至六千兩百多億元，首次突破六千億大關，二〇二一年更是直接突破七千億。[23]

另外，過去《保險法》規定保險業投資不動產應符合「即時利用並有收益標準」，然而二〇二一年金管會公布〈保險業辦理不動產投資管理辦法〉，對於「即時利用並有收益」改採「群組整體認定」，藉此放寬保險業投資不動產的限制。壽險業持有大量房地產、商辦大樓，過去每棟大樓、每一戶都需符合金管會最低即時利用率的監理規範，「群組整體認定」則是合併計算群組內的不動產，雖然各別取得時間不同，卻是以群組整體的平均出租率跟收益率合併計算，且沒有規定群組案件數的上限。也就是說，過去保險業投資不動產仍需要相對小心地挑選物件以確保收益，但改採「群組整體認定」後便可以放開手腳，大肆投資房地產，只需要「整體有賺」即可。金管會放寬保險業投資不動產的限制，造成房市的炒作，推升房價，也影響了保戶的權益，產生負面效應。

因此，資金寬鬆是房市居高不下的主因，必須加以管制。第一個改革方案就是檢討《銀行法》與《保險法》，重新緊縮蔡政府上台後放寬的金流，二〇二二年二月金管會再次提高房貸風險權數，應該在房價下修至正常範圍前繼續保持。

反囤房：引導空屋釋出，提供青年租住

上一個改革路徑是「釜底抽薪」，緊縮湧入房市的大量資金，目的在於遏止「房價上漲」的趨勢，但僅靠緊縮金流無法改善大量空餘屋的「存量」問題。大量空餘屋與高房價並存的現象，顯示市場供需失靈，需要透過稅賦機制處理。

臺灣本來就有「房屋稅」與「地價稅」的持有稅機制，因此財政部與內政部面對「持有成本調升」議題，均提出調整稅基的主張，目的是拉近與真實市價的差距，*乃至有些學者加碼談「房地合一實價課徵持有稅」，確實有其依據，也是合理改革方向。

然而這些主張雖然正確，實際上卻難以執行，因為稅基調整屬於地方政府的職權，調整稅基是對持有房地產的家戶加稅，這種全民加稅的改革對地方政府而言無異於

---

* 一般而言，土地公告地價，約為土地市價百分之十；房屋評定現值，約為房屋市價三至四成。

政治自殺。因此實際上難以調高稅基，甚至要做到連動市價調漲都非常困難，[24]而近年來各地的「地方版囤房稅」，在稅基偏低且東刪西減下，淪為政治作秀，反而讓人以為「囤房稅」是無效政策。[25]

因此，為了能夠持續推動改革，可以先根據《財政收支劃分法》第十九條，[26]由中央立法開徵「囤房特別稅」。基本構想略述如下：

一、課徵對象：自然人採「全國家庭總歸戶」，*就持有超過三房以上房屋，課徵囤房稅；[27]非建設公司[28]相關屬性之法人，比照自然人認定標準。

二、稅賦計算：因採中央特別稅，與既有地方的房屋稅、地價稅課徵無關，但基於稅賦計算徵收行政簡便之故，建議採該房產當年房屋稅與地價稅之總值為稅基，該家戶或法人持有總房數為基本稅率，並伴隨實施年期以一定百分比遞增。

舉例而言，A家戶若持有五屋，便對第四、第五屋課徵該屋當年房屋稅與地價稅總值五倍的囤房稅，如第二個稅賦年度仍舊是持有五屋，其囤房稅率加徵百分之十五、第三年則加增百分之三十等，達成真正「多屋重稅」的效果。

三、出租免徵：在「多屋重稅」的前提下，為鼓勵住宅釋出使用，將搭配「出租免徵」的條款。意即，持有者將就三房以外房屋出示租賃契約並依法申報租賃所得，則免計免徵囤房稅，然若經查屬虛假出租，則加重稅賦。如前述舉例持有五屋A家戶，如將其中一屋出租，則僅對第四屋課徵囤房稅，如將兩屋出租，則全數免徵。

四、偏鄉免計：與此同時，此囤房可指認適用範圍，將人口較少的偏遠鄉鎮劃出，即屬該區之房屋免予計入囤房數，即可免除所謂鄉下祖厝、離鄉空屋的誤傷無辜疑慮。即A家戶持有五屋，如其中有一屋位於偏鄉，即以四屋進行多屋認定與稅賦課徵。

五、期限落日：此囤房稅比照奢侈稅的經驗，定位為臨時稅，設定一定落日時程，即導引空屋合理運用後即可退場，亦可視為銜接房產稅制改革的階段方

＊「全國家庭總歸戶」是統計持有房屋的一種標準，「全國歸戶」指的是將縣市房屋持有資料統整為「全國房屋」持有資料。「家庭歸戶」指的是將個人的房屋持有資料統整為「家戶房屋的」持有資料。如此多屋者的認定基準會以家庭（夫妻及未成年子女）而非以個人為單位，計算該家庭在全國各縣市持有房屋之總數。

案。

六、稅收專用：囤房稅目的在引導空屋出租，但仍可預期取得一定稅收，將設定專用，全數做為中央興辦社會住宅之經費。

我在此提出的「中央版」囤房稅，相較於現行的作法，或是立院朝野黨團的修法版本，有以下好處：

首先，採中央特別稅立法於法有據。既不涉《房屋稅條例》與稅基調整課題，也無損地方既有財政自治權，可最大程度跳脫前述中央地方在稅基、稅率互踢皮球之困境。

其次，能夠控制影響範圍。目前臺灣多屋家戶（持有超過三房）比例約百分之五至百分之七；換言之，超過九成以上擁房家庭將不受影響，也符合「中立一房、調動青年」的基本策略，且另有出租免稅與「非熱區」劃出之配套，少數多屋者也並非毫無選擇，只需要將房屋出租使用，即可免於課徵，也能夠適度化解租金轉嫁問題，亦能消弭「民粹仇富」或誤傷「偏鄉祖厝」等疑義。

最後，囤房稅可以產生政策正向外溢效果。因為是針對「多屋且未出租」的住宅課徵，因此可有效增加租屋供給，[29]將有助市場透明、租金平抑與包租代管政策推動，[30]而且稅收「取之於房產、用之於社宅」，更強化其正當性。

去黑市：落實青年租屋權益保障

由於房價上漲，造成租屋需求增加，對租金產生推升作用；但相對應的，屋主在「租金投報率」與「房產持有稅」雙低的現狀下往往不願意將房子出租，造成租屋市場供需失衡，房客的權利義務難以保障，居住不穩定。

因為租屋市場供給不足，政府投鼠忌器，不願意採取措施保障租屋權益、提升資訊透明，以免租屋供給進一步緊縮。倘若透過上述囤房稅的機制增加租屋供給，便有絕佳的條件能夠推動「租屋登錄」制度，並提供相關配套，整頓租屋黑市，保障租住權益及品質。

因此，「中央囤房稅」是健全租屋市場的必要前提，再更進一步讓租屋市場透明，我認為可以搭配以下作法：

一、「租賃所得」採分離課稅：臺灣租屋市場近九成為個人房東，其租賃所得不再併入個人綜合所得稅計算，而是採分離課稅，並課徵輕稅，以此降低個人房東合法出租的成本，如此也能夠舒緩稅負轉嫁的壓力。過去財政部對此配套措施的一貫態度是以「將造成國家稅損」的理由反對，但過去七成至九成的租屋事實未曝光，政府根本就沒有從租屋黑市徵得任何稅收，降稅後反而可能讓房東合法納稅，何來稅損之說？另房東收入分離課稅造成的「稅賦公平」爭議，也必須站在目前絕大多數為逃稅的事實基礎上來比較，試問何者較為公平？

二、明訂「大赦條款」：部分房東其實不願長期違法，但恐懼過往的逃漏稅將被國稅局追討高額稅負，因此不願「洗白」。可修法要求房東於一定時限內主動誠實申報，過往逃漏稅既往不咎；但若超過時限仍抱持僥倖心態的房東，則嚴查嚴罰。

三、明訂「吹哨條款」：若房東依舊隱匿租屋事實，明訂房客可於租期或退租後一定期間內向稅捐機關檢舉，追回之稅金與罰金部分作為其檢舉獎金，提高房東的風險成本。

降負擔：降低青年租屋經濟負擔

健全租屋市場之後，便可以結合稅制改革，降低青年家庭租屋的經濟負擔。第三章提及，一九九九年無殼蝸牛聯盟曾將「租金支出納入所得稅抵扣」當作倡議重點，並於二〇〇〇年底的《所得稅法》修正通過，自此房屋租金支出終於得以扣抵個人綜合所得總額。

但實際上，使用房屋租金支出抵扣所得稅的比例極低，二〇一九年臺灣約有一百萬零六千戶租屋族，[31]但對比同年的賦稅署資料，申報「租金支出扣抵綜合所得稅」的納稅戶卻只有兩萬七千戶左右，申報率約百分之二。

租金抵稅的使用率如此低落有諸多因素，包括房東為了逃漏稅而不願曝光，因此要求房客不可申報，或是房客收入過低無須繳稅等。但就算沒有這些情況，當前的制度也沒有充分發揮補貼的效果，這是為什麼呢？

首先，目前房屋租金支出每年扣除數額僅十二萬元（相當於每個月一萬元），且認列方式為「列舉扣除額」，[32]嚴重與現實租金脫節。一九九九年財政部賦稅署表示「臺灣省三十坪的出租房屋，每月平均租金約在九千元，臺北市較高約兩萬元」，換算為每月每坪租金分別是三百元與六百六十六元，即便目前六都官方調查的租金已經是相對低估的數字，[33]也遠高於當時財政部的評估。

再者，目前「標準扣除額」每年是十二萬元，若有配偶則可以加倍，額度是二十四萬元，而租金列舉扣除則不會因為結婚與否加倍，造成使用租金抵扣所得稅更加不划算。

以一對夫妻每年收入一百零八萬元，[34]租金支出一年三十萬（每月租金兩萬五千元）為例。若其未撫養子女，使用「標準扣除額」每年需繳納一萬三千兩百元的稅金，而使用「列舉扣除額」反而要繳納一萬四千七百九十元的稅金，也就是說，將租金申報抵稅反而要繳更多稅。

如果這對夫妻撫養一名子女，使用「標準扣除額」每年需繳納五千兩百元的稅金，而使用「列舉扣除額」則是繳納四千八百零五元的稅金，每年僅節省不到四百元，又必須花費時間成本、冒著得罪房東等風險收集相關單據，實在不划算。[35]

因此，我主張將租金抵扣額改列為「特別扣除額」，並將額度調升至三十萬元。若通過此項政策改革，前述須納稅四千八百零五元至一萬三千兩百元的家庭即可免稅，對租屋的青年家庭而言不無小補。

事實上，早在一九九九年無殼蝸牛聯盟就已經提出了房租支出抵扣所得稅的主張，但因為各方阻礙所以沒有順利推動。[36]如今「買不起租不好」的情況更加嚴峻，更應重新討論租屋抵稅制度的改革。在高房價的時代，租屋不再是三、五年的過渡選擇，也不只是中低收入者才會選擇租屋，而是青年世代的居住常態了。[37]

目前有吳怡玎等立法委員針對《所得稅法》提案，要求將房屋租金支出列舉扣除額改列為特別扣除額，每戶限額三十萬元，財政部反對，理由是每年將短收將近五十六億元的稅收。財政部以稅損為考量，不願為房客降低負擔，卻選擇性忽略了「租屋黑市縱容房東逃漏稅」的長年稅損，以及透過「反囤房」與「去黑市」消解租屋黑市後的稅增。

另外，目前政府雖然為房東大方提高減稅額度，藉此鼓勵房東加入租金補貼或包租代管，[38]但由於租屋黑市的緣故，政府無法掌握民間房東的出租狀態，乃至於因為多數房東逃漏稅造成「減稅無效」。

如果能夠整頓租屋黑市，讓租屋市場透明，不僅可以將房客租金抵稅當作政策工具，甚至可以將房東租稅減免（如囤房稅、租賃所得稅等）當作調控租金漲幅的手段。

要承諾：確保社宅持續推動興辦

社會住宅源於十九世紀末的歐陸，隨後受到兩次世界大戰影響，社會住宅的興建進入停滯期，直到二戰後的復興重建時期，才重新興建社會住宅。[39]由於興辦社會住宅需要一定的時間，[40]因此各國社會住宅的興辦成果均是數十年以上的累積。

那麼這些國家要興辦社會住宅，難道不會有「換了政黨就換了政策」的狀況出現嗎？如韓國瑜二〇一八年當選高雄市長後，並未規劃新的社會住宅，[41]而且他在二〇二〇年競選總統時也認為「承諾社宅數量是飆車比賽的心態」，轉而提出四十年優惠房貸，若韓國瑜當年當選總統，恐怕臺灣的社會住宅推動將戛然而止。

事實上，住盟過去雖然把握選舉機會，在選前要求候選人承諾興辦社宅、喊出預計達成戶數，但也很可能面臨當選人跳票、無法連任[42]等狀況，而且就算承諾興辦社宅的政治人物上任之後，民間也無法有效監督。

臺灣的社會住宅難以持續興辦、容易跳票，關鍵之一是入住機制為「抽籤制」而非國際普遍使用的「輪候制」（waiting list）。在抽籤制下，政府興辦社會住宅採取「隨蓋隨抽」的方式，即便怠惰拖延興建進度，甚至再也不蓋，但因為沒有確定未來將興建的社宅是由誰入住，所以也就沒有人感到有所損失，因此不會有人主動站出來監督社宅興建。

相對的，如荷蘭、法國、英國、美國、香港等國家或地區採取的「輪候制」可以大略理解為「抽取號碼牌，排隊入住」。因此即便政黨輪替，排隊的順位依然有效，那麼排隊等候的人自然就會形成監督的力量，而社宅的「預計等候時間」就變成了政府施政的成績單。

「輪候制」能夠產生要求政府兌現的壓力，只要號碼牌發出去就像是一種承諾，因此各地方政府均十分猶豫；但另一方面，對於真心興辦社會住宅的縣市而言，輪候制也會成為支持社宅推展的民意後盾，因為有明確的入住順位，也就能夠推算是哪一群人即將入住哪個正在興建的社宅，他們會願意參與社宅的地方說明會，如此可以避免臺灣當前不住社宅的人討論社宅的荒謬現象，* 以及平衡社宅興建地附近在地居民與議員的

＊ 我曾參與某場社會住宅說明工作坊，參與的附近居民分成三組進行討論後報告。其中一組居民希望社會住宅的附屬設施如健身房、停車位、游泳池、圖書館等越多越好，而戶數越少越好，引起一片掌聲。

反對。*另外，因為「輪候制」是讓住戶事前登記，因此也可以做為社宅規劃評估（如區位、房型比例、公共空間需求）的參考資料。

在「輪候制」之下，可以根據不同的身分別區分出多條「隊伍」，以香港的社會住宅來說，根據等候時間長短，大致上分為「非長者一人申請」、「一般家庭、天倫樂」[43]、「高齡單身人士（滿六十歲）與共享頤年（全家皆滿六十歲）」三條隊伍。除「非長者一人申請」外，平均等候六年可以第一次選房，有兩次放棄重選的機會。

巴黎的社會住宅則是依申請者身分點數（優先順序）、收入（決定繳房租等級）、戶口人數（決定房屋大小）、工作地點（決定分配的地區）等項目劃入等候名單。另設有候選名單審查委員會，依據可供給數量與需求者特性進行動態調配。如預估上半年有若干戶可釋出，就依據需求者積分（如老人較優先）、急迫性（如單親家庭較優先），以及專業部門照顧考量（如教育、大眾運輸等）等多元項目，依此調動順序。

目前臺灣社宅多為「一般戶」採抽籤制，而「弱勢戶」採評點制，弱勢評點機制多以「年齡」、「身障」為主。[44]以臺北市為例，弱勢戶依「家庭狀態」、「個別狀態」給予評點分數，分數相同時，以電腦亂數排序。[45]

即便弱勢戶可以透過評點機制獲得較高的社宅入住保障，但對於一般住戶或青年租屋族而言，仍然是一場「運氣遊戲」。[46] 我認為，輪候制能有效確保政府持續興辦，並且平衡在地社區的反對聲音。因此若要支持社宅持續興辦，必須設計出符合臺灣現況的輪候機制。

第三種居住選擇：合作住宅

上述的改革內容，仍然預設了人民只能透過「市場」（購屋、租屋）或「政府」（社會住宅）取得居住資源，因此都是以改革住宅政策的途徑，試圖解決「買不起」、「租不好」、「住不到」這三大問題。但是改革需要時間，有沒有可以立刻實現的新住宅模式呢？民間是否有可能找出第三種模式來解決居住困境？

＊ 如二〇一六年萬華青年營區公共住宅說明會遭當地居民拉布條、丟冥紙抗議反對興辦，臺北市議員徐弘庭甚至提案要求公共住宅需經 i-Voting 取得基地方圓一公里居民的過半數同意，始得規劃設計。但二〇一九年時青年一期社宅招租時，該地居民又前往抗議，認為分配到整個萬華的「區域優先戶」應全數分配給該地里民。抗議社會住宅興辦，興辦好又抗議分到太少，因此我稱之為無謂反對。

基於上述對既有住宅供給方式與居住型態的反思，值得一提的是「合作住宅」（Co-housing），這是一九七〇年代於歐陸、北美、亞洲各國開始陸續出現的居住型態。合作住宅沒有固定的樣態模式，其定義泛指人們基於共同理念組成「意向性社群」（Intentional community），[47]並以此為基礎產生的居住模式與鄰里關係。在操作上，這個意向性社群需要共同合作投入整個住宅生產過程，並打造符合其需求與理念的社區，且持續共同參與社區運作。

合作住宅看似是個舶來品，但其實臺灣早年就有合作住宅。例如戰後初期的「住宅公用合作社」、八〇年代的「民間合作興建社區」，乃至於近年來的「另類租屋」，均有一定程度的合作意涵。

約莫在二〇一七年前後，OURs在推動住宅政策倡議的過程中也開始注意到國外的合作住宅經驗，推動房價合理化與租屋市場健全改革需要長時間的投入，而社會住宅、租金補貼都有資格與居住期限等限制，為了發展出更多的居住選擇，OURs隨即翻譯引進了合作住宅專書，[*]並且於二〇二〇年三月成立「合作住宅推動聯盟」。[48]希望創造價格可負擔、穩定有品質的居住選擇。

合作住宅的優勢

目前臺灣的住宅供給大多來自於「市場」和「政府」，但是以「民眾可負擔」的角度來說，因購屋市場的扭曲所造成的高房價已是長年沉痾，政府提供的社會住宅等補貼資源也極其有限，而合作住宅可以透過使用者的自我組織與互助機制，將部分住宅成本內部化，有機會降低住宅的價格。[49]

另一方面，就品質而言，購屋市場的房型由開發商決定，由於入住的對象不明確，預售屋與新成屋的規劃通常不是以使用者需求為導向，而是以「便於銷售」為主。造成住家空間與公共空間的標準化，[50]使用者如果不適應開發商的設計，大多只能任其浪費或另外花錢進行二次施工。此外，住戶對公共參與、鄰里互動的想法未必一致，俗話說「千金買房、萬金買鄰」，以現代的居住型態來看，如果鄰里關係不睦，會對生活造成許多困擾。至於社會住宅則為了考量戶數與租金，多半設計成一房型的住家空間，且由於受租期限制，鄰里互動歸屬感較低。[51]

---

* 分別為二〇一九年出版的《合作住宅指南》與二〇二一年出版的《互住時代》。

合作住宅因為是「意向性社群」共同打造，在入住前已確定社區住戶，並透過組織培力與參與式規劃，依使用者的需求設計住家空間。同時，住戶也會共同討論公共空間的設計，確定未來使用的方式。關於住宅的日常管理，也會自然產生自我組織與民主決策過程，無須委託物業管理公司，因此住戶之間的聯繫較為緊密，比起市場以及國家提供的住宅，合作住宅有更好的居住品質。

除了「可負擔」與「有品質」之外，合作住宅也能夠回應臺灣人口結構的改變，例如高齡化、少子化、孤獨化等困境。「互助共老」是歐洲合作住宅的重要類型，而臺灣將於二〇二六年進入「超高齡社會」，[52]過去三代同堂的家庭型態漸趨稀少，合作住宅的設計能夠與「具備相同生活習慣與理念」的其他長者共居並消弭孤獨感，沒有了三代同堂的「血緣連帶」，合作住宅能夠創造「社群連帶」。

孤獨化困境也並不僅止於長者，對於在都市打拚的青年而言，很多人每天下班後是回到冰冷的出租套房，缺乏人與人的自然互動機會，因此有公共空間、室友的共居形式租屋會是許多青年嚮往的居住型態，青年的孤獨感其實也反映了合作住宅潛在的需求。[53]與此同時，近年臺灣也興起了如共享汽車、共享機車等共享經濟模式，人們逐漸開始接受「重要的是使用權，而非所有權」的概念，有助於合作住宅的推廣。

合作住宅在臺灣

臺灣過去就有住宅合作社的案例，興辦資源主要來自《興建國民住宅貸款條例》，該時期的住宅合作社以協助政府執行國宅興建為主，也作為民間集資興建住宅的管道。但一九七五年條例廢除，[54]民間則是出現了預售屋的形式，住宅合作社失去了過去仰賴的政策支援，相形之下就顯得過於脆弱，且以集資為主的運作模式也讓成員之間的共居意識不足，因此住宅合作社在一九八〇年代之後漸漸消失。

但是在一九八〇年代末由於房價飆漲，民間還是有零星幾個合作興建社區的案例，例如一九八九年中研院員工發起的學人山莊社區，不過這個模式解決的僅有「可負擔」問題，凝聚彼此的共同身分僅是「同事」，並且保有私有產權，可以轉賣獲利，容易造成社區瓦解。另一個案例是二〇一三年啟動的宜蘭冬山幸福家園社區，這個社區徵選同為華德福教育的家長，並藉由參與式設計凝聚社區共識，雖然產權登記私有，但是時常舉辦工作坊，社區網絡緊密，因此仍具有相當程度的合作意義。

近年來發展出的「另類租屋模式」，也開始將意向性社群概念引入租屋當中，例如玖樓共生公寓，[55]其模式是承租民間住宅整修之後，採取「徵選」方式尋找租戶，至今已發展超過一百戶的住宅；而社會住宅也開始出現小規模的共居實驗，如二〇一七年新北市開展的「三峽北大青銀共居計畫」，以及臺北市推動的「社會住宅青年創新回饋計畫」，都是透過徵選，找尋具社區參與和公共服務理念的潛在共居夥伴，從社會住宅的實驗中開創不同可能。

OURs也已經開展了自己的「社會住宅合作化」實驗案例，與新北市城鄉局合作，在土城員和社宅設計時就留下了一層具備「共享空間、戶外庭園」的場地，規劃有二十六間雅房。二〇二二年十月將由OURs徵選招租，預計成立戶代表會議、建立公基金、共同討論社區公約，嘗試以民主方式運作。

合作住宅的挑戰

由於合作住宅的核心是「居住」而非「產權」，因此在制度的設計上，要避免隨著市場波動而改變其價格，因此合作住宅是一種「非炒作產權型態」。在國外合作住宅的「非炒作產權型態」非常多元，[56]但在臺灣由於私有產權屬於憲法保障的層級，因此在產權型態上若採取「區分所有權」的方式進行，原則上是可以自由出售，產權持有者只受社區的道德約束，社區沒有實質限制轉售的權力。

因此就臺灣而言，產權「共有」與「租用」是現階段合作住宅較佳的模式。共有產權是將土地與住宅登記在法人的名下，入住者僅擁有「使用權」；而租用模式則是類似「另類租屋」，承租市場住宅並招募有共同意向的住戶，但其出租價格須為定價，不因住戶進出而改變。

在「共有產權」的形態中，最有保障的是「將土地與房屋登記在合作社名下」的模式，入住者以合作社對應股金的形式入住，[57]便可獲得穩定居住權，也是最顛覆過去臺灣「所有權等同居住權」觀念的產權型態。在《合作社法》的規範之下，股金不得隨意於市場出售，合作社內能夠發展較為民主的決策機制，同時還有來自政府主管機關的監督，這些都是合作社作為合作住宅執行主體的優勢。

但目前臺灣合作住宅的推廣仍要面對許多挑戰，民間的認識與培力不足，[58]且土地與建物取得困難。[59]此外，若需要政府扶持，臺灣還缺少「合作住宅」的法令定義，也進一步造成如稅賦認定疑義，[60]以及融資市場不友善[61]等狀況。

對此，若要突破制度上的侷限，OURs建議如果以住宅合作社為主體，可依《合作社法》第五十四之二條訂定試行辦法；中長期則在《住宅法》等法令中明訂合作住宅用詞定義與政策位階，藉此獲得政策支持。

至於教育推廣與培力不足的問題，OURs也倡議政府應比照推動都市更新、危老重建的經驗，積極扮演教育推廣角色，並成立專業諮詢平台輔導有意願的民眾，形成民間組織推動興辦。此外，在「一定可負擔性與公益性」的前提下，藉由設定長期地上權等方式運用公有房舍土地，並改善融資環境，或甚至可以納入「整體住宅政策實施方案」執行。

合作住宅的定位與意義

合作住宅提供「另一種居住選擇」，可以回應臺灣的社會變遷，但無法取代住宅市場與補貼機制。OURs辦公室主任詹竣傑表示，透過合作社去組織一群關心住宅議題的人，是住宅團體的下一步，從日常生活出發，建立一套服務機制，有機會突破過去僅「連結專業者進行政策倡議」的侷限。

事實上，合作住宅在全世界均非主流住宅型態，[62]更遑論還在萌芽期的臺灣，合作住宅對於臺灣住宅問題的緩解還十分有限。

但即便如此，在臺灣推動合作住宅，可以打開民眾對居住與生活方式的另類想法，也是達成「多元、可負擔、有保障」的重要環節。

經過三十年，走向居住權

本書梳理了三十餘年臺灣的住宅政策發展與侷限，以及提出可繼續努力的方向。回到本書的序言，有人質疑：「雖然住宅團體不斷倡議、組織街頭運動，但無殼蝸牛運動至今三十幾年，臺灣的房價還是這麼高，到底是為什麼？」那麼應該怎麼回答這個問題呢？

我的回答是，這三十餘年住宅團體所進行的倡議與社會運動，正是一段重新定位住宅問題的過程。八〇年代末期，政府與地產文化霸權將人民無法安居的困境，轉化成買不起房的問題，使得居住問題去公共化，買不起房則是歸咎於個人不夠努力、怠惰，最終引爆了一九八九年無殼蝸牛運動。這些年來住宅團體不斷摸索，調整運動路線，其目的都是要求國家負起責任，將住宅問題再公共化，並逐步深化居住權的論述，期待實現真正的居住正義：也就是對「人民安穩居住權利的充分保障」。

在本書的最後一章，我提出了「重新面對市場改革」與「合作住宅作為第三條路」的兩個方向。這兩大建議是從住宅團體三十年的倡議經驗中提煉出來的成果，也是我們當前努力的方向。

本書介紹了不同時期的住宅運動，並且分析重要住宅法案的攻防，目的不只是為臺灣的住宅運動留下記錄，而是試圖從過去承繼下來歷史，開創新的未來。

在這個意義上，本書也是一份提案，邀請讀者共同努力為臺灣打造「居住權新紀元」。臺灣住宅運動三十年，是走向居住正義的第一哩路，期盼居住正義盡快實現，讓這本書走入歷史，這就是身為倡議者的我最期待的未來了。

然而美好的未來要自己打造，不是寄望於開明的執政者，政府不會自動改革，法案更不會自動通過，需要我們共同努力，為我們自己守護居住的權益。

註釋

自序

1 張宜君、林宗弘，〈時勢造英雄？臺灣個人所得的世代差異，一九九二～二〇一七〉，《臺灣社會學刊》，第六八期，二〇二〇年十二月，頁六一～一二〇。

第一章

1 張金鶚、高國峰、林秋瑾，〈臺北市合理房價——需求面分析〉，《住宅學報》，第十卷第一期，二〇〇一年二月，頁五一～六六。

2 國際顧問機構 Demographia 每年公布《全球城市房價負擔能力調查》（*Demographia International Housing Affordability Survey*），這份調查參考世界銀行與聯合國的報告設定住宅負擔標準：三倍以下，屬於一般家庭「可負擔」的水準；三．一到四倍為「略微超過負擔」；四．一到五倍為「嚴重負擔不起」；五倍以上則「極度負擔不起」。

3 「房價所得比」資料取自：內政部不動產資訊平台，「房價負擔能力指標統計成果」，「房價所得比」項目。

4 「住宅價格指數」資料取自：內政部不動產資訊平台，「住宅價格指數」項目。

5 內政部不動產資訊平台的「租金指數」就是主計總處的「消費者物價房租類指數」。行政院主計總處調查全國房租，編訂消費者物價房租類指數，包括住宅租金及學校住宿費，然而僅針對住宅租金調查。

6 請見財政部財政資訊中心「一〇八年度核定房屋租賃所得統計表」、「一〇八年納稅戶房屋租金支出抵稅統計表」。

7 租給自然人的房子，不見得就是作為住宅使用，亦可能作為工作室等用途。但由於財政資訊粗糙難以拆分，在此寬鬆計算，對可能作為其他用途的租屋先忽略不計。

8 本數據仍有模糊之處，但由於政府資料缺失，這已是臺灣唯一且相對精準的租屋黑市規模估計。

9 直至二〇〇一年《所得稅法》修法後，租金支出才得以扣抵所得稅。

10 雖然二〇一一年《住宅法》立法後，明文規定應定期蒐集、分析及公布「租賃與買賣住宅市場之供給、需求、用地及交易價格」，但實際上政府只重視購屋市場資訊的公布。

11 方明，〈首購族年齡增 北市至少四十歲〉，《中國時報》，二〇一五年八月八日，第A十版。

12 內政部營建署，《住宅資訊統計彙報》，二〇二一年第四季。

13 請見《中華民國（臺灣）政府對經濟社會文化權利國際公約審查委員會提出第三次國家報告問題清單之回應》，頁五一～五二。

14 自住住宅有三種狀況，分別為「房屋無出租使用」、「供其本人、配偶或直系親屬實際居住使用」、「本人、配偶及未成年子女全國合計三戶以內」，除此之外皆為非自住住宅。但是因為臺灣租屋黑市嚴重、難以實質認定實際居住等問題，所以推估此處之非自住住宅多為持有四戶以上之多屋族。

15 請見財政部財政資訊中心，「非自住住家用房屋稅籍個人歸戶統計表」、「全國非自住住家用房屋稅籍個人歸戶統計表」。

16 內政部，《內政統計通報》，二〇二一年第三十週。

17 實際上，臺灣的「房產自有率」是「看房不看人」，也就是「該住宅是否為經常居住者所持有」，若改以「擁房家戶與無房家戶比」進行計算，則臺灣房產自有率將大幅降低。

18 華昌宜，〈揭開高住宅自有率的真相〉，《中國時報》，二〇一〇年四月七日，第A十六版。

19 「房地產也可以作為理財的工具，將土地或房子租給需要的人，賺取租金，或是在房價、地價偏低的時候，買進房子或土地，再趁著價格上漲賣出去，賺取利潤。」翰林出版社，國小六年級社會課本（上冊），第二單元「投資理財與經濟活動」，二〇一三年。

20 鄭祐安，〈臺北市房屋持有者的高齡化分析〉，臺北市政府地政局，二〇一七年。

21 張宜君、林宗弘，〈時勢造英雄？臺灣個人所得的世代差異，一九九二～二〇一七〉，《臺灣社會學刊》，第六八期，二〇二〇年十二月，頁六一～一二〇。

第二章

1 央行為避免大量資金流入民間危及通貨穩定，不願繼續提供國宅貸款。自此都市土地增值稅成為國宅基金的唯一來源，但同年起該筆財源也挪用一半作為九年國民教育的經費，因此一九六九年後《興建國民住宅貸款條例》執行的國宅大幅減少。請見：臺大土木工程所都市計畫室，〈臺灣的住宅政策：「國民住宅計畫」之社會學分析〉，一九八八年，頁四七～五〇。

2 米復國，〈臺灣的公共住宅政策〉，《臺灣社會研究季刊》，第一卷第二、三期，一九八八年七月，頁一一六～一一七。

3 一九六三年臺北市的違建有五萬兩千八百間左右，約有二十九萬兩千人居住，佔當時北市人口約三分之一。

請見：楊友仁，〈循環的債務：對臺北違章建築與都市規劃的歷史觀察〉，《城市與設計學報》，第四期，一九九八年三月，頁三〇一～三一四。引用數據於頁三〇六。

4 資料來源同註3。

5 一九五八年，中國打撈公司興建的士林華僑新村，是臺灣首次出現興建住宅出售的案例，六〇年代，國泰、華美等建設公司紛紛成立。

6 卓輝華，《房市風暴：從人口緊縮看未來房市的危機與商機》，臺北：經濟日報，二〇一八年，頁三一～三二。

7 此禁令使得銀行無法提供開發商融資，壽險業也在此時大舉進入房地產市場。請見林文郎，《到有殼之路》，臺北：南方，一九八九年，頁七。

8 由於臺灣當時將重心放在發展外貿產業，因此兩次石油危機都造成嚴重的通貨膨脹，所以有經濟條件的民眾會選擇購買房屋保值，直到一九八〇年，臺灣空屋率已高達百分之十三，是臺灣空屋率問題的濫觴。

9 同註2。

10 同註1，引用數據於頁八二。

11 一九八〇年的「空地限期建築使用」要求臺北市與高雄市私有空地限期建築使用，否則將以公告地價徵收。此政策在短時間內，造成住宅供給過剩，房價下跌、滯銷。

12 社會大眾曾對建築經理公司寄予高度期待，但建商使用其「履約保證」的服務比例不高，且保障範圍基本上僅為「價金保證」而非「產權保證」，一九九六年有立委提案制定《不動產交易法》建立履約保險，若預售屋無法完工可辦理理賠，但最終未能通過。二〇〇三年因《行政程序法》修正，〈建築經理公司管理辦法〉失效，並因當時預售屋市場不景氣而未能法制化。

13 呂秉怡，《運動組織與組織運動——無住屋運動之資源創造與轉化》，碩士論文，國立臺灣大學建築與城鄉研究所，一九九二年，頁三六。

14 李美惠，〈蝸牛總為找殼忙！〉，《聯合晚報》，一九八九年七月二十五日，第八版。

15 後續也制定了一九九一年《公平交易法》、一九九四年《消費者保護法》等防範購屋糾紛的相關法令，內政部也在一九九六年公布〈預售屋買賣契約書範本〉。

16 卓輝華，〈人口與房市結構轉型中的房市趨勢與土地政策方向〉，發表於「地政講堂系列講座」，臺北市政府地政局舉辦，二〇一八年四月十八日。

17 一九八八年夏，土木工程研究所交通乙組（都市計劃組）獲准獨立，成立研究所，由王鴻楷教授擔任首任所長。

18 發起運動的國小教師之中，由於潘運欽曾參與教師人權促進會，具備組織經驗，參與決策較深。

19 這些幹部當時均為研究生，唯陳志梧以博士生身分於臺大兼任授課。

20 陳燕珠，《無住屋者團結組織的形成及維續之研究》，碩士論文，國立政治大學公共行政研究所，一九九〇年。

21 Manuel Castells, 1983, *The City and the Grassroots: A Cross-cultural Theory of Urban Social Movements*. Berkeley: University of California Press.

22 無住屋者團結組織雖同時拜訪四黨，但所受待遇不同。民進黨由黃信介主席接待，而國民黨僅由社工會一位張姓助理幹事於吸菸室接待。

23 如陳水扁、趙少康等政治人物均表態支持無殼蝸牛運動的訴求。

24 同註13，引用數據於頁二。

25 賴注醒，〈蝸牛族訴求理性健康！〉，《聯合報》，一九八九年八月二十六日，第九版。

26 一九九二年承辦文建會《第五屆古蹟保存技術研習營》、臺北縣汐止鎮秀峰國小設計案；一九九三年淡水鎮公所委託「淡水河河岸關渡至油車口段遊憩規劃案」；一九九四年文建會委託「輔導美化地方傳統文化建築空間計畫」等。

27 社論，〈蝸牛族找錢復〉，《聯合晚報》，一九八九年八月二十一日，第二版。

28 「土地儲備制度」指政府透過區段徵收、土地重劃、照價收買等方式預先取得土地，備供未來公共建設或政策需要使用。

29 一九八九年底，住宅運動開始在潘英海、趙永恕、鍾幼蘭等成員的努力下，加強內部組織工作，李幸長、潘運欽、張俊男也積極協助運動轉型。

30 一九八九年萬人夜宿前一週，受到運動衝擊，大臺北地區預售屋銷售率跌至不到一成，創下三年來單週最低紀錄。

31 一九九〇年六月郝柏村接任行政院長，八月二十八日，他在行政院治安會報上，指示治安單位要引用《檢肅流氓條例》，檢肅社運流氓。

32 「我們永遠也買不起殼了，我們的孩子大部分要做沒有殼的蝸牛了。……辛苦工作一輩子還買不起房子，難道是我們的錯嗎？……我們呼籲我們的社會向蝸牛社會學習，把住宅當作基本人權，是不可讓渡的基本人權，是一個美滿與安定社會的基本條件。我們呼籲我們的政府向蝸牛政府學習，即使幹什麼事都慢吞吞，房子這件事一定要急著去辦，幫我們主持公道的房屋價格，調配社會資源、廣興住宅。」《蝸牛主義宣言》

33 關於「政府應不應該干預自由市場」的論辯，反而更多出現在租屋管制的討論中，但政府與部分學者始終認為房租上漲的根源，其實是房地產飆漲的結果，因此無需特別關注。

34 同註1，引用數據於頁七三。

35 臺北訊，〈趙少康提議：實施二次土改〉，《聯合報》，一九八九年十一月十九日，第十四版。

36 政治組，〈錢權匯流 土改前途堪慮〉，《聯合報》，一九九二年六月一日，第二版。

37 張寒青、成章瑜，〈二次土改 行政部門面臨考驗〉，《經濟日報》，一九九二年八月十七日，第三版。

38 成章瑜，〈落實第二次土改 執行是關鍵〉，《經濟日報》，一九九一年十二月三十日，第二版。

39 王宛茹，〈以土改形成不良政治氣候 別有用心〉，《聯合晚報》，一九九二年九月二十九日，第三版。

40 李信宏，〈土改爭議走調 平添政爭色彩〉，《聯合報》，一九九二年十月二日，第三版。

41 陳東升，《金權城市：地方派系、財團與臺北都會發展的社會學分析》，臺北：巨流，一九九五年。

42 施威全，《臺灣經濟發展過程中的地方派系研究》，碩士論文，臺灣大學建築與城鄉研究所，一九九三年。

43 張寒青、成章瑜，〈財長辭職 選舉效應南轅北轍〉，《經濟日報》，一九九二年十月九日，第二版。

44 發展型國家理論有三個主要邏輯：第一，國家被認為享有免於政治和社會壓力的高度自主性，並以國家的強勢表現作為特徵；第二，國家被視為由專業技術官僚所構成的決策機器，這些技術官僚以經濟發展作為國家的優先考慮；第三，國家積極干預經濟，從而促進快速工業化。發展型國家是西方對亞洲國家的研究觀點，臺灣官員往往自稱大有為政府，其實是類似的概念，都是指國家具備高度自主性，強勢對社會經濟進行干預。

45 同註40。

46 李定強、蔡慶輝，〈交易實價課稅？公告現值課稅？土改拔河 別讓小百姓成輸家〉，《聯合晚報》，一九九二年十月四日，第三版。

第三章

1 聯盟團體眾多，略舉如下：工人立法行動委員會、婦女新知基金會、台北市婦女新知協會、環保聯盟臺北分會、跨界文教基金會、差事劇團等。

2 央行於一九八九年三月一日起，限制銀行辦理購地、建造及購買住宅或企業用建築、建造高爾夫球場等土地擔保放款最高貸放額度以不超過一九八九年二月底土地公告現值加四成為限，期限，最長為三年；暫停辦理無擔保購地貸款、無正當使用目的之都市空地擔保放款及最近兩年內轉手三次或三次以上之土地擔保放款；並凍結對投資公司之授信總餘額於一九八九年二月底水準，以抑制投機活動。請見：黃富櫻，〈總體審慎政策與實務：近年的臺灣經驗〉，《國際金融參考資料》，第六四輯，二〇一二年十二月，頁九二～一一六。

3 「臺灣家戶數量」請見：內政部戶政司全球資訊網，「人口政策及統計資料」，「村里鄰戶數及人口數」項目。

4 一九九五年至一九九八年五月間，臺北市受理使用「輔助市民貸款自購住宅」措施約九萬兩千戶，核發貸款證明五萬一千多戶，完成貸款三萬四千餘戶，政府累計補貼利息達四十二億六百萬餘元；但與此同時，一九九五年至一九九七年間，國宅興建數量僅兩千四百戶。資料來源：臺北市政府國民住宅處，《臺北市國宅統計年報》，一九九九年。

5 「買賣移轉棟數」請見：內政部，《內政統計月報》，「辦理建物所有權登記」項目。

6 「臺灣平均家戶可支配所得」請見：行政院主計總處，〈家庭收支調查報告〉，「每戶可支配所得平均數」項目。

7 「空屋率」請見：彭建文、張金鶚，〈臺灣地區空屋現象與原因分析〉，《住宅學報》，第三期，一九九五年一月，頁四五～七一。

8 「一九九〇年空屋數」請見：行政院主計總處，〈七十九年戶口及住宅普查提要分析〉，一九九〇年。

9 曾稚驊，《中介空間：臺灣社會住宅的制度與權力分析》，碩士論文，臺灣大學社會學研究所，二〇一八，頁三五。

10 一九九七年全臺房屋買賣移轉棟數約為四十六萬六千多戶，至一九九八年時跌至三十八萬五千戶左右，並一路下滑至二〇〇一年的二十五萬九千餘戶，二〇〇一年為歷史第二低點。資料來源請見：內政部，《內政統計月報》，「辦理建物所有權登記」項目。

11 王雪美、王鴻薇，〈蕭萬長為政策辯護：兼顧公平效益 非為建築業〉，《聯合報》，一九九九年一月一日，第三版。

12 自一九九二年之後，無住屋者團結組織無實際運作，李幸長成為了四海遊龍董事長。

13 環運、婦女團體的加盟，主要是由 OURs 執行秘書劉漢卿聯繫邀請。

14 中華民國住宅學會自一九九〇年由政治大學張金鶚教授發起成立，成立的宗旨在推動住宅學術與實務研究發展，解決住宅問題，提供住宅政策建議，並提升學術與實務研究水準。

15 一九九八年十二月三十一日，行政院院會，蕭萬長表示：「近年來房地產業的各種問題，是長年以來整體住宅政策及房地金融政策的缺失所造成，相關主管機關應進行檢討並提報經建會討論。」但實際上該次院會真正的決議卻是端出了錯誤的一千五百億方案。因此政府早已意識到問題在於欠缺整體性的住宅政策規劃，若沒有後續的社會壓力，整體性的住宅政策可能淪為宣示。

16 無殼蝸牛聯盟與余政道合作的契機，是透過盧思岳的關係牽線。

17 政策組以崔媽媽理事長林德福，以及他找來的城鄉所研究生楊友仁、吳欣隆、石振弘為班底；活動組以差事劇團、盧思岳，以及熟識的工運人士如陳武貂、傅弘達為班底。

18 無殼蝸牛聯盟辦公室較為鬆散，執委會與秘書處的界線不甚明確，有時間出席會議者就具有較多的決策影響力。核心決策者為劉漢卿、盧思岳、呂秉怡、林德福，以及林德福找來的城鄉所研究生楊友仁、石振弘、吳欣隆等。後來吳欣隆轉為崔媽媽工作人員，代表崔媽媽參與運動。

19 經建會的反對理由是「中低收入戶本來就只繳輕稅甚至免稅，意義並不大」且「租金抵稅造成的的稅損可以從房東身上勾稽回來，稅收甚至還會增加」，此一論述與無殼蝸牛聯盟不謀而合。

20 賦稅署署長王得山表示，臺北市平均每棟房屋的租金每月約二萬元，其他地區在一萬元左右，以大學剛畢業學生初入社會的月薪約三萬元來計算，每月可扣抵租金的收入以一萬五千元到一萬元較為合理。

21 法案提案後，立法院程序上會將法案交由負責的委員會進行審查。而召集委員則是可以決定法案審查的優先次序，在立法過程中極其關鍵。

22 立法院上半年法定會期為二月至五月底，下半年會期為九月至十二月底，但可以透過臨時會延長會期。

23 崔媽媽理事長林德福表示：「剛好在構思無住屋運動十周年時應該怎麼紀念，結果蕭萬長就憑空送了一個舞台出來。」

24 內政部營建署於一九九九年二月委託住宅學會進行〈臺灣地區整體住宅政策之研究〉，並於當年六月完成。營建署最後發布的〈整體住宅政策白皮書草案〉也大量採用該研究案內容，其中核心關鍵在於林益厚願意將具有進步價值的內容納入草案版本。

25 其中也提及了「將房租支出納入所得稅之列舉扣除額，每年以三十萬元為上限」。

26 主要是婦女團體的訴求。

27 一九九八年「淡江之狼」曾樹城侵入淡江大學附近的校外租屋，陸續犯下強姦、強盜案，並於一九九九年五月落網。此事突顯了學生校外租屋的品質及安全問題，促使教育部開始檢討大學住宿議題，但實際上教育部後續對此沒有任何作為。

28 原本僅有無望當選的李敖與許信良願意前來，隨後陳水扁同意出席，使得連戰與宋楚瑜也一起跟進。

29 內政部於一九九九年八月二十五日將〈整體住宅政策白皮書草案〉提交至行政院，十月經建會對該草案進行研商後認為「因政策涵蓋面廣、涉及部會眾多，建議仔細研商充實內容後再討論」，並於二〇〇〇年三月底列出研析意見，最終內政部於四月修正完畢並再次提交行政院，但一個月後即政黨輪替。

30 由於路線問題，實際上 OURs 當時未深入參與無殼蝸牛聯盟，僅由執行秘書劉漢卿代表參與。OURs 主力仍放在地區環境改造計畫，例如舉辦「社區空間診斷與行動課程」，著重在都市層級議題。

31 如前一節提及的立法委員余政道。

32 無殼蝸牛聯盟此時只剩下名稱，已無實質運作，受工運團體力邀由代表出席。

33 苦勞報導，〈總統就職，弱勢要求兌現承諾〉，苦勞網，二〇〇〇年五月二十日。

34 數據來源同註 9，引用數據於頁三九。

35 分別為：國民住宅貸款、輔助人民自購貸款、青年購屋低利貸款、輔助勞工建購住宅貸款、輔助國軍官兵購置住宅貸款、輔助公教人員購置住宅貸款、原住民購置自用住宅貸款、輔助原住民建購修建住宅貸款、九百億購置新屋貸款專案、六百億無自用住宅者首購貸款專案、一兆三千八百億優惠購屋專案、青年優惠房屋貸款暨信用保證專案。

36 《整體住宅政策》與《住宅法》均在一九九九年二月的「強化經濟體質方案」中首次出現，而《整體住宅政策》草案中，其綱領第一條便提及要制定《住宅法》。

37 花敬群也於同年取得政治大學地政學系博士學位。

38 此學派強調購屋市場與租屋市場均衡發展，讓住宅選擇多元化。
39 《立法院公報》，第九十卷第二十一期，二〇〇一年五月二日，頁九三。
40 雖然鄭寶清、葉宜津、賴士葆立委於二〇〇〇年七月自行提案，但效果不大。
41 此一結論導致二〇〇二年上任的內政部長余政憲將國宅單位解編，並賤賣國宅餘屋。
42 林萬億，《臺灣的社會福利——歷史經驗與制度分析》，臺北：五南圖書，二〇〇六年，頁五三七。
43 社會住宅在《整體住宅政策》之中，只出現在「政策目標」，且僅有一句話帶過，後續也沒有解釋，其宣示效果遠大於實質效果。
44 類似的作法亦包括民進黨政府推廣社區總體營造，扶持社區發展協會蠶食鯨吞基層支持國民黨的里長系統。
45 原本在崔媽媽負責政策的吳欣隆離職，理事長林德福亦準備前往中國發展。

第四章

1 專指一九四六年至一九六四年出生的世代。
2 二〇一六年美國《美國主要貿易夥伴的外匯政策》報告中，列出十二個貿易夥伴，臺灣是唯一被美國財政部認定「持續並單方面干預匯率」的國家。請見：U.S. Department of the Treasury Office of International Affaires, 2016, "Foreign Exchange Policies of Major Trading Partners of the United States."
3 這個過程會讓市場上美元變少，新臺幣變多，產生促貶新臺幣的效果。
4 以「可轉讓存單」（NCD）的方式賣給銀行等金融機構。
5 雖然增發的新臺幣為央行的負債，因此負債同步上升，但央行已第一時間將其支付給賣出外匯的人。
6 請見：中華民國中央銀行全球資訊網，《金融統計月報》，「中央銀行資產負債統計表」。行政院主計總處，

《國情統計通報》，「國內生產毛額GDP」項目。

7 簡單來說，在高利率的時期（例如百分之十），一千萬元每年定存收益為一百萬，因此每年可收益一百萬的土地也約估價為一千萬元；但若土地收益不變且利率降低（例如百分之二．五），就需要四千萬定存才能夠收益一百萬，因此土地估價便會漲為四千萬。

8 五大銀行新承做購屋貸款利率，是以臺銀、合庫銀、土銀、華銀及一銀在新承做購屋貸款時所採的利率，以加權平均的方式計算。請見：中華民國中央銀行全球資訊網，「五大銀行（臺銀、合庫銀、土銀、華銀及一銀）新承做放款金額與利率」。

9 雖然臺灣二〇〇四年至二〇〇八年初升息共百分之二，但房貸利率僅約提升百分之〇．三四。

10 在國際層面，二〇〇七年起美國因應金融海嘯，自九月開始連續降息，至二〇〇八年一月三十日利率從百分之五．二五降至百分之三。降息導致美國國內大量資金湧向外國追求更高利率，大量外資湧入投資將導致新臺幣大幅升值，並危害出口競爭力。央行二〇〇八年初為了阻升新臺幣，大量買入美元，並在十月後跟進全球央行降息行列，迅速將利率降至史上新低。

11 累計彭淮南上任二十年來，央行共繳了約三兆元給國庫，這也是彭淮南受到盛讚的主要原因之一。「央行繳庫盈餘」請見：中央銀行，《中央銀行年報》。

12 除二〇〇四年因為SARS因素房價微跌，其餘年份房價所得比均為增長。

13 「房價所得比」請見：內政部不動產資訊平台，「房價負擔能力指標統計成果」，「房價所得比」項目。

14 雖然《住宅法》成功納入了「社會住宅」專章，但由於要是由中央政府擔負起興辦社會住宅的角色，其業務量將大幅增加，因此在這個版本中，興建與管理社會住宅完全是地方政府權責，但並未明列地方政府與辦財源與方式。此版本的社會住宅重點放在「民間興辦」，卻幾乎沒有鼓勵興辦的措施，反而有諸多評鑑管制、租金限制、甚至強制收回的規定，根本難以運行。

15 在一九八九年無殼蝸牛運動時，彭揚凱僅是準備進入淡江大學建築系就讀的高三學生，而一九九九年無殼蝸牛聯盟發起二代蝸運動時，彭揚凱則是在服兵役。

16 即便在一九九九年無殼蝸牛聯盟時期，OURs之中住宅政策倡議的角色，由副秘書長劉漢卿負責，OURs本身的運作重心仍是都市議題。

17 住盟成立後，林育如順勢轉任為住盟的工作人員，日後擔任辦公室主任，主要負責住盟內的團體聯繫。專職人員的人事費由聯合勸募協會的計畫提供。

18 前文提及，「無殼蝸牛聯盟」已實質解散，然而聯盟名稱在社會上還是具有一定的辨識度，因此OURs與崔媽媽繼續沿用，但實質上與一九九九年時的無殼蝸牛聯盟的組織運作已無關係。

19 並從「什麼是社宅」、「為何需要社宅」、「社宅如何興建管理」這三大項目中，列出了十四點「社會住宅Q&A」說帖，也向社福團體蒐集弱勢居住困境的個案故事。

20 除了OURs、崔媽媽、台灣勞工陣線並不是社福團體，其他住盟團體均為社福團體：中華民國智障者家長總會、中華民國身心障礙聯盟、中華民國老人福利推動聯盟、台灣少年權益與福利促進聯盟、台灣社會福利總盟、社團法人康復之友聯盟、社團法人台灣芒草心慈善協會、臺灣社區居住與獨立生活聯盟、財團法人伊甸社會福利基金會、財團法人勵馨社會福利事業基金會。

21 最早住宅團體與社福團體結盟時，僅談弱勢的居住保障，後續因政治判斷因素，加入青年族群，以擴大支持者面向。

22 例如在新北市長選舉期間，蔡英文就提出要推動社會住宅，這也是住宅倡議與蔡英文的首次相遇；而朱立倫則是選前多次排不出時間，當選後上任前一天才與住盟會面。

23 萬華青年段、松山寶清段、三重大同南段、三重同安厝段、中和秀峰段。

24 盧賢秀、陳璟民，〈郝擬推社會住宅 綠批噱頭〉，《自由時報》，二〇一〇年十月十六日，第A十九版。

25 曠文琪，〈M型社會來了！〉，《商業周刊》，第九八六期，二〇〇六年十月十六日。

26 與二〇〇八年相比，二〇〇九年臺灣工業生產指數下降百分之八．七，對外貿易總額下降百分之二十三．七，且對外貿易總額為二〇〇二年以來首度衰退。資料來源請見：行政院經濟建設委員會，「當前經濟情勢」，二〇〇九年，「工業生產指數」項目、「對外貿易總額」項目。

27 十月二十六日住盟受內政部邀請提供意見、十一月三日住盟受邀至民進黨中常會報告、十一月八日住盟受邀至立法院財委會報告。

28 陳節如同時也是育成社會福利基金會董事長，長年推動身心障礙者權益。

29 住盟在成立記者會當天就成立了臉書粉絲專頁，在當時臉書還算是非常嶄新的社群軟體，隨後也架設了住盟部落格。

30 二十歲至四十歲（換屋為二十歲至四十五歲）青年家庭一生兩次（新婚首次購屋、生育子女換屋）享兩年兩百萬零利率房貸，並將此方案放寬至家庭所得分位百分之八十以下皆可申請（一般購屋貸款利息補貼限所得分位百分之五十以下）。

31 貸款額度最高不得超過房屋（含基地）鑑價金額之七成，並不得有寬限期。

32 奢侈稅草案從三月八日交付至立法院財委會審查到四月十六日三讀通過，只花了二十八天。

33 板橋市、三重市、中和市、永和市、新莊市、新店市、土城市、蘆洲市、樹林市、汐止市。

34 根據永慶集團的統計，二〇一一年第二季臺北市住宅平均房價每坪五十三萬七千元，二〇一二年第二季每坪達五十七萬五千元，微漲百分之七；新北市則從每坪二十七萬元，漲到三十萬元，漲幅逾一成；另外桃園、新竹、臺中、高雄，分別也有一成左右的漲幅。而建物買賣移轉棟數則由二〇一〇年的四十萬六千餘戶，降至二〇一一年的三十六萬一千戶、二〇一二年的三十二萬八千多戶。數據取自：王柔雅，〈「一不三沒有」奢侈稅週年怪象〉，《財訊雙週刊》，第四〇〇期，二〇一二年六月五日。

35 當時住盟仍未成立。

36 原《住宅法》草案申請住宅補貼僅以「無自有住宅為限」，陳節如版本加入了「或擁有一定面積以內或一定金額以下」的但書，放寬名下有財產弱勢者亦可申請，並將補貼額度細緻化，以「地區、受補貼家戶之所得、人口數量與弱勢狀況」進行計算。

37 實際上沒有達成目標，二〇一九年的「協助單身青年及鼓勵婚育租金補貼試辦方案」、二〇二二年的「三百億元中央擴大租金補貼專案」，均是透過行政院院會核定，繞過《住宅法》規範辦理。

38 社會住宅若要持續興辦，就必須通過《住宅法》以保障政府興辦權責、租金設定方式、弱勢保障比例、預算來源等。因此即便二〇一〇年馬英九就承諾住盟試辦社會住宅，但住盟仍然希望通過《住宅法》，以保障社宅持續興辦。

39 同時也是為接下來的反貧困五一大遊行預熱，因此參與團體也包括反貧困大遊行的發起團體例如：台灣勞工陣線、全國產業總工會、青平台、綠黨、公平稅改聯盟、青年勞動九五聯盟等。

40 《平均地權條例》於四月十八日排審完畢、《地政士法》於四月二十五日排審完畢、《不動產經紀業管理條例》於四月二十八日排審完畢。

41 但在《住宅法》三讀通過前，機場捷運A7站合宜住宅及板橋浮洲合宜住宅就已經開始進行土地標售與招商，僅規範百分之五戶數必須出租，租期十年。兩者皆於二〇一五年完工，A7合宜住宅承購價每坪十五萬，限售期為五年，解除限售後二〇二二年已漲至每坪三十萬；浮洲合宜住宅承購價每坪十九萬五千元，限售期為十年，部分住戶透過法拍方式繞過限售期規範，於二〇二〇年拍出每坪三十九萬九千元。住盟在這兩個合宜住宅的規劃階段皆前往抗議，但阻止未果。

42 地點仍為前一年選定的萬華青年段、松山寶清段、三重大同南段、三重同安厝段、中和秀峰段。但是更細緻羅列了執行方式、辦理期程與經費等。

43 安康平宅住戶抱怨：「居住環境很差，上廁所時天花板會漏屎尿水，得準備寶特瓶容器接穢物，有時上廁所還得撐傘，向市府反映拖了七、八年，仍未見改善。」陳志豪，〈防漏撐傘如廁 安康平宅要修〉，《聯合報》，二〇一〇年五月二十八日，第B一版。

44 社宅選址爭議背後也隱含了「社會弱勢者是否有權居住在都市中心精華區」的價值爭辯。二〇一〇年臺北市府有意在前空軍總部原址興建社會住宅，由於是精華地段，被譏為「西裝料做短褲」。何醒邦，〈「西裝料做短褲」 建商嘆可惜〉，《聯合報》，二〇一〇年十月十五日，第A四版。

45 這也是合宜住宅規範應有百分之五戶數作為出租使用的來源。

46 立法院公報第一〇〇卷第三三期委員會記錄中，黃仁杼委員質問內政部次長林慈玲是否因為不動產仲介業者反彈所以才去識別化與採區段化的方式處理，而林慈玲次長當場承認。

47 也因此花敬群在二〇一六年蔡英文當選總統後得以擔任內政部次長。

48 這也是前文所述「過去的運動成員與對運動抱持友好態度的對象，逐漸成為政治幕僚或學者專家」產生的人脈網絡，終於展現出優勢。

49 當時各國社宅存量佔住宅總數比分別為：美國（百分之六）、日本（百分之六）、荷蘭（百分之三十四）、德國（百分之十六）。而臺灣僅有六千三百餘戶公有出租住宅，僅佔全國住宅總量不到百分之一。請見：社會住宅推動聯盟，〈什麼是社會住宅Q&A〉，二〇一〇年。

50 二〇一二年林益厚發表〈談「住宅法與社會住宅」〉一文，也質疑即便由中央負責的國宅條例，且對土地取得、資金籌措、興建機構都有明確規定，尚且無法達成績效，更遑論以《住宅法》這種將興辦主體從中央移轉到地方、政府移轉到民間的模式。請見：林益厚，〈談「住宅法與社會住宅」〉，《都市更新簡訊》，第五三期，二〇一二年六月。

51 陳節如委員在十一月協商時提出修正，擬將實價登錄範圍擴及預售屋，但協商未果。

52 對於二〇〇一年《所得稅法》修正租金可扣抵所得稅是否為住宅團體首次法律層級改革成果，尚有爭議。一九九九年，經建會便已提出「租金扣抵」概念，最後修法版本的額度不僅與住宅運動的期待相差甚遠，修法通過時，中央政府已經政黨輪替，當時住宅團體也沒有推動倡議。

53 林政忠，〈北市財長：臺灣房屋稅 全世界最低〉，《聯合報》，二〇一四年九月一日。

54 例如安康平宅是少數較好的個案，但臺北市新推出的社會住宅弱勢保障比例仍只有百分之十，甚至曾有限制愛滋病患者不得入住等歧視問題。

55 其中百分之三十的樓地板面積提供建商商業營利，僅百分之七十供住宅使用。住宅使用面積中僅百分之三十較市場租金便宜，其中又僅百分之五提供弱勢居住。另外為了吸引建商，新北市政府招商說明會報告中明言「考量BOT計畫財務可行性及營運風險，經濟弱勢族群非本案主要目標族群」。

56 主要發起團體為：社會住宅推動聯盟、公平稅改聯盟、房市改革行動聯盟、台灣居住正義協會、參玖參公民平台、無殼蝸牛聯盟。共同發起團體有七十餘個。

57 葉世文在二〇一四年被檢方查出涉及八德合宜住宅弊案及林口A7案弊案，於二〇一九年判刑十四年定讞。

58 荒謬的是二〇一四年巢運點名的鄉林建設、遠雄建設、麗寶建設，至少在表面上都否認支持炒房。

59 即便二〇一一年《國有財產法》修法禁止標售五百坪以上國有土地，政府仍可透過BOT、都更等手段，將公地盤給財團建商。據監察院調查，二〇〇四年至二〇〇九年間，一百九十九案已標售的一百坪以上公地，近四成疑被業者拿來套利、炒作房地產。

60 航空城計畫機場第三跑道最多只需六百一十五公頃，但二〇〇九年開始葉世文擔任營建署署長期間，徵收區不斷擴大，成為浮濫徵收三千多公頃民地的炒地皮計畫。

61 持有房地產筆數排名如下：張慶忠、薛凌、蘇清泉、鄭汝芬、馬文君、陳淑慧、羅淑蕾、王金平、陳超明、盧嘉辰。

62 馬英九擔任臺北市長時，曾出席一九九九年「八二七非萬人夜宿忠孝東路」集會，並致詞表示「住者有其屋」應改正為「住者適其屋」，讓每個人都有舒適的居住環境。

63 分別為鄉林集團董事長、遠雄集團前任董事長、麗寶建設機構董事長。

64 社會住宅興辦只編列十一億兩千五百二十萬三千元，以每戶兩百五十萬元計算，只夠興建四百五十戶。

65 「尊重居住人權，落實居住正義」、「針對房屋市場，進行稅制改革」、「利用公有土地，增建社會住宅」、「運用多元協助，使住者適其屋」、「朝訂定租賃專法的方向努力」。

66 指依利得總額訂定稅率級距，若屬短期交易，將再提高稅率。

67 根據獲利金額分為五級，分別是百分之五、百分之十二、百分之二十、百分之三十、百分之四十。

68 家戶僅持有一戶，且持有滿五年，交易金額三千萬以下免徵。持有超過兩年可開始減徵，最高減徵百分之七十。

69 家戶僅持有一戶，且持有滿五年。

70 第三年後每年減徵百分之四，最高減徵百分之八十。

第五章

1 二〇一四年訴求為：「居住人權入憲，終結強拆迫遷」、「改革房產稅制，杜絕投機炒作」、「檢討公地法令，停建合宜住宅」、「廣建社宅達百分之五，成立住宅法人」、「擴大租屋市場，制訂租賃專法」。

2 在二〇一四年巢運期間，政府已承諾不再興辦合宜住宅。

3 但在二〇一五年版，「租屋扶助」轉為併入「保障居住人權與福祉」，讓租屋議題更專注於「市場面」的改革。

4 如透過稅賦優惠、空閒住宅包租包管等方式鼓勵民間房屋出租。

5 強化租賃雙方權益保障，明定糾紛處理機制等。

6 但對巢運而言，「健全租屋市場」是目標，法令規範與租賃產業僅是達成目標的手段。

7 《土地稅法》、《平均地權條例》、《房屋稅條例》等。

8 租屋、預售屋與農舍交易納入。

9 淹水、耐震、危險地質、消防救災等。

10 在本書第三章，無殼蝸牛聯盟也是由於認知到這一點，此後與政府溝通時，不再只透過內政部營建署聯繫，而是將對話目標改為行政院與各部會。

11 黃金十年共有八大願景，分別為：活力經濟、公義社會、廉能政府、優質文教、永續環境、全面建設、和平兩岸，以及友善國際。

12 另外在都市更新政策中，民進黨也提出「成立專責機構推動公辦更新」，國民黨則僅提及「加速都市更新」。

13 關於租屋市場的部分，雖然有提及要透過包租代管處理空餘屋問題，但沒有具體提出持有稅制改革，藉此促進空餘屋釋出增加市場規模，這也造成後續的包租代管進度不如預期。

14 二〇一五年十月，蔡英文競選辦公室政策召集人林全接受採訪時表示：「房價與預算規模一樣，最好不要漲，漲了就不能跌，跌了金融機構會受不了」；蔡英文競選辦公室政策執行長張景森也表示：「房價已經往下走，打房問題其實不存在」。請見：何孟奎、郭珈爾，〈柯文哲：不打房也不讓房價漲〉，《經濟日報》，二〇一五年十月二十四日，第A五版。

15 潘姿羽，〈房價所得比 拚降至八倍〉，《經濟日報》，二〇一五年十一月二十一日，第A四版。

16 內政部營建署的〈一〇〇年度「我國社會住宅推動策略規劃」委託案〉就是由花敬群撰寫，為臺灣最早期的社會住宅研究之一。

17 並於二〇一五年二月一日至二〇一六年五月九日擔任 OURs 理事。

18 租賃專法的名稱從蔡英文政見時的《不動產租賃條例》，而後歷經《住宅租賃管理條例》、《租賃住宅服務業管理條例》、《住宅租賃市場發展條例》等名稱，最後三讀的法案名稱為《租賃住宅市場發展及管理條例》。法案名稱的變遷也顯示了其立法重點的轉移，原本住宅團體更希望針對租屋資訊透明化與雙方權益內容入法，但結果並未達成。

19 由於是關於社會住宅的推動議題，因此是住盟作為主要行動者。但住盟也是巢運的發起團體之一，在巢運期間也對社會住宅議題提出訴求。

20 由於許多弱勢者因為經濟或租屋歧視問題，選擇住在較低價的違建租屋內，但租金補貼卻規定僅有合法建物得以申請。因此姚文智提出的版本是讓租住於違建的弱勢在三年內也都可以申請租補，並在此後讓弱勢接軌，改租包租代管與社會住宅。

21 有吳玉琴、江永昌、姚文智、王榮璋、尤美女等委員。

22 主要是排除《國有財產法》第七條「國有財產收益及處分，收入應解國庫」以降低社宅興辦成本，也排除同法第四十三條的國有不動產租期限制。

23 中央的住宅法人是「國家住宅及都市更新中心」，主要負責後續中央興辦社宅的相關業務；地方成立住宅法人的有臺北市、新北市、桃園市。

24 除此之外，也包括「社會住宅於興辦期間地價稅及房屋稅，得予適當減免」，加入包租代管的房東得減徵部分稅負等獎勵。

25 除了弱勢比例從百分之十調升至百分之三十外，也要求有一定比例予「未設籍於當地且在該地區就學、就業有居住需求者」，如近年輿論熱烈討論的「北漂青年」便屬此範疇，但此範疇比例並未明訂。

26 如長期照顧服務、身心障礙服務、托育服務、幼兒園等。除此之外也包含了與社福關係較小的青年創業空間、社區活動、文康休閒活動、商業活動、餐飲服務等，但這部分就不在免徵營業稅的範疇中。

27 租金補貼的負擔基準及補貼金額計算方式是由內政部負責，行政院原草案預計由內政部三年內提出租補的負擔基準及補貼金額，在住盟與委員的倡議下縮短為兩年內提出，但最終內政部還是拖了三年多才提出，引發住盟抗議其違法怠惰；而社會住宅的分級收費基準則是由「主管機關」（不分中央與地方）負責，造成各地社宅收費計算方式各異，直到二〇二一年版的修法才解決。

28 對於「合法建物才能申請租金補貼」原本是內政部建管單位極為堅持的項目，並希望住宅補貼應當達成讓弱勢逐漸換住至合法建物的目標。但後續在租金補貼的擴大辦理中不斷放寬認定，在二〇二二年的「三百億租補專案」中，營建署甚至開放違建申請租金補貼，且明確表示不會把申請資料提供給地方建管單位。

29 社會住宅不影響既得利益者，但資訊權則對既得利益者有影響。如《住宅法》修法時也要求未來政府蒐集分析資訊時，「住宅投資、生產、交易及使用等相關產業公會及團體」應配合提供資訊，造成建商團體不滿與國民黨杯葛審查，引發住盟於十一月三日召開記者會抗議。

30 該部法規應包括下列內容：（1）房東與房客租約受保障範圍；（2）租金調幅的控制；（3）租住權的保障；（4）房東與房客雙方的權利與義務；（5）豁免管制的申請；（6）調整租金的條件與程序；（7）驅趕房客的理由及程序做必要的限定；（8）對執法的相關機構，人事及財源做必要設計；（9）對違反規定的租賃雙方的處罰條款；（10）房東收回房子的規定。

31 一九八九年十一月內政部召開「徵詢制定住宅租賃法律可行性意見座談會」，對於制定《公平租屋法》，有二十位與會者贊成，六位反對，十二位認為應修正現行法令，十位沒意見或其他。但內政部將會議意見報備至經建會時卻在公文上表示「與會者多認為無訂法之必要」。

32 此處指明訂「租賃契約應記載及不得記載事項」，巢運要求其內容包括房東押金收取比例、違約金相關準則、不可拒絕設籍、房客之優先承租權等。前兩者後續於二〇一七年租賃條例中入法，設籍規定則列入二〇一六年公布之「應記載及不得記載事項」，優先承租權則並未通過。

33 本書第二章提及政府對人民住居長期採取放任態度，而後續即便政府與民間爭奪「住宅供給」的主力角色，也都是以購屋市場為主，租屋長期被認為是「過渡與暫時」的居住選擇。

34 根據住盟二〇二〇年更新之資料，各國民間租屋市場比例約為：日本百分之三十三、澳洲百分之二十九、美國百分之三十、韓國百分之三十五。

35 根據三種不同的政府統計，臺灣租屋市場規模的估計值差異極大，分別是：行政院主計總處，二〇二〇，〈家庭收支調查報告〉，「租押」項目，約百分之八；行政院主計總處，二〇二〇，〈一〇九年人口及住宅普查初步統計結果提要分析〉約百分之十；內政部營建署，二〇一六，〈一〇四年住宅狀況抽樣調查報告〉約百分之十三。

36 早年住宅補貼政策均是協助民眾購屋為主，嚴重忽略租屋政策，至二〇〇七年才開辦租金補貼。

37 北部都會區房價居高不下，造成經營租屋投報率不足。根據專門針對全世界的房地產進行調查的機構「全球房地產指南」（Global Property Guide）研究顯示，臺北市租金報酬率僅百分之一・五，同時東京租金報酬率為百分之五、紐約將近百分之四、阿姆斯特丹為百分之五・四。請見：Global Property Guide, "World's most expensive cities."

38 劉光瑩，〈德國：住宅不是商品，是人權〉，《天下雜誌》，第五六五期，二〇一五年一月二十一日。

39 臺灣租屋市場以小房東自租為主，而其租金收入併入個人綜合所得稅級距，將產生跳級效果，這也是房東傾向逃漏稅的原因之一。

40 即便一九九九年無殼蝸牛聯盟推動「租金支出抵扣所得稅」並於二〇〇一年三讀通過，但因為房東不願曝光租屋事實，許多房客也不敢依法申報租金支出。二〇一九年僅約兩萬七千戶租屋族申報租金抵稅，相對於約百萬戶的租屋市場僅不到百分之三。

41 由於臺灣房產持有稅長期過低，二〇一四年底財政部函請各地方政府調升長年未重新評定的房屋標準價格（房屋稅稅基）；二〇一五年底六都公告地價（地價稅稅基）調漲百分之三十至百分之三十八，反映了市價變化。但從二〇一六年開始，各地地價稅、房屋稅改革遭到建商財團與藍綠民代極力反對，如同年十一月桃園市一度傳出要將「公告地價打六折」、「公告現值降百分之五」等，引發住宅團體抗議。

42 指「住宅租賃定型化契約應記載及不得記載事項」。其中不得記載事項包括「不得記載承租人不得申報租賃費用支出」、「不得記載承租人不得遷入戶籍」、「不得記載應由出租人負擔之稅賦，若較出租前增加時，其增加部分由承租人負擔」等。

43 包括「承租人如工作調職、解僱、長期療養之需要及轉學事宜，致難以繼續租賃住宅，得提前終止租約」、「保障擬制血親及事實上夫妻之繼受租賃權」等。

44 實際上，《民法》與《土地法》對不動產租賃的保障均十分粗疏，如未規定租屋品質安全、亦未明定訂金上限、押金的擔保範圍與返還時間等，且修訂這兩部法律的難度很高，因此是難以實行的建議。

45 二〇一七年五月十七日，在內政委員會審查租賃專法的會議中，內政部長葉俊榮認為當時臺灣空屋約有八十六萬戶，而包租代管可以將一半左右的空屋釋出至租屋市場，他表示：「未來五年內會釋出四十五萬戶，包租業九萬戶、代管業大概三十六萬戶，租賃住宅會委託專業經營，可以創造一萬一千個就業機會，預估五年可增加九百二十億元的GDP。」

46 後續住宅團體仍有透過江永昌、吳玉琴、姚文智等委員提案，並於二〇一七年五月十八日併同審查，其中亦有部分條文被採納，如原本租約有部分違反「應約定不得約定事項」時，僅該部分租約無效，而後加入了「但對當事人之一方顯失公平者，該契約全部無效」，但諸如訂金上限、押金返還期限等則並未納入。

47 花敬群於二〇一七年十一月表示，「我國的租賃市場還沒這麼成熟，內政部希望先透過租賃專法，讓市場逐步邁向健全化之後，再來加強管理與透明度。」請見：潘姿羽，〈內政部：會健全租賃市場〉，《經濟日報》，二〇一七年十一月九日，第A五版。

48 實際上這也是被弱化過的結果，在《住宅租賃管理條例》中房東是推定適用「應記載不得記載事項」。其中「約定」與「記載」的差別，在於房東違反後者便適用消保法的相關罰則，前者則不行。

49 住宅學界較無人致力於租賃制度的研究，而法學界則多傾向民法學者的立場，因此住宅團體欠缺法理論述支持。

50 仲量聯行（Jones Lang LaSalle）發布「全球不動產透明度指數」（Global Real Estate Transparency Index），二〇一〇年臺灣排行世界第三十三名，二〇一八年已前進到第二十六名。

51 例如「中正路五號」的交易資訊會顯示為「中正路一至三十號」。

52 民主進步黨，〈馬總統宣示實價登錄及市價徵收 陳其邁：抄襲不是問題，執行力才是重點〉，新聞中心新聞稿，二〇一一年八月二十四日。

53 當時的三大檢討重點為：調整實價登錄買賣案件以買賣雙方為申報義務人、預售屋應於簽訂買賣契約書後三十日內申報登錄、自行銷售預售屋者也應申報登錄。

54 最終送行政院核定版本再新增地方政府查核權與罰則加重。

55 葉思含，〈谷底已過？二〇一八房市代表字網友選出這個字〉，《自由時報》，二〇一八年十二月四日。

56 新台灣國策智庫，〈九合一選後最新政局情形與二〇二〇總統大選選情評估〉，二〇一八年。

57 尤其是自二〇一五年起，任何人皆能申請的第二類土地登記謄本，已不公開所有權人的完整姓名資料，更是直接斬斷這三者的聯繫。

58 舉凡隱私權、社會共識、增加交易糾紛等說詞，都已經是劉盛良、侯彩鳳、張慶忠等委員當年提出的說法，對於這些說法的反駁已於上一節提出。另外在美國，每次的產權移轉，都必須向政府登記實際的交易價格，主管機關還會查核申報價格的虛實，日本也從二〇〇三年開始強制登錄不動產的成約價格，其他如韓國、香港、紐西蘭等國均有類似的規範。

59 如二〇二〇年國民黨總統候選人韓國瑜的「首購族四十年優惠貸款」，完全是走回購屋優惠貸款的老路，是住宅團體無法接受的政見。

60 「房地合一稅2.0」修法內容主要為延長「短期持有」定義，進一步抑制短期交易，並納入法人、預售屋等買賣行為，填補原有房地合一稅的漏洞。

61 何明修，〈民間社會與民主轉型：環境運動在臺灣的興起與持續〉，收錄於張茂桂、鄭永年編，《兩岸社會運動分析》，臺北：新自然主義，二〇〇三年，頁二九～六八。

第六章

1 之所以沒有進行積極聯繫的原因是多重的：除了希望保持運動的自主性外，其核心成員的背景也不是社運團體出身造成人脈有限，另外當時的高房價矛盾多集中於雙北，也讓向外連結變得更加困難。

2 「二法一案」具體內容請見本書第三章。

3 如一九八九年八二六萬人夜宿忠孝東路、一九九九年八二七非萬人夜宿忠孝東路、二〇一四年夜宿帝寶。

4 巢運宣布夜宿行動展開的記者會上，便是喊出「無殼蝸牛全面進化，啟動新世代巢運」的口號，試圖與無殼蝸牛運動進行承繼關係。

5 華昌宜，〈揭開高住宅自有率的真相〉，《中國時報》，二〇一〇年四月七日，第A十六版。

6 二〇二〇年三月與六月，住盟分別召開兩次記者會抨擊內政部並未依《住宅法》規定之期限設定補貼可負擔基準，造成「越弱勢的群體越補不夠」的逆分配現象，但政府亦未積極回應。

7 國民黨、民進黨、時代力量、台灣民眾黨均有委員提案。

8 包含直接興辦社會住宅、包租代管、租金補貼。

9 馬瑞辰，〈談臺灣房地產現況〉，發表於安富金融工程研究中心「執行長專欄」，二〇二一年七月二十九日。

10 二〇一〇年六月規定雙北特定地區第二戶以上限貸七成，且不得有寬限期；二〇一〇年十二月擴大特定地區並將法人納入規範並限貸六成，並要求土地貸款應檢附興建計畫；二〇一二年六月規定全台高價住宅貸款限貸六成；二〇一四年六月再次擴大特定地區，並規定自然人全國購屋第三戶以上、高價住宅貸款、法人購屋均限貸五成。

11 翁聖惠，〈重申政府不打房　林全：讓房價慢慢跌〉，好房網，二〇一六年十一月三日。

12 內政部新聞稿，〈租金補貼讓房東房客雙贏 切莫因過往陰影損害權益〉，二〇二二年四月十四日。

13 除了高價住宅限貸外，二〇一〇年至二〇一四年的四波選擇性信用管制均全數取消。

14 由於保險業投資不動產應符合「即時利用並有收益標準」，因此過去都更後政府分回之不動產保險業無法參與競標，此處將參與競標限制放寬；二〇二〇年行政院提案修法《保險法》並於二〇二一年三讀通過，將「即時利用並有收益之認定基準」交由金管會制定，金管會於該年十一月制定〈保險業辦理不動產投資管理辦法〉進一步放寬該基準，開放保險業對於「即時利用並有收益之認定基準」可改採「群組整體認定」，群組案件數沒有上限，群組內的不動產，各別取得時間不同，以群組整體的平均出租率跟收益率來算。

15 援引部分內文：「即使以高額稅賦迫使多屋者出售或出租，僅是增加市場供給，若需求未見增加，只是造成空屋標的移轉，總空屋數不會減少」請見：花敬群，〈居住正義的意義與囤房稅倡議的錯誤〉，二〇二〇年。內政部內部流通資料，並未公開。

16 這也讓許多地方政府的「非自住房屋稅」只設定在百分之一．五單一稅率。財政部長蘇建榮於二〇二〇年十一月、二〇二一年十一月均在立委質詢時表示考慮將此考核項目加回，但目前為止尚未進行。

17 二〇二〇年二月二十一日至三月十九日，臺股加權指數暴跌三千兩百三十二點。

18 二〇二〇年二月五大行庫新承作房貸利率為百分之一．六一，四月降至一．三八，自此直至二〇二二年三月升息前，房貸利率均沒有回到百分之一．五以上。

19 海外盈餘匯回的所得稅稅率於該條例施行日起一年內，從原本的百分之二十大幅降至百分之八；若投入實質投資，稅率更進一步降至百分之四。至二〇二一年九月十四日為止，已有三千零十七億元匯回台灣。請見：許慈美，〈「境外資金匯回管理運用及課稅條例」實施成果〉，行政院第三七七〇次會議，財政部賦稅署報告，二〇二一年九月二十三日。

20 實質增加金額已扣除認列增值利益五百八十億，若未扣除總數則為一千八百億元。二〇一五年至二〇一九年壽險業增加投資性不動產增加金額（未扣除增值）為兩百四十二億、五百八十九億、兩百七十八億、一百三十三億、六百四十二億，意即二〇二〇年之前的五年增加金額總和，才略略超過二〇二〇年前八個月的增加金額。請見：金融監督管理委員會保險局，「保險市場重要指標」，二〇二一年。

21 核發建築物建照件數及總樓地板面積，請見：內政部營建署，「營建統計月報表——建築物建造執照統計」，「核發建築物建造執照」項目。

22 二〇一六年四百四十八億、二〇一七年四百七十三億、二〇一八年五百四十八億、二〇一九年六百五十一億、二〇二〇年八百五十七億、二〇二一年一千零十億。

23 請見：內政部，《內政統計月報》，「辦理建物所有權登記」項目。

24 「新完工住宅面積」請見：內政部營建署，「核發建築物使用執照統計」。

25 住宅價格指數是以二〇一六年全年為基期，將基期內所有住宅交易的主要品質（如建坪、屋齡……等）的平均數，組成一個虛擬的「標準住宅」（例如新北市標準住宅的面積為三十四坪，屋齡為十六年，另含其他屬性條件），代表該縣市在二〇一六年住宅交易的典型。之後每年估計「標準住宅」的價格變化以編制指數。具體估價來源乃以實價登錄資料為基礎，統計全國及六都屋齡半年至六十年之住宅，但編製的範圍未包含特殊類型住宅的價格變化，如小坪數住宅或高總價住宅或特定地段之房價。請見：內政部營建署，「住宅價格指數」，二〇一八年，「住宅價格指數計算方式」。

26 六都各自漲幅不同，整體而言中南部漲幅較大，最大的漲幅出現在臺南市。臺南市二〇一六至二〇一九年漲幅為百分之九左右，二〇二〇至二〇二一年漲幅為百分之十九。

27 請見：財政部財政資訊中心，「個人房地合一徵課所得稅件數及應納稅額統計表」。

28 王泓仁、陳南光、林姿妤，〈房貸成數（LTV）對臺灣房地產價格與授信之影響〉，《中央銀行季刊》，第三十九卷第三期，二〇一七年六月，頁五～四〇。

29 根據國立清華大學安富金融工程研究中心的輿情分析，二〇一六至二〇一九年討論「房價上漲」的每年次數高點約為四萬餘次至五萬，但二〇二〇年六月則一舉突破十一萬，創下二〇一四年以來新高，並在二〇二一年六月再次上漲至十一萬三千。

30 二〇二二年五月十二日，內政部至立法院內政委員會報告對租賃專法的修法意見時，即表示「推動全面租賃實價登錄，可能造成房東出租意願下降、租金上漲或市場閉鎖」。

31 包含房東會拒絕遷入戶籍、申請租金補貼、申報租金支出抵扣所得稅（百分之九十三）、租金過高或價格不穩定（百分之八十九）、租期不夠穩定，房東隨時會拒絕續約（百分之八十七）等因素。請見：巢運，〈二〇二二青年居住困境與政策調查〉，二〇二二年。

32 請見內政部不動產資訊平台，「社會住宅專區」，政府每月更新社會住宅推動進度。

33 包租代管八萬戶最早的目標設定是用「同時有效租約」的概念，也就是「同一時間全國有八萬戶包租代管」。但實際計算成績時是用「服務人次」的概念，同一個包租代管物件只要換房客就可以被重複累計次數，使用過包租代管計畫的房東若不再參與，其數量也不會扣除。

34 請見內政部不動產資訊平台，「社會住宅包租代管專區」。二〇二二年六月底數字已增至四萬兩千七百七十戶。另外，在此報導中，營建署國宅組組長歐正興說明，數量大概是媒合累計人次的七成；也就是目前大約有兩萬八千戶的社宅包租代管戶數。請見：李秉芳，〈政府蓋社會住宅為何困難重重？蔡英文「八年二十萬戶」的政見目標，實際達成多少？〉，關鍵評論網，二〇二二年七月二十日。

35 如過去租金補貼「一個門牌僅能申請一份補貼」，造成分租套房租客申請租補有彼此排擠效應。二〇一九年單身婚育租補專案已初步放寬此一限制，並於二〇二一年修正〈自建自購住宅貸款利息及租金補貼辦法〉正式放寬。

36 根據二〇一七年的租金補貼核定戶分析，將「租金收入比百分之三十以下」作為可負擔指標，有七成五的受補助者在領取租金補貼後，還是未達租金可負擔標準。而最需要租補且申請核准率極高的「無自宅低收入戶」，僅百分之十九申請租金補貼。

37 《住宅法》明文規定租金補貼可負擔基準應於修法兩年內（至二〇一九年初）制定完成，內政部當時已違法兩年有餘。

38 內政部的說法是目前中央的收支調查不準，根據收入進行補貼會讓許多「假窮人」得利。不可否認臺灣的地下經濟無法統計是長久的問題，但是目前現行的社福補貼發放的基礎數據也是以帳面收入作為標準發放，內政部的理由等於否定目前社福體系所發放的大多數補貼。

39 「中低收與低收比例」請見：衛生福利部統計處，「低收入戶及中低收入戶」項目。

40 此處的「家庭」以「配偶加上一個未成年子女」作為假設進行試算。

41 蕭新煌，〈都市居民運動〉，收錄於蔡勇美、章英華編，《臺灣的都市社會》，臺北：巨流圖書公司，一九九七年，頁三九一～四一三。

42 由於住宅政策多數為中央負責，因此在住宅團體的政治網路經營以立法院為主，議會為輔，以下均以立法院為主要視角敘述。

43 曾擔任智障者家長總會副秘書長、陳節如委員辦公室主任等職。目前亦為台灣社會福利總盟秘書長，並於二〇一二年十月擔任 OURs 理事至今。

44 其曾任臺北市議員李新辦公室主任，並於二〇一七年四月擔任 OURs 理事至今。

45 江永昌與劉淑玲均曾為立法委員趙永清國會助理。

46 如黃國昌、邱顯智、王婉諭、張其祿、蔡壁如等委員。

47 住宅團體也有與部分事務官（公務員身分）結盟，在推動政策時便於先行溝通。

48 該法案由於禁止「預售屋契約轉售」，這意味著投資客必須持有預售屋直至交屋後才能轉賣，對建商的「優質客戶」影響極大，造成業界反彈。四月底蔡總統的表哥、三圓建設董事長王光祥便公開表示「政府對於預售屋換約應採取鬆綁」，內政部隨後發表新聞稿對此表達強烈態度，認為不應該鬆綁。

49 如提出囤房稅或持有成本改革等訴求，其並非由內政部掌管的職權範圍，但內政部仍必須對此進行回應。

50 如花敬群以「北風與太陽」作為比喻，認為可以透過三百億租補掌握超過六成的租屋契約資訊，讓政府首先對租屋市場的透明化與健全化有內部統計資訊。

51 此為訪談許多過去與花敬群相熟的夥伴，加上觀察他諸多發言與施政，我得出的綜合推測，讀者參考即可。我不認識花敬群本人，基於住宅團體目前與他的關係，本書寫作過程中無緣訪問。

52 吳介民，〈解除克勞塞維茲的魔咒：分析當前社會改革運動的困境〉，《台灣社會學》，第四期，二〇〇二年十二月，頁一五九～一九八。

53 曾弘毅、李高銘，〈無殼蝸牛爬向立法院〉，《海峽評論》，第二三期，一九九二年十一月，頁六二。

第七章

1 盧沛樺，〈房租隨房價飆、政府統計卻躺平「三十到四十五歲最慘」〉，《天下雜誌》，第七五一期，二〇二二年六月二十九日。

2 香港特別行政區政府統計處，〈綜合住戶統計調查按季統計報告〉，二〇二一年，頁九八。

3 以 Demographia 調查的房價所得比與香港家庭中位數回推，香港房價中位數約為七百三十七萬七千港元。香港家庭每月收入中位數請見：香港特別行政區政府統計處，〈綜合住戶統計調查按季統計報告〉，二〇二一年。Demographia 調查報告請見 Demographia International Housing Affordability Survey 2022。

4 香港除了公屋（社會住宅），還有類似臺灣出售國宅的「居屋」與「夾屋」供民眾抽籤購買，但也有收入限制，且數量相當有限。

5 「劏房」的正式名稱為「分間樓宇單位」，大略等同於臺灣的分租雅房或分租套房，其特色是極為窳陋狹小。根據香港運輸及房屋局於二〇二〇年第四季的調查，有八成以上的劏房為五十年以上的住宅，平均面積為三·五坪，人均使用面積僅兩坪。香港約有十萬間劏房、二十二萬六千人居住在內，多為一至二人居住，劏房住戶有百分之三十七每月收入兩萬港元以上，其比例為劏房住戶之冠。

6 潘姿羽，〈楊金龍：我四十歲才買房 年輕人負擔不起可先租房〉，中央通訊社，二〇二一年十一月二十二日。

7 二〇二〇年臺灣員工年薪資中位數為五十萬一千元。請見：行政院主計總處，〈一〇九年工業及服務業受僱員工全年總薪資中位數及分布統計結果〉，二〇二一年。

8 其中百分之三十八是「過去五年想購屋卻沒有買到」、百分之二十二為「近年無購屋計畫」，百分之二十九為「計畫在未來五年內購屋」。

9 內政部統計處，〈電信信令人口統計之建置、分析與應用〉，二〇二一年，頁五一。

10 由教育部、衛生福利部、勞動部、內政部、財政部、經濟部、科技部、交通部、人事行政總處、國家發展委員會共同提出。

11 二〇二〇年 OECD 國家平均租稅負擔率為百分之三十三·五，美國為百分之二十五·五、韓國為百分之二十八、日本二〇一九年為百分之三十一。請見：OECD, 2021, “Revenue Statistics 2021.” p.3.

12 根據《商業周刊》報導，自二〇一七年，地方政府標售土地金額排名，第一名的縣市是臺中市，五年入帳逾五百二十四億元，而二〇二〇年臺中市公告地價調降百分之二十，二〇二一年監察院發布新聞稿表示臺中市整體地價稅收減少十七億餘元，適用第六級稅率的大地主平均每戶減徵一百一十四萬九千元。請見：林洧楨、沈婉玉，〈臺中賺最多、高雄賣最大〉，《商業周刊》，第一七九九期，二〇二二年五月五日。

13 如二〇一五年房地合一稅通過後，住宅團體曾嘗試繼續推動「地價評定回歸專業與獨立化」、「中央政府應積極監督各地方的財政紀律」等持有稅基的制度性改革，但皆無進展。

14 引用部分內文：「利用現有空屋一成（約八萬戶），提供弱勢家庭及就業、就學青年租屋協助，以補足與辦社會住宅二十萬戶之量能。」請見：內政部，〈一〇六年包租代管試辦計畫〉，二〇一七年，頁七。

15 如近期有政黨召集該黨候選人舉辦「政策選戰營」，便邀請住宅團體演講居住改革的政策框架，這也是住宅團體首次主動對政黨進行組訓工作。

16 陳陸輝，〈臺灣選民政黨認同的持續與變遷〉，《選舉研究》，第七卷第二期，二〇〇〇年十一月，頁一〇九～一四四。盛杏湲，〈臺灣選民政黨認同的穩定與變遷：定群追蹤資料的應用〉，《選舉研究》，第十七卷第二期，二〇一〇年十一月，頁一～三三。

17 二〇一九年十一月十八日至十二月六日間，電話訪問共計一千兩百三十五位受訪者，其中九百五十九位（百分之七十七）表示了他們的投票意願，相當接近最終的投票率（百分之七十四）。

18 整體而言，支持蔡英文當選的選民約有百分之五十七，但若限定四十歲以下的選民，支持蔡英文當選的選民則高達百分之七十二。

19 林宗弘、陳志柔，〈八一七震撼：綠營大勝裡的香港因素與社會意向〉，發表於「巷仔口社會學」，二〇二〇年一月十四日。

20 二〇二〇年大選的選民共一千九百三十一萬人左右，其中二十至三十九歲的青年僅六百六十六萬人（百分之三十四），首投族更只有一百一十八萬人（百分之六）。

21 二〇一六年大選時四十歲以下選民投票率僅不到六成，四十歲以上選民則接近八成；但二〇二〇年大選時，四十歲以下選民投票率漲至七成，約增加百分之十三，四十歲以上選民投票率為八成，約增加百分之六。

22 事實上，這僅是下階段住宅倡議的第一步戰略。以中長期而言，最終仍需要面對更深遠、且將影響到六成的一屋者的結構性問題，如房地產整體持有稅過低等。

23 請見中華民國中央銀行全球資訊網，「五大銀行（台銀、合庫銀、土銀、華銀及一銀）新承做放款金額與利率」。

24 而中央講了多年要修《財政收支劃分法》調動地方財政積極性，難度更高，迄今仍為空談。

25 二〇二一年底臺南市最終三讀通過的「囤房稅」，市府原提案版本已非常保守，經過議會協商後則更進一步弱化，九成六的多屋者的稅率都低於市府原版本，最終每年僅新增不到一億元的稅收。而二〇一九年臺南市市長黃偉哲調降房屋稅稅基前，臺南市房屋稅收約七十三億元，調降後僅剩約五十億元，短收二十三億。請見：林昱均，〈地方版囤房稅 七月陸續上路〉，《工商時報》，二〇二二年五月三十日，第A二版。張榮祥，〈台南七月調降房屋稅！取消十五年回溯 市庫一年短收二十三億〉，中央社，二〇一九年三月十九日。

26 各級政府為適應特別需要，得經各該級民意機關之立法，舉辦臨時性質之稅課。

27 為避免細節爭議，此處直接挪用目前〈住家用房屋供自住及公益出租人出租使用認定標準〉的自住住宅定義，也就是「本人、配偶及未成年子女全國合計三戶以內」。

28 建設公司餘屋，因引發政治抗力巨大且與其他政策多有連動，並不在囤房稅中處理。

29 根據財政部二〇二二年六月十五日全國住家用房屋稅籍家戶歸戶統計，「持有四房以上」的家戶所持有的住宅總數約為八十萬戶，且該數字僅統計「家戶成員其中一人完全持有」，仍有低估。

30 透過囤房稅逼出空屋後，屋主才會更願意將空屋交由包租代管業者出租。

31 根據內政部營建署「住宅狀況抽樣調查」推估。

32 根據《所得稅法》第十七條規定，納稅義務人可就「標準扣除額」或「列舉扣除額」擇一減除個人綜合所得總額，再減除「特別扣除額」。也就是說，納稅義務人並不能同時使用標準扣除額與列舉扣除額，僅能選擇「標準扣除＋特別扣除」或「列舉扣除＋特別扣除」。

33 二〇二二年五月三十日內政部公布二〇二一年六都平均每坪每月租金為「臺北市一千零九十五元／坪，新北市六百三十八元／坪，臺中市、桃園市、臺南市、高雄市則分別為五百三十六、五百、五百一十九、四百五十五元／坪」，但其使用的是「租金實價登錄、租金補貼及包租代管之實際租金資料」，租金實價登錄數量稀少，而租金補貼與包租代管則有收入或租金上限，故整體租金數字應被低估，如二〇二二年第一季臺北市租金實價登錄「主要用途為住家、住商等」的物件平均租金為一千三百八十三元／坪。

34 此為二〇二〇年每戶可支配所得平均數，請見：行政院主計總處，〈一〇九年家庭收支調查結果綜合分析〉，二〇二一年。

35 一一〇年度每人基本生活所需之費用金額為十九萬兩千元，家戶基本生活費總額高於「免稅額＋標準／列舉扣除額」的差額，可自申報戶當年度綜合所得總額中減除；反之若其低於則不減除。此處由於未扶養子女，基本生活費為三十八萬四千元，低於免稅額與標準扣除額之和（四十一萬六千元），因此不予減除。

36 包括當時的財政部長邱正雄便堅持將租屋族認定為「中低收入者」而堅決反對、九二一大地震與政黨輪替後住宅團體欠缺持續動能等。

37 根據永慶房屋二〇一五年的調查，臺北市首次購屋的年齡已突破四十歲，新北市則來到三十八歲。請見：方明，〈首購族年齡增 北市至少四十歲〉，《中國時報》，二〇一五年八月八日，第A十版。

38 二〇二一年《住宅法》修法後，公益出租人之租金收入免繳所得稅的額度，從每月一萬元提高至每月一萬五千元。

39 根據日本國土交通省住宅局二〇一六年的數據，日本在戰後三十年內興辦了一百三十一萬戶社會住宅，佔其總社宅存量百分之六十一。

40 二〇二二年臺北市長柯文哲表示，經其改良作業流程後，社會住宅的前置作業從三至五年被縮短為「發包至開工」一年。但即便如此，算上規劃、預算編列、動工時間，一棟全新興辦的社會住宅平也大約需要四年半方可完工。

41 甚至在二〇一九年住盟認為高雄市社會住宅推動消極時，高雄市都發局於還發文宣稱住盟「未能體察南部人對於社會住宅的實際需求」。

42 如林佳龍曾於二〇一四年巢運時承諾興辦一萬戶，但二〇一八年並未連任成功。

43 與六十歲以上者同住稱為「天倫樂」，與一般家庭的差異在於可額外選擇市區（港島及九龍）入住。

44 臺中市為例外，弱勢亦採抽籤制。

45 單項分數最高者（十分）：獨居身障者、獨居長者、七十五歲以上長者、六十五歲以上原住民、特定身障類別。單項分數次高者（七分）：中低收入戶、六十五至七十四歲長者、五十五至六十四歲原住民、極重與重度身障者。

46 以臺北市明倫社宅為例，一般戶總中籤率百分之七，但「於本市就學就業」的北漂族群體，其中籤率僅百分之一左右。

47 根據美國意向性社區基金會（Foundation for Intentional Community）的定義，意向性社群意指「一群在共同價值觀的基礎上，選擇一起生活或共享資源的夥伴」。

48 合作住宅推動聯盟的成員可以分為「住宅合作社」（產權共有）與「共居社群」（產權私有）兩大類。屬「住宅合作社」的成員為：保證責任基隆市第一住宅公用合作社、有限責任新北市友善住宅公用合作社、有限責任臺中市友善住宅公用合作社、有限責任高雄市友善住宅公用合作社、有限責任臺灣常樂苑住宅公用合作社、有限責任臺灣樂齡住宅公用合作社；而「共居社群」成員為：幸福家園實驗社區、豐原楓生共居公寓。

49 扣除私有市場開發商利潤、減少不必要裝潢、生態節能建築等。以後文提及的「宜蘭冬山幸福家園社區」為例，其成本較周遭約便宜兩成。

50 如住家採三房兩廳設計，公共設施要有健身房、游泳池等。

51 目前社會住宅的設計比例：一房型佔百分之六十，二房型佔百分之三十，三房型佔百分之十。

52 六十五歲以上人口比例超過百分之二十。

53 晚近最著名的案例是玖樓共生公寓。

54 《興建國民住宅貸款條例》於一九七五年廢除，取而代之的《國民住宅條例》明訂國宅以政府興建為主，民間不得興辦國民住宅。

55 合作住宅推動聯盟的成員之一「豐原楓生共居公寓」也屬此一模式，並預計於二〇二二年完工招租。

56 採取合作社、企業、協會形式都可以。

57 如土地與房屋總值一千萬，由十位入住，一位將繳納一百萬元股金。

58 如即便集結了意向型社群，但該社群對於社區營造、財務規劃、建築等領域缺乏專業，造成其難以實現。合作住宅較為成熟的國家，多由政府支持民間專業輔導平台，如柏林的 Netzwerkagentur 即提供諮詢及協助合作住宅模式及團隊組成、建築相關事務、法律、融資及成本效益、協助尋找興設地點及閒置建物等。

59 私有都會土地價格過高，公有土地則有法規限制，且仍多為「價高者得」的邏輯，與德國、韓國「訂定合理價格，公開審議該方案內涵」的模式不同

60 比方說，若合作住宅均登記於住宅合作社名下，其是否仍可以被認定為「自住使用」？

61 臺中市友善住宅公用合作社曾詢問銀行融資信貸，銀行提出除了需抵押土地外，理監事成員也應一併加入，且借貸成數也較一般開發商低。

62 在發展住宅合作社已超過一個世紀的德國，住宅合作社所提供的租屋也僅佔租屋市場的百分之二十二。請見：中華民國專業者都市改革組織，〈合作住宅政策及機制規劃報告書〉，二〇二〇年。

Belong 10

無住之島：給臺灣青年世代居住正義的出路

作者——廖庭輝

副總編輯——洪仕翰
責任編輯——林立恆、宋繼昕
行銷總監——陳雅雯
行銷企劃——趙鴻祐、張偉豪、張詠晶
封面設計——盧卡斯工作室
排版——宸遠彩藝

出版——衛城出版／左岸文化事業有限公司
發行——遠足文化事業股份有限公司（讀書共和國出版集團）
地址——二三一四一 新北市新店區民權路一〇八-三號八樓
電話——〇二-二二一八一四一七
傳真——〇二-二二一八〇七二七
客服專線——〇八〇〇-二二一〇二九
法律顧問——華洋法律事務所 蘇文生律師
印刷——呈靖彩藝有限公司
初版一刷——二〇二二年十月
初版二刷——二〇二四年四月

定價——四五〇元

國家圖書館出版品預行編目資料

無住之島：給臺灣青年世代居住正義的出路／廖庭輝著.
-- 初版. -- 新北市：衛城出版：遠足文化事業股份有限公司發行，2022.10
面； 公分. --（Belong；10）
ISBN 978-626-7052-46-4（平裝）

1. 住宅問題 2. 住宅政策 3. 臺灣

542.6933 111013934

ISBN：9786267052464（紙本）
9786267052471（PDF）
9786267052501（EPUB）

ACRO POLIS 衛城

EMAIL acropolismde@gmail.com
FACEBOOK www.facebook.com/acrolispublish